U0408815

北京理工大学基层党建工作系列丛书

繁叶华章

张舰月◎主编

北京理工大学出版社
BEIJING INSTITUTE OF TECHNOLOGY PRESS

版权专有　侵权必究

图书在版编目（CIP）数据

繁叶华章／张舰月主编．—北京：北京理工大学出版社，2021.6

ISBN 978-7-5682-9902-2

Ⅰ．①繁…　Ⅱ．①张…　Ⅲ．①中国共产党－高等学校－党的建设－北京－文集　Ⅳ．①D267.6-53

中国版本图书馆 CIP 数据核字（2021）第 115903 号

出版发行／北京理工大学出版社有限责任公司
社　　址／北京市海淀区中关村南大街 5 号
邮　　编／100081
电　　话／（010）68914775（办公室）
（010）82562903（教材售后服务热线）
（010）68944723（其他图书服务热线）
网　　址／http：//www. bitpress. com. cn
经　　销／全国各地新华书店
印　　刷／北京地大彩印有限公司
开　　本／710 毫米 × 1000 毫米　1/16
印　　张／17.75
字　　数／263千字
版　　次／2021 年 6 月第 1 版　2021 年 6 月第 1 次印刷
定　　价／89.00 元

责任编辑／李慧智
文案编辑／李慧智
责任校对／周瑞红
责任印制／李志强

图书出现印装质量问题，请拨打售后服务热线，本社负责调换

北京理工大学党建工作系列丛书

丛书编委会

主　　编：项昌乐

副 主 编：李德煌　张舰月

编　　委：（按照姓氏笔画排列）

丁刚毅　王　征　王亚斌　王美玲　王泰鹏

王振华　龙　腾　冯慧华　朱光辉　刘　川

刘　渊　刘存福　李汉军　杨　晖　肖　雄

何骁威　邹　锐　张　笈　张　瑜　张振华

陈　珂　林　杰　金　军　金海波　周　波

周连景　赵文祥　胡晓珉　饶晓炜　姜　艳

娄秀红　徐承俊　高伟涛　崔　嵬　董兆波

蔡婷婷　蔺　伟　管帅华　颜志军　薛正辉

繁叶华章

编委会

主　　编：张舰月

副 主 编：沈　毅　陈皓禹　霍　晶

编　　委：（按照姓氏笔画排列）

王莉蓉　石　莉　申建梅　刘　莉

刘芳熙　刘晓红　闫　怡　牟雪娇

李明哲　杨丽静　辛丽春　邵　霞

林　婷　周　伟　赵志坤　战勇钢

姚志香　姚梦迪　袁　丹　郭雨竹

崔红伟　谢雨珈　戴晓亚

序言

高校是培养社会主义建设者和接班人的重要阵地。习近平总书记指出，“办好中国的世界一流大学，必须有中国特色”，“我们要认真吸收世界上先进的办学治学经验，更要遵循教育规律，扎根中国大地办大学”。习近平总书记的重要讲话、重要指示精神为我们指明了前进方向，提供了根本遵循。高校党建是党的建设新的伟大工程的重要组成部分，高校基层党组织是党在高校全部工作和战斗力的基础。坚持和加强党对高校的全面领导，必须夯实高校党建工作基础，强化院(系)党组织政治功能，全面增强高校基层党组织生机活力。

“求木之长者，必固其根本”。高校党建就像成长的大树，党支部建设是党建工作的基础和根本，是“党建”这棵大树的根系。只有“树根”深扎沃土，夯实生命之基，“党建”的大树才能根深叶茂、叠翠千丈。基层党组织建设工作一定要落地生根、抓稳抓实，坚持联系群众，全心服务群众，从群众中来到群众中去，把为人民服务理念贯彻到实际工作中去。北京理工大学党委把“延安根、军工魂”的红色基因赓续到基层党组织建设中，把党支部建设成为师生群众的“主心骨”，增强基层党员群众对党支部的信任感、依赖感。

党的各级组织是党的一切力量的来源，只有让党的组织强壮有力、有序运转、步调一致，才能抵挡住风吹雨打。党员如大树上的万千树叶，只有悉心培养，及时修剪，党员队伍才能不断更好地发展壮大。

本丛书把高校基层党建工作用木林做比拟，形成了生动的高校基层党建“木林景象”：从种下“红色基因”的种子开始，培根铸魂，启智润心，锻造强大枝干，为国家培养红色栋梁之才。《沃土培苗》汇编了新时代大学生党员入党的初心挚语；《木林峥嵘》展现了“十三五”时期，学校各基层党组织的特色做法与经验总结；《繁叶华章》记录了教师党员在建党百年之际礼赞党的丰功伟绩，抒发胸襟的点滴文字；《春华秋实》梳理了近年来党员群体的课题研究成果；《赤心采撷》凝结了党校干部培训中学员们对于工作的思考与体会；《党建经纬》摘录了校、院两级的党建工作制度，用制度扎起规范党员行为、组织生活开展的“篱笆”。“一年树谷，十年树木，百年树人”，高校党建以立德树人为根本，扎根中国大地，为党育人，为国育才。

本丛书为高校基层党建工作做出了有益示范，可以作为党务工作者学习参考的范本。

丛书编委会

2021 年 6 月

前言

回眸百年，枝繁叶茂，继往开来，再续华章。百年建党史是马克思主义理论中国化的成长史，是中国共产党勇担华夏民族复兴重任的奋斗史，是中国共产党忠实地履行初心使命的践行史，更是中国共产党谱写精彩华章的光荣史。

一代代北理工人与党同心、矢志报国，始终与党和国家同呼吸、共命运，坚持把握时代脉搏，不断书写新时代的辉煌篇章。《繁叶华章》包含思行践诺篇、感悟初心篇、赤诚心语篇和诗歌礼赞篇四个篇章。

思行践诺篇，汇集了党建工作者们在不懈实践探索中的思想火花。从教师队伍党的建设、学生党建工作、党员自我修养等多角度，抒发情怀、凝练智慧，充分展现了基层党建之花在高校立德树人的沃土上绽放。

感悟初心篇，汇集了北理工党员与党和国家共命运的心声。一代人有一代人的使命，一代人有一代人的担当。来自不同领域不同专业的北理工人虽经历有异，但对党的赤子之心却一脉相通，他们讲述了各自的奋斗历程，倾诉各自的情怀感悟。

赤诚心语篇，汇集了党员与党同向同行的成长轨迹，与国家发展、时代变迁息息相关，北理工人在平凡的岗位上发光发热，在使命的召唤下履行担当，在党的引领、培育与关爱下，每个人都有自己的故事想要讲给党听。

诗歌礼赞篇，汇集了北理工人的壮阔心怀、脉脉深情。党政军民学，东西南北中，党是领导一切的。北理工教师党员群体把握时代脉搏，在心为志，咏歌成诗，提笔挥毫，以绮丽诗句表初心、赞颂党的百年风华，吹响时代前进的号角。

《繁叶华章》编委会

2021年3月

目 录

思行践诺篇

感悟初心篇

赤诚心语篇

诗歌礼赞篇

思行践诺篇

习近平总书记指出，“办好我国高等教育，必须坚持党的领导，牢牢掌握党对高校工作的领导权，使高校成为坚持党的领导的坚强阵地”。在学校党委“大党建”工作格局下，在“学校党委—院系党组织—基层党支部—党员”的党建组织体系中，北京理工大学党员教师坚持知行合一，在各自工作岗位上不断思考与探索，不断提升基层党建工作制度化、规范化、科学化水平，用智慧和力量践行共产党员的使命担当。

不断加强高校教师队伍党的建设，助力北理工建成“双一流”高校

机械与车辆学院　赵红梅

党的十九届五中全会审议通过的《关于制定国民经济和社会发展第十四个五年规划和二〇三五年远景目标的建议》明确，“十四五”时期，我国要“提高高等教育质量，分类建设一流大学和一流学科，加快培养理工农医类专业紧缺人才”。而面对“‘十四五’时期高校教师队伍党的建设”这一课题，我们要坚持“三个必须”，全面贯彻党的教育方针，为建设“双一流”大学提供坚强的政治保证。

一是必须始终坚持以政治建设为统领，加强思想政治引领。党支部是党的基础组织，是党在基层组织中的战斗堡垒。抓好高校教师队伍，必须发挥党支部思想政治引领的主体作用，把学习贯彻习近平新时代中国特色社会主义思想作为首要政治任务。要在坚持“三会一课”制度基础上，进一步探索新的理论学习模式，拓展理论学习的深度和广度，激发党员学习的积极性和主动性，深化实现“两学一做”学习教育常态化制度化，使党员教师增强“四个意识”，坚定“四个自信”，做到“两个维护”。要坚持把好教师队伍思想政治关，加强对课堂、讲座、社团等阵地管理，教育引导教师在课堂教学、论坛讲座等活动中坚持正确的政治方向、政治立场、政治原则。北理工是党创办的第一所理工科大学，老一辈无产阶级革命家先后担任学校主要领导，我们更要坚持姓党姓社的本色不动摇，坚决抵制各类错误思想文化侵蚀，维护意识形态安全，发挥好举旗定向、领航掌舵的作用。

二是必须牢牢把握发展方向，服务教学科研管理各项重点工作任务。坚持把教学科研管理等工作作为抓高校教师队伍党的建设的落脚点和着力点，做到“两手抓、两手硬”，避免党建与业务工作“两张皮”。一方面，高校教师党支部要在上级党组织的领导下，积极参与学院（学校）重要事项酝酿

及决策。要充分结合工作实际，从教师队伍建设、教育教学、科学研究、党建和思想政治工作、行政管理等方面提出思路和建议，并通过召开会议等方式，推动事业发展。另一方面，及时传达学习上级党组织的决策部署，认真抓好组织落实。党支部工作要与学院（学校）教学科研管理各项任务紧密结合，支持本单位行政负责人的工作，经常与行政负责人沟通情况，对单位的工作提出意见和建议。尤其是在科研方面，我们要不断重温北理工“延安根、军工魂”的丰富内涵，发扬老一辈科学家在艰苦卓绝的历史条件下建设新中国的拼搏精神，汲取精神力量，矢志接续奋斗，在传承与创新中破题，推动实现核心技术攻关。

三是必须扛起使命与担当，立志培养社会主义建设者和接班人。高校是人才培养的摇篮，也是人才聚集之地。重视对教学科研骨干、学术带头人、留学归国人员等的政治引导，及时把他们中的优秀分子吸收入党，为党凝聚人才，是教师党支部的重要使命。我们要选择党性观念强、业务水平高、在教师中有影响的党员专家教授和党员干部，专门联系青年教师、高层次人才，当好“学术导师”“政治导师”。与此同时，我们鼓励教师党员在日常教学科研生活中亮出党员身份、立起先进标尺、树立先锋形象，发挥教师党员在教书育人中的先锋模范作用，教育学生党员努力成为“爱国、励志、求真、力行”“勤学、修德、明辨、笃行”“六有大学生”的表率，成为担当民族复兴大任的时代新人。

坚持党建和业务相融合相促进，推动“双带头人”教师党支部书记工作室建设

自动化学院　宋春雷

一、高校“双带头人”教师党支部书记工作室简介

为了进一步有效推动高校基层党组织党建和思政工作发展和创新，积极探索适合高校和自身专业学科特点的党支部工作模式和特色做法，不断创新工作方法，积累建设经验，教育部思政司于2018年10月从全国高校中遴选出首批100个“双带头人”教师党支部书记工作室。北京理工大学自动化学院导航制导与控制研究所党支部成功入选教育部全国高校首批100个“双带头人”教师党支部书记工作室。目前，工作室已运行两年半时间。

党支部共有教师22人，其中党员16人，占教师总数的73%，中青年教师党员有14人，占党员教师总数的85%以上。在教师中有中国工程院院士1人，教育部“新世纪人才”3人，科技部“万人计划”领军人才1人，海淀区“十大杰出青年”2人。党支部按类型属于科研型党支部，核心业务工作是承担国家基础研究项目、国防特色科研项目、型号装备研制与配套生产工作，平均每年到校科研生产经费9 000多万元。

二、“双带头人”党支部书记工作室建设探索与实践

1.“双带头人”党支部书记工作室建设的总体目标

“双带头人”教师党支部书记工作室建设的总体目标是，以高校教师党支部为依托，完善建设标准，强化教育培养，深化改革创新，积极探索形成符合高校实际、兼顾学科专业特点、可示范可推广的“双带头人”教师党支部书记培育工作体制机制，推广运用优秀支部书记工作方法，引领带动高校党建和思想政治工作质量提升，着力把教师党支部书记队伍建设成为新时代

高校党建和业务双融合、双促进的中坚骨干力量，着力把教师党支部建设成为促进新时代高校事业发展的坚强战斗堡垒，为扎根中国大地办好社会主义大学提供坚强保证。

2. 提出“系统思维+立体架构+核心纽带”的工作室建设整体框架构想

围绕高校“双带头人”教师党支部书记工作室建设的总体目标，在建设思路和建设理念方面，我们初步提出“系统思维+立体架构+核心纽带”整体框架构想，即运用整体系统思维思想，采用立体架构组织模式（点、线、面、层、体），以党支部书记（点）为核心纽带，以支委和党支部（线）为核心团队，以研究所（面）为重要依托，将党建工作的相关方（点和线）包括学校党委组织部、学院党委、党支部、研究所、党员、群众、学生有机地结合起来组成一个系统（体），充分发挥党支部书记的核心纽带作用，密切和各个节点的联系，调动各个节点的积极性，争取校内外各方面的指导与支持，加强交流沟通，丰富建设经验，共同促进工作室整体系统的建设与运行。

学校党委高度重视“双带头人”教师党支部书记工作室建设，我们支部同时也是全校首批建设的9个“双带头人”教师党支部书记工作室之一，学校学院党委配套支持经费开展建设工作，由学校党委召开建设启动会并由学校党委书记颁授工作室证书；开展“3+1”培训，包括校级党支部书记轮训、专题党务培训及院级三级联动培训，党委组织部定期召开“支书有约”沙龙座谈会、工作室建设推进会，提升党务工作能力，为支部书记搭建交流平台；组织“双带头人”工作室负责人、教师党支部书记到西柏坡、正定、延安等地开展教育实践活动。学校首批建设7个基层党委“党建工作室”，针对师生党支部共建、党建场地建设等专题，开展组织生活观摩、现场工作会等。“双带头人”教师党支部书记工作室参与其中，打通基层党组织书记学习交流平台，增强党建工作氛围，加强党建工作研究和创新。

学院党委持续开展“支部书记撑好旗”活动，党支部书记发挥“领头雁”效应，起到示范带动作用。2019年5月，学院党委组织了赴河南林县红旗渠学习教育实践活动；2020年10月，学院党委在革命圣地延安举办了“学习弘扬延安精神，推动学院‘双一流’学科建设高级研修班”。学院党委提供配套经费和场地环境的支持。

3. 提出“三创新”和“三融合”的特色做法

党支部坚持立足科研工作实际，发挥支部和党员特色优势，突出重点亮点的工作理念，提出“三创新”和“三融合”的特色做法，“三创新”是指教师在科研项目中坚持科技创新，在指导学生科技竞赛中坚持实践创新，在党支部活动中坚持支部共建交流创新。“三融合”是指党建和业务相融合、创新成果与科研育人相融合、思政工作与教学科研学术指导相融合。

在科研项目中，汪渤教授、陈家斌教授、邓志红教授等一批团队学术带头人带领青年党员紧密结合国家重大发展战略需求申请科研项目，开展关键技术攻关，坚持科技创新，取得高水平科研成果。获得国家科技进步奖一等奖1项、二等奖2项，国家技术发明奖二等奖1项，成立1个学科性公司——北京理工导航控制科技有限公司，该公司获得中关村十大科技成果转化奖1项，目前该公司科创板发行上市文件获受理，未来将上市募集资金扩大建设项目。近10年来，平均每年承担科研项目20余项，平均每年到校科研生产经费9 000多万元，为学校和学院科研工作做出了突出的贡献。

在指导学生科技竞赛方面坚持实践创新，杨毅教授指导学生连续参加四届全国“挑战杯”科技创新竞赛，获得1项特等奖和3项一等奖的突出成绩。杨毅教授等老师指导学生获得ICRA 2019 RoboMaster人工智能国际挑战赛总冠军。他指导的大学生创新团队被团中央授予全国大学生“小平科技创新团队”称号。

在党支部活动中坚持支部共建交流创新。积极开展多种形式的党支部“1+X”共建交流活动，包括教师党支部之间共建交流（交叉学科）、师生党支部之间共建交流（本科和研究生）、教师支部和企业研究所党支部之间共建交流、党支部和本科团支部之间共建交流（担任班主任、学育导师）、党支部和学生社团（学生机器人队、研究生会、学生羽毛球协会）共建交流等，极大丰富了活动形式和活动内容。开展了“我的祖国我奋斗”师生党支部共建主题教育活动、“担复兴大任，做时代新人”参观中国空间技术研究院主题教育实践活动，在河南红旗渠干部学院学习培训时，给学生开展“微党课”，组织学生参加高校大学生机器人竞赛，组织新生羽毛球比赛、师生羽毛球交流赛活动等，取得了良好的效果。

党支部坚持党建和业务相融合、创新成果与科研育人相融合、思政工作与教学科研学术指导相融合。党建工作通过搭建多种形式的平台将学习的思想精神很好地融入实际教学科研和人才培养工作中。业务工作取得的成绩对支部的党建工作也起到了至关重要的支撑作用，实现了党建和业务工作的相融合相促进。教师通过指导学生参加科技创新竞赛和参加科研课题研究，将老一辈科学家的科技报国情怀、学术诚信的科研品德、严谨求实的科研作风和科研育人相融合，使学生树立为国防事业贡献青春的志向，毕业生中前往国防领域就业的比例高达60%以上。在师生党支部共建活动中，在共同学习党的理论思想之后，结合工作实际，增加学术指导交流环节，指导学生选择研究方向，写论文，写专利、科技前沿动态和就业方向资讯等，将思政工作与学术指导相融合，收到学生的良好反响。在教学课堂上，积极推动课程思政与思政课程建设探索实践，教师推动课程思政创新活动，将北理故事、北理人物和北理精神融入课程教学中，让学生感受到祖国科技发展的迅猛、学习科研先锋的榜样力量和感受科研模范的使命担当精神。党支部撰写的《党建、学术两手抓，北理工这个基层党支部“双带头”有新招》在《光明日报》客户端发表。

4. 在疫情防控中发挥党支部战斗堡垒作用和党员先锋模范作用

2020年年初，中国及世界遭遇了新冠肺炎疫情。在疫情防控工作中，支部党员认真学习和贯彻落实习近平总书记关于疫情防控的重要指示精神和学校、学院党委的相关工作部署，发挥组织优势，团结发动教师落实各项疫情防控措施。我作为党支部书记，担任学院疫情防控领导小组成员，负责上传下达防控要求，汇报研究所教师动态信息统计汇总，分发防疫物资。党支部党员和教师坚持停课不停学、不停教、不停研，一方面积极申请科研项目，完成科研技术攻关任务；另一方面积极备课线上教学，指导研究生、本科生开展课题研究和论文撰写工作。支部党员马宏宾教授为学生家乡积极募集医疗防护物资，此外在线上积极引导学生开发兵棋、设计网站、虚拟仿真、测试算法，指导学生开展课题研究。为响应国家停课不停学的号召，专门开发了辅助教学、项目管理、在线编程的网络平台，匹配新形势下教、学、研的需求。与深圳某企业合作，采用人工智能技术与腾讯海纳平台合作，开发应用软件满足智能社区管理的需求。马宏宾老师充分发挥了党员先锋模范作用，被评为自动化学院“抗疫先锋”。党支部被评为北京理工大学先进基层党组织。宋春雷同志被评为北京理工大学优秀共产党员。

党建工作永远在路上，教师是根基，党员是先锋，在新时代我们将更加奋发有为，勇于改革创新，勇于探索尝试，“掌好舵”“撑好旗”，继续努力推动工作室建设再上一个新台阶。

立德树人铸师魂　不忘初心正师风

——基层教工党支部的思政实践

自动化学院　马立玲

习近平总书记在党的十九大报告中指出“要全面贯彻党的教育方针，落实立德树人根本任务”。立德树人不仅是教育的根本任务，也是教育的初心和使命。只有把握立德树人的本质内涵，才能真正回答培养什么人、怎样培养人、为谁培养人这一教育事业的根本问题。

作为基层一线教师，检测技术与自动化装置教工党支部的每位党员深刻理解立德树人的意义，准确把握立德树人的要义，以立德树人作为教书育人的出发点和落脚点，努力践行教师潜心教书育人的本分，把社会主义核心价值观融入日常的教育、教学以及与学生的交往中，以自己的点滴行为潜移默化影响和激励每一个学生。师德是教师之基，育人者必先育己，立己者方能立人。支部党员自觉恪守“学为人师、行为世范”的为师之道，做到以德立身、以德立学、以德施教。

全面推进课程思政建设是高校落实好立德树人根本任务的战略举措。支部党员彭熙伟教授主讲本科生流体传动与控制基础课程，他将德育素养融入专业课程中，在政治认同、家国情怀、文化素养、宪法法治意识、道德修养等方面重点优化课程思政内容供给，有机融入课堂授课、教学研讨、实验实训、作业报告各环节，达到润物无声的育人效果。并以此课程为依托，为党支部其他教师，学校机电学院、电子信息学院等教师主讲构建“价值、情感、知识、能力”四位一体课程思政新模式党课，从精品课程建设经验出发，重点从课程思政教学理念、课程思政教学设计、课程思政教学实践三个方面，介绍他在课程思政方面的教学经验，为全面推进课程思政建设提供了典型做法。在讲座中，彭熙伟老师利用简单而生动的案例，让在场老师感受到专业课程融入思政工作的魅力。另外，彭熙伟老师作为学院党委委员、电气专业责任教授，多次参加学生党支部活动，参加本科生思想工作和学习的指导。在与睿信书院的学生交流会上，他对张军校长提出的“胸怀壮志、明德精工、创新包容、时代担当”十六字人才培养目标做了解释，向同学们分享了自己的理论理解和实践收获，希望同学们能在未来北理工的学习生活中，跟随时代脉搏，履行历史使命，担起复兴大任，勇做时代新人。

党支部书记马立玲老师作为2017级自动化1班班主任，非常注重对学生进行思想政治教育。道德教育、纪律教育、爱国主义教育、集体主义教育等都是形成良好班风学风的重要条件，也是对学生进行思想政治教育的重要途径。她组织学生开展各项政治活动和丰富多彩的校园文化活动，以此来提高班级同学的思想政治觉悟。还组织各种班会、座谈会、与学生谈心活动，发现学生的思想问题，最大限度地为大学生排忧解难、指点迷津， 使学生随时保持清醒的头脑和积极向上的精神风貌，有针对性地帮助学生提高思想认识。所带领的班级成绩优异，综合成绩始终在全年级排名第一，班级15名同学保研，被评为北京理工大学优秀班集体。

在疫情防控时期，党支部深入贯彻习近平总书记关于坚决打赢疫情防控阻击战的一系列重要指示和讲话精神，号召本支部党员要发挥先锋模范带头作用，以身作则，积极配合学校各项疫情防控工作，坚持做好教学、科研任务。党支部郑成华老师关注学生疫情期间的心理状态，通过微信、电话等方式与学生沟通交流，作为2017级自动化国际班班主任，积极组织学生学习防护知识、调整心态努力学习，与在国外的学生、家长保持联系，关注学生状况，并与学生共同学习了“开学第一课”，召开了“共抗疫情 爱国力行”主题团日活动。组织本班学生与重庆南开学子共同学习习总书记回信精神。个人通过公益慈善平台、北京教育工会公众号、学校组织部平台向武汉市慈善总会、华中科大同济医院、北京韩红爱心慈善基金会等捐款3 000多元；同时，还与网友筹资合力从国外采购防护服送到武汉；个人捐助武汉网友口罩、酒精棉片等物资；通过大众点评云点单给武汉一线医护人员买咖啡；看见所在小区一线基层人员任劳任怨，通过点外卖方式表达心意；通过微公益平台向伊朗疫情项目捐款，被评为自动化学院“抗疫先锋”。

党支部积极响应党中央以及北京理工大学关于扶贫的工作部署，党支部的赵江波老师多次与定点扶贫单位方山县有关企业进行交流沟通，发挥共产党员不怕吃苦的精神，爱岗敬业，多次下煤矿，了解其技术需求，开展相应的帮扶工作，并与方山县庞泉重工达成了“液压支架电液控自动化升级”技术帮扶意向，对庞泉重工技术人员进行相关的技术培训与指导，协助庞泉重工构建液压支架电液控自动化系统。

在工作实践中，党支部的老师们不断提高自己的师德修养，将立德树人的教育使命落实到日常教育生活之中。春风化雨、润物无声，党支部的各位老师用点滴平凡汇聚成一股立德树人的清风，用言传身教，培养北理工学子成长成才，成为社会栋梁。

教师党支部推动课程思政建设
——以普通化学课程思政为例

化学与化工学院　刘天府

一、普通化学开展课程思政的重要意义

习近平总书记在全国高校思想政治工作会议上强调，要用好课堂教学这个主渠道，各类课程都要与思想政治理论课同向同行，形成协同效应[1]。北京理工大学围绕加强组织领导、把握新着力点、推进基层组织治理能力、提升基层组织发展推动力、发挥组织育人功能、增强基层组织战斗力等六方面持续发力，把习近平总书记对基层党组织建设的重要论述和对高校基层党建工作的要求贯穿到学校党建和思政工作全过程，贯穿到学校改革发展、教育教学、科研管理等各方面[2]。

化学与化工学院无机化学系教师党支部组织党员和群众深入学习贯彻习近平新时代中国特色社会主义思想和党的十九大精神，发挥党支部政治功能和服务功能，不断推进课程思政建设，努力将无机化学系党支部打造成为推动课程思政建设的坚强战斗堡垒。

无机化学系承担着普通化学课程的教学工作。普通化学是面向一年级新生讲授的课程，通过本课程的学习，获得化学反应的基本原理、物质结构的基础理论、元素及其化合物的基本知识。其目的是培养学生具有解决一般化学问题、自学化学书刊的能力。因此它是培养理科和相关工程专业技术人才的整体知识结构及能力结构的重要组成部分，同时也为后继化学及其他课程打下基础，是在教学中培养学生的实践能力、创新能力、思维能力以及优良科学素养的第一步，同时也是大学新生的学习方法和学习思维实现历史转折的关键一步。大多数一年级新生刚开始独立的校园学习和生活，具有心理不成熟、缺乏抗压能力、抗挫折能力差等特点，并且这个年龄段正是人生观和

世界观发展的成熟期。我们在普通化学专业知识讲授过程中贯穿思政内容，引导学生树立正确的人生观、世界观和崇高的理想，可以起到事半功倍的作用。因此，普通化学进行课程思政教学可操作性强，实施意义重大。

二、思想引领，提升教师开展课程思政建设的意识

无机化学系的授课老师专业知识精湛，但由于老师们对目前课程思政的理论、方法不熟悉及缺乏经验，难免会出现为思政而思政，将思政元素融入课堂时会出现生搬硬套现象。

无机化学系党支部坚信一个支部就是一座堡垒，一名党员就是一面旗帜，坚持党支部书记带头推动、优秀党员教师先行试点，努力打造示范课程、示范案例，形成可复制可借鉴的经验，彰显标杆效应。

党支部组织党员深入学习贯彻习近平新时代中国特色社会主义思想和党的十九大精神，学习习近平总书记关于教育的重要论述，开展“不忘初心、牢记使命”主题教育，加强理想信念教育、师德师风教育，让每位党员切实认识到自己肩负的育人职责，将思政育人作为教学目的贯彻到课堂教学之中。党支部多次开展党员教师研讨会，把普通化学课程的内容层层分解，找到专业教育与思想政治教育的融合点，根据一年级学生的特点制定详细的实施案例。成熟的方案制定完成后，支部在全体授课教师中推广，同时在思政教育资源的开发利用、课程教学设计、教师主体作用发挥、教材体系的构建、课程体系的优化等方面进行积极探索实践，积累丰富的课程思政教学素材和案例。支部书记带头在普通化学教学中开展思政教育，起到了很好的示范作用，无机化学系党支部成为推动课程思政建设的坚强战斗堡垒。

三、行动落实，普通化学课程思政建设的实施内容

普通化学课程的思政核心就是立德树人，北理工有着非常深厚的红色基因，学校在主题教育期间开展了一系列卓有成效的工作，使红色基因在新时代青年学子身上进一步传承和发扬光大。进入新时代，北理工着力打造“红色教育”，力争把同学们培养成为扎根中国大地，具有世界一流水平的领军领导人才，在实现中华民族伟大复兴的中国梦中做出新的时代贡献。专业课程是教育思想、目标和内容的主要载体，开展思想政治教育不能脱离专业课

程的教学和管理。从专业教育与思政课程的教育功能来看，思政课程主要承担德育的功能，专业教育主要承担智育的功能。在普通化学课堂中，我们以事例结合的方式融合思政元素。

（一）在普通化学教学中培养学生的唯物史观

普通化学绪论部分介绍化学发展简史和现代化学前瞻性发展。从化学发展简史中会发现它是与生产力水平和时代要求相适应的。近代以物理学的X射线、放射性和电子三大重大发现，打开了认识物质微观世界的大门。在量子力学基础上发展起来的化学键理论使人类理解了分子结构与性能的关系，化学才进入理论的高度，发展成为一门科学。当代化学的发展更是在量子化学基础上对微观物质世界深入认识后飞速发展起来，并与其他学科融合，大气化学、环境化学、海洋化学等新兴学科不断涌现。化学并不是直线发展的，是在不断纠错过程中发展的，如对燃素说的扬弃、对永动机的否定、对微观粒子波粒二象性的深入理解。正如列宁所说：“人的认识不是直线，而是无限地近似于一串圆圈、近似于螺旋式的曲线。”每一次化学的重大发现都对应了相应的科学家和重大历史事件，在教学过程中，教师融入了辩证唯物史观的引导，让学生科学地认识自然科学发展规律。与自然科学规律的认识过程相似，教师结合社会科学的认识规律，引导教育学生，我国对共产主义思想理论的认识和发展也不是一蹴而就的，是在实践中不断发展和完善的。在我国社会主义建设过程中，毛泽东思想、邓小平理论、“三个代表”重要思想、科学发展观、习近平新时代中国特色社会主义思想是马克思主义中国化的成果。

（二）在普通化学教学中培养学生的爱国情操

在众多章节中，学生学习到多个以人名命名的定律和方程（盖斯定律、吉布斯-亥姆霍兹方程、范特霍夫方程等），却没有找到以中国人命名的定律和方程。面对这些疑问，教师会结合中华人民共和国成立前的屈辱历史解释为什么我国的科技发展落后于世界的发展，并介绍中华人民共和国众多化学家的光辉事迹及对化学学科发展的贡献。徐光宪院士在祖国需要的时候，放弃优越的生活条件在1951年毅然回国，参加新中国的建设，在20世纪80年代中期，创立了稀土串级萃取理论，使我国的稀土分离技术和产业化水平跃居世界首位，确立了中国的世界稀土强国地位，被称为“稀土之父”[3]。结合北京理工大学的化学学科历史发展，增强学生的民族自信心和自豪感，激发爱国热情。北理工诞生于抗日烽火中的延安，前身是自然科学院。在创建之初的艰苦岁月，开始探索火炸药研究，并直接服务抗战生产。到2000年，北理人合成出“新一代含能材料”炸药之王CL-20（六硝基六氮杂异伍兹烷，HNIW），历经30余年将这座世界炸药的“最高峰”彻底征服[4]。随着我国经济飞速发展，国家在基础科学领域投入了大量人力和财力，国家的富强为科研人员带来了巨大的机遇。教师鼓励学生努力学习、创新发展，在将来的科学史上写上中国人的名字。

（三）在创新思维中提升学生的社会责任感

化学是一门以实验为基础的实用性、创造性的中心科学。普通化学讲授的内容就是通过对物质世界宏观和微观结构规律的掌握，不断探索新物质、新性能，满足人类对物质生活的需要。教师在教学过程中不仅要讲授基础知识和原理，还要引导学生具有创新意识。教师以钱逸泰院士的发现为例：钱逸泰院士在将反应物的化学键几何构型保持在产物中思想的指导下，用Wurtz反应，在相对较低温度和条件下以金属钠还原四氯化碳制备金刚石粉末取得一定进展[5]，被当年美国化学与工程新闻评价为“稻草变黄金”。在固态物质章节中讲授到材料结构与性能的关系，教师引入超导性能发现的内容，从1911年荷兰物理学家H. 开默林-昂内斯发现汞的超导电性，直到1986年以前，人们发现的最高的超导临界温度（Tc）才达到23.2K。1986年瑞士物理学家K. A. 米勒和联邦德国物理学家J. G. 贝德诺尔茨发现了氧化物陶瓷材料的超导电性，从而将T_c提高到35 K[6]。之后仅一年时间，新材料已提高到100K左右。这种突破是研究思路（从金属到其他材料）的突破，也为超导材料的应用开辟了广阔的前景，同时介绍赵忠贤院士在超导方面的贡献。随着科技的发展进步，对于新材料的需求越来越高，需要化学和化工工作者进行开拓性的思维和探索，满足社会对新物质的需求。这与我党的宗旨是完全契合的。习近平总书记指出，中国特色社会主义进入新时代，我国社会主要矛盾已经转化为人民日益增长的美好生活需要和不平衡不充分的发展之间的矛盾。我国不久将全面建成小康社会，人民对美好生活的要求日益提高，对物质文化生活提出了更高要求，在安全、环境等方面的要求日益增长。在授课过程中，教师引导学生认识到化学和化工工作者在社会主义新时代建设中大有作为，激发学生的学科热情和社会责任感。

（四）在普通化学教学中普及绿色发展的理念

建设生态文明和美丽中国，实现中华民族永续发展，习总书记提出了："我们既要绿水青山，也要金山银山。宁要绿水青山，不要金山银山，而且绿水青山就是金山银山。"这要求化学和化工行业工作者以绿色化学的核心理念从源头上减少和消除工业生产对环境的污染，使反应物的原子全部转化为期望的最终产物。毫无疑问，基础理论、基本原理与原创技术的突破是关键。

现代农业的发展离不开化肥，而氮气的转化是最大的难点。在分子结构章节学生学习了氮气的分子结构理论，掌握了氮气分子的键能是942kJ/mol，是双原子分子中最稳定的，结合化学原理通过氮气和氢气合成氨气需要在中温中压下进行，过程中要耗费巨大的能源和水源；而植物的固氮过程是在温和条件下进行的，并且对环境没有不良影响。教师引导学生思考反应机理的不同、催化剂的特点等，让学生积极探索其中的反应过程，思考如何在生产中充分利用资源，减少对环境的影响，实现绿色生产、原子经济。

通过具体事例把思政元素和专业内容进行融合，在专业教学中无缝贯穿思政教育，可谓润物细无声。

四、与时俱进，引导学生树立崇高的人生目标

2020年注定是不平凡的一年。在突如其来的新冠疫情影响下，教育部要求"停课不停教""停课不停学"，当然更重要的是要做到"停课不停育"，在"虚拟"课堂中一如既往地进行价值塑造，帮助同学们树立信心、坚定理想。我们在开学初就组织学生开展了"疫情下我能做什么"的大讨论。当时大多数同学受阻于家中，有了更多的时间来思考在抗击新型冠状病毒的战场上个人人生的目标、理想和信念。他们看到了一幕幕的正能量场景：德高望重的钟南山院士、李兰娟院士，更多的是与同学们同龄的一批批白衣天使、科研人员、部队战士站在疫情防控的最前沿，与人民同呼吸共命运，让同学们感受到了"逆行"的美丽，他们的奉献精神和献身精神感染了同学们；一批批救助物资、一笔笔捐款从四面八方汇聚武汉，全国上下同舟共济、众志成城，构筑起了抗击疫情的坚强防线。他们也看到了相当多的负

能量：武汉红十字工作人员的不作为乱作为、某些疾控中心人员的玩忽职守、散布谣言扰乱人心、夸大双黄连的药效，等等。这些事件的主人公无关学历、无关智商、无关地位，与主人公的理想和信念有关。通过对比，同学们树立了崇高的人生目标，要做扎根中国大地、具有世界一流水平的人才，在实现中华民族伟大复兴的中国梦过程中做出新的时代贡献。

我们还把课程内容与疫情结合起来，让同学们认识到学有所用，增加了大家的学习兴趣和热情。在讲授分子结构与性能章节中，我们引入了新冠病毒结构的解析事例：病毒结构的解析，有助于我们了解病毒与人体细胞的结合方式、致病机理，科学家就可以有针对性地开发药物、研究疫苗，缩短时间，拯救更多的生命。抗击疫情使用的多种杀菌剂、消毒剂，我们通过让同学们分析这些试剂的化学成分、化学性质，让他们正确使用这些试剂，同时也认识到过度使用这些化学试剂对于环境的危害。

由于疫情催生的线上线下教学模式的改革，要求老师们不断探索新的教学理念和方法。近期，教育部下发《高等学校课程思政建设指导纲要》，无机化学系党支部深入学习领会，提升教师开展课程思政建设的意识和能力，在今后的教学工作中，我们将始终坚持课程思政，不断将思政元素有机融入专业教学中，让学生在专业学习中提升政治认知、道德素养，真正实现以文化人、以德育人。

参考文献

［1］习近平在全国高校思想政治工作会议上强调：把思想政治工作贯穿教育教学全过程开创我国高等教育事业发展新局面［N］.人民日报，2016-12-09.

［2］北理工党委书记赵长禄讲授主题教育专题党课［EB/OL］. http://www.bit.edu.cn/xww/zhxw/djsz/178952.htm.

［3］刘思德，徐光宪. 中国稀土永远的地平线［J］.稀土信息，2015（5）：10-12.

［4］欧育湘，孟征，刘进全. 高能量密度化合物CL-20应用研究进展［J］. 化工进展，2007，26（12）：1690.

［5］LI Y D, QIAN Y T, LIAO H W, DING Y, YANG L, XU C Y, Li F Q, ZHOU

G E, A reduction−pyrolysis−catalysis synthesis of diamond［J］. Science，1998，281（5374）：246−247.

［6］BEDNORZ J G, MULLE K A. Possible high *Tc* superconductivity in the Ba−La−Cu−O system［J］. Z. Physik B−Condensed Matter, 1986（64）：189.

高校基层党组织引领时代新人成长的思考

生命学院　周连景

进入新时代，高校基层党组织始终坚持遵循高等教育发展规律，聚焦落实立德树人根本任务，切实履行为党育人、为国育才的职责使命，不仅推动我国高等教育取得了高质量的发展，也为我国改革开放和社会主义建设培养了大量优秀人才。然而，面对两个一百年的奋斗目标，如何继续培养好能够担当民族复兴大任的时代新人，已经成为当前高校基层党组织思考的时代命题。

一、以核心价值观固本，培养有理想的时代新人

“培养什么人”是贯彻落实新时代党的教育方针的首要问题。高等学校作为人才培养的重要阵地和实现中华民族伟大复兴的智力高地、人才高地，其立身之本在于立德树人。而“立德”的根本在于“铸魂”，“铸魂”的重心无疑是树立社会主义核心价值观。正如习近平总书记所说：“如果一个民族、一个国家没有共同的核心价值观，莫衷一是，行无依归，那这个民族、这个国家就无法前进。”青年强则国强，培育和践行社会主义核心价值观，关键也在青年，重点在大学生群体。因为他们是精神文化的继承者、传承人，更是两个一百年奋斗目标的实践者。所以，要帮助青年大学生扣好价值观的“第一粒扣子”，减少其成长过程中的思想困惑，引导其真正成为一个追求价值的人，成为一个有理想的时代新人。

高校基层党组织处在育人一线，以核心价值观引领学生成长的途径显得尤为重要。一方面，要推动社会主义核心价值观进课程、进课堂、进教材，实现课程育人、课堂育人，提高课程思政效果，尤其要结合学科特色和社会热点开展教育教学，增强大学生对社会主义核心价值观的认同；另一方面，要注重社会主义核心价值观进实习、进实践、进生活，实现第一课堂与第二

课堂的教育相辅相成、协同育人，使学生们都能通过自身的独立思考，逐步认知核心价值观，进而培养学生自觉践行社会主义核心价值观的良好行为习惯。一直以来，北京理工大学生命学院始终秉承“延安根、军工魂”的精神内涵，高度重视课程思政建设和教材的编写，强化实习实践在育人中的作用，突出主题教育在成长中的引领，让学生在奋斗和奉献中找寻人生的价值和意义，争做胸怀中国梦的有理想的时代新人。

二、以德智体美劳赋能，培养有本领的时代新人

“怎样培养人”是落实好立德树人根本任务的关键所在。习近平总书记指出：“学校思想政治工作不是单纯一条线的工作，而应该是全方位的。”全国教育大会也提出：要全面贯彻党的教育方针，培养德智体美劳全面发展的社会主义建设者和接班人。这为高校人才培养工作指出了明确的方向。

高校基层党组织应充分理解育人方向的意义和内涵，全面准确地把握新时代教育的根本任务和基本方略，始终坚持育人为本、德育为先，实现青年学生的全面发展。一方面，要不断完善教育体系。当前，我们正面临着百年未有之大变局和中华民族伟大复兴的战略全局，掌握国际竞争的主动权需要全面发展的高素质人才。因此，更应紧紧围绕“立德树人”根本任务，促进德智体美劳“五育”融合，探索构建新时代的教育体系。另一方面，要不断完善育人机制。青年人才成长是多方面的，人才培养更是一项系统工程。所以，高校的育人工作应突出一个“全”字。特别是基层党组织要发挥引领作用，持续推进“三全育人”改革，努力打造全员协同育人主力军，打通全过程协同育人主渠道，建设好全方位协同育人主阵地，真正让青年学生成为全面发展的时代新人，成为有本领的社会主义建设者和接班人。

近年来，生命学院在学校人才培养综合改革方针的指导下，积极推动“学院+书院”的人才培养模式，实施德智体美劳“五育并举”。一是重视科研育人，鼓励师生共同承担国家重大科研任务，积极参与“神八”“长七”“天舟”“SpaceX龙飞船”等太空载荷搭载，让学生在重大科研任务中培养至诚报国、敢为人先的科学精神。二是重视实践育人，学院连续18年组织开展“生态科考”社会实践活动，让学生在“拥抱自然、体验社会、感受文化、孕育创新”中提升自身才华和本领，在“读万卷书，行万里路”中成

长为德智体美劳全面发展的时代新人。

三、以全面从严治党引领，培养有担当的时代新人

“为谁培养人”是贯彻落实新时代党的教育方针的根本问题。习近平总书记强调，高等教育必须坚持正确政治方向，为人民服务，为中国共产党治国理政服务，为巩固和发展中国特色社会主义制度服务，为改革开放和社会主义现代化建设服务。这深刻地阐明了我国高等教育的初心和使命。进入新时代后，尽管高校都面临着“双一流”建设的新形势新任务，但无论形势如何变化，只有牢记初心使命，方能让自己真正成为“人民共和国建设者”的摇篮，才能成为当之无愧的中国特色世界一流大学。

今年适逢中国共产党成立100周年，回顾百年的风雨历程，全面从严治党是我们党永葆生机活力的根本保障，是带领全国人民取得举世瞩目成就的重要法宝。作为基层党组织有责任和义务，用辉煌的百年党史和中华优秀传统文化、社会主义先进文化浸润青年学子的心田。众所周知，今天高校学生的人生黄金期与两个一百年的历史交会期正好吻合，处在第一个百年历史交会期，他们正值青春年华，在校园中享受着幸福与美好；处在第二个百年历史交会期时，他们已是社会中流砥柱，将躬身实践中华民族的伟大复兴。这是时代赋予他们的使命，更需要他们学习党史、了解党史，尤其是学习老一辈革命家的担当精神。

多年来，生命学院坚持以全面从严治党为牵引，始终把担当精神作为人才培养的重要内容，不断加强基层党组织建设，实施“党建+”计划，深入推进党建工作和人才培养深度融合，持续提升基层党组织的凝聚力和战斗力，努力让每名党员都成为一面鲜红的旗帜，每个支部都成为党旗高高飘扬的战斗堡垒，教育引导学生到祖国最需要的地方建功立业，做勇于担当民族复兴大任的时代新人。

扎根学生，让党建之花绚烂绽放

人文与社会科学学院　娄秀红

习近平总书记指出：“青年一代有理想、有本领、有担当，国家就有前途，民族就有希望。”青年是高校的主体、祖国的未来、民族的希望。作为一名基层党委书记，培养好德智体美劳全面发展的社会主义建设者与可靠接班人，是我的本职工作之一，是我义不容辞的责任，也是这么多年来我所坚守的初心与使命。

一、学习——后生可畏，焉知来者之不如今也

目前，我国大学生年龄阶段已经逐渐从“90后”过渡到了“00后”的范畴，而我却是一名“60后”的老党员，基本相当于学生父母的年龄阶段。随着时代的发展、科技的进步、文化的多元繁荣，近些年总能感受到需要不断加强自身学习的内在力量。尤其是随着网络时代的变迁与网络文化的兴起，为高校基层思想政治教育把控、意识形态主阵地建设带来不小的挑战。纵观现代大学生生活，“内卷”“后浪”“凡尔赛文化”等新新词语井喷式爆发，B站、抖音、小红书盛行，网购、直播带货代替传统的线下购物模式，慕课、微课、网课等资源也能帮助学生突破疫情限制实现课程教育。而这新时代的迅猛发展，也为我们这一代思政工作者带来了莫名的“本领恐慌”。在与学生接触的过程中，有时确实担心自己的话语体系、思维方式、工作方法等会产生“代沟”，不能被青年学生理解、接受、认可。

作为一名高校的基层党委书记，在工作过程中不仅需要补足精神之“钙”，更需要及时更新思想观念，将学生党建工作、思想政治教育工作踏踏实实做到学生中去，跟上时代潮流与步伐。为此，我保持着每日对“学习强国”、各类新闻媒体公众号、短视频平台、学生朋友圈等媒介的浏览，不断捕捉青年人动向，学习时代新语，渐渐地发现“学而时习之，不亦说

乎”，后生可畏、来者可追。

二、躬行——纸上得来终觉浅，绝知此事要躬行

习近平总书记在纪念五四运动100周年大会上的讲话中要求，“我们要主动走近青年、倾听青年，做青年朋友的知心人”。工作中，时常会发现同学生相关的某些问题困扰着工作思路。解铃还须系铃人，我用了看似最笨但是最有效的方法，深入学生当中不断交流沟通，共同探寻答案。

对于一名高校基层党委书记来说，日常工作任务繁多，但抽丝剥茧、删繁就简，高等教育的初心无非是育人，立德树人便是我们需要讲究的根本。在很多人看来，一个党委书记更应该从大面上把控工作，没有必要直接联络学生，而我正是在这样一些看似没“必要”“不起眼”“不出活”的工作过程中同学生“接地气”，这样的“地气”，总能够赋予我更多的工作底气。在同学生接触的过程中，我了解到了大家的真实想法与诉求，了解到了学生成长发展的路径规律，也为学院班子建设、教职工管理、人才培养、学科建设与发展等诸多工作提供了思路与依据。

凡事亲力亲为、事必躬行，扑下身子，亲自调研，是我开展学生工作的宗旨与原则。在学院合并、社会科学实验班试行、学科评估、毕业就业、宿舍搬迁等关键时间节点中深入学生、走近学生，了解学生意见建议，及时调整工作方案，用心坚守、用爱关怀，努力践行着习近平总书记“成为青年愿意讲真话、交真心、诉真情的知心朋友”的工作要求。

三、创新——惟进取也，故日新

学生党建工作在新时代想要生动起来，就要不断“因事而化、因时而进、因势而新”。目前高校学生党员教育与党组织建设过程中存在思想入党不积极、研究探索不深入、组织生活少活力、党建教育缺亮点等问题。针对这样一些情况，唯有创新才能让学生党建在新时代焕发生机与活力。

在党建创新的道路上，学院党委努力开展一系列探索，于2018年选定“大学生思想入党”为主题，申报建设了“党建工作室”，成为学校第一批示范单位，并创新“微党课”“微视频”新思路，利用青年人喜闻乐见的动画视频，将看似枯燥无味的理论变得生动活泼，将看似晦涩难懂的道理变得

深入人心；尝试探索具有人文特色的党建主题教育，3年多来，围绕马克思诞辰200周年、改革开放40周年、中华人民共和国成立70周年、五四运动100周年、“不忘初心、牢记使命”主题教育、疫情防控等主题与重要时间节点，创新性地开展“重读《共产党宣言》”“改革开放在我家”“我爱你，中国”“奋斗自成芳华”“‘疫’起讨论吧——疫情防控时事论坛”等主题教育活动，形成系列教育成果；积极探索学生党员红色“1+1”育人新模式，在西城区天桥街道、文兴街社区等建立“大学生党员教育实践基地”“红色‘1+1’党员服务基地”，指导学生党员参与社会服务，培养家国情怀。经过不懈努力，连续3年获得北京市红色“1+1”评选三等奖、优秀奖等荣誉。天桥育人模式、“微信大讲堂”等也渐渐成为人文学院党建红色育人的特色品牌。

一代人有一代人的长征，一代人有一代人的担当。我们这代人的长征，是为了向下一代青年传递社会主义现代化建设的接力棒。我愿意扎根学生，与学生互相学习，共同成长，让党建之花在高等教育与立德树人的沃土上绚烂绽放，培育党和国家事业建设的莘莘栋梁。

“立”“德”“树”“人”
——做好新时代学院学生党建工作

自动化学院　邓　方

习近平总书记强调，“做好高校思想政治工作，要因事而化、因时而进、因势而新”。在当今世界百年未有之大变局下，国际国内局势发生了深刻变化，国际大量的事例为我们提供了更多鲜活思政反面教材。在新时代，学生党建与思政工作面临新形势，迎来新机遇，我们要以习近平新时代中国特色社会主义思想为指导，根据大学生、研究生的特点，以“立”“德”“树”“人”做好新时代学院学生党建和思政工作。

一、“立”规矩，固堡垒

“小智治事，大智治制”，创新制度设计，加强组织领导，切实解决党建工作与主责主业两张皮现象。第一，全面加强党委对学生支部的组织领导。根据党组织特点、党员情况制定相应的支部建设和培养教育细则，在党员发展，支部建设，支委的选拔和更换，党员的教育培养、模范带头作用，组织纪律实施等方面制定可行的制度措施，将支部活动与学生学习的主责主业结合起来，将思政工作与人才培养全过程结合起来，将理论学习随时随地随堂随学开展起来。第二，将党支部建设纳入学生综合测评机制中，加强支部和党员的纪律性，定期对支部干部、普通党员和党支部进行考核并在全年级和学院进行情况通报。第三，将党员发展名单、党支部设置情况、主要支委人员名单等在学院网站上公示，进一步加强宣传工作，将党的声音和动态传递到每个同学耳中。第四，党支部工作开展，重视实际效果，不过度留痕，将支部活动与主责主业相结合。

“欲筑室者，先治其基”，强化战斗堡垒，规范支部管理，切实解决党支部与班、团组织两条线，学生支部弱化、虚化、边缘化问题。第一，进一步调整支部设置方式，将学生支部人数控制在20人以内，一般10～15人，本科生四年级每两个班设置一个党支部，研究生每个年级每个二级专业设置一个党支部。第二，将党支部建在班和团支部之上，将各个班的班长和团支部书记发展成党员，或从党员中选拔，党支部书记和支部委员从学生组织负责人或班长和团支部书记中产生，党支部有权利和义务领导和带动班级和团支部的建设，建设从班级到党支部到党委的一条线，学生会和学生团委代表学院党委发挥对班级和党团支部的指导和领导作用。第三，完善党员及支部管理制度，加强支部的组织性和纪律性建设，给予党支部书记和支委一定的权限和激励机制，加强对支部所属各班级和党员的管理，从而切实发挥党支部的战斗堡垒作用。

二、“德”为先，强信念

“才者，德之资也；德者，才之帅也。”宣传身边道德先锋模范事迹，加强学生德育，强化纪律约束，切实将“德”摆在首位。第一，通过网络及新媒体平台等，树立身边榜样，让德育入脑入心。通过观影、开展系列榜样学习活动，加强学习、反思和自省，指引党员树立正确的价值观，真正提高道德品质。第二，强化德育，面对新时期多方面的飞速发展，坚持把德育放在首位，将本科生德育答辩延伸到研究生、博士生中。德育先行，让德育与专业教育、科学研究深度融合，进一步推进思政课程；创新具有实效性的多样化道德教育方式，如开展公益活动，通过“红色1+1”与社区党支部共建，让党员走进群众，为群众做实事、做好事，培养公德心、奉献精神和服务意识；开展如素质拓展、企业参观等丰富生动的党员活动，培养团结意识、大局意识，增强凝聚力和战斗力。第三，加强纪律约束，党员应时时遵守道德规范，“国无德不兴，人无德不立”，对德、行出现问题的党员应加强惩戒力度、采取惩戒措施。引导党员时时自查自省、自我约束，以法律、纪律、规章等强制方式树立党员正确的道德规范，让广大党员做到“以德立身”“以德服人”。

“功崇惟志，业广惟勤”，强化理论学习，加强监督管理，构建动态机制，切实强化信念教育和党的思想建设。理想指引人生方向，信念决定事业成败，没有理想信念，就会导致精神上“缺钙”。第一，加强理想信念教育，夯实思想基础，实行党委理论中心组和基层党支部联动学习机制。推进“两学一做”学习教育常态化、制度化，坚持不懈加强理论学习，在学院师生中形成良好的学习风气。积极使用“学习强国”等学习平台，号召党员在学习工作中多读书、读好书、研读经典著作，学透学深。让党员坚定马克思主义理想信念，并转化为促进自身发展、社会进步、服务人民的实际行动，真正成为自身发展进步的思想基础。第二，严格监督管理，依靠纪律来规范行为、端正思想、坚定信念。自动化学院党委坚持严发展、重督查，严把党员入口关，真正做到广听意见，成熟一个，发展一个；加强党员的日常教育监督管理，给每一个党支部配备责任领导及组织员，对学生党支部的“三会一课”、主题党日活动、组织生活会等进行全程参与和业务指导，切实将“全面从严治党”的责任压力传导到“最后一公里”。第三，着力构建党员动态管理机制，如疫情期间成立留校学生抗疫临时党支部，积极参与院校两级疫情防控的志愿服务工作，先后参与隔离点送餐、物品寄送、运送防疫物资、端午慰问、毕业生行李云打包等多项活动，累计志愿服务时长300小时以上；针对机器人队，成立功能型党支部。做到有党员就有组织，有组织就有高质量的组织生活。

三、“树”旗帜，做品牌

“火车跑得快，全靠车头带。”树起党支部书记这面旗帜，全面提升党支部书记的思想水平和履职能力，通过党支部书记作为中间环节，将从严治党的压力层层传导，严肃、严抓组织生活。第一，在学生党支部的日常管理过程中，着重突出“书记抓、抓书记”的重要性，全面提升党支部书记的思想水平和业务能力，做到“心里有规矩、脑中念规矩、办事不逾矩”，进而夯实基层党组织建设。第二，开展“党支部书记撑好旗”系列活动。组织党支部书记定期参加党建专题研修班，优化党员教育方式方法，丰富学习形式，开展专题学习研讨，组织现场学习。开展“书记说”等系列活动，学生党支部书记通过短视频的方式交流分享党建经验，同时开展党支部间组织生活观摩，加强交流共享，追求卓越、力争上游，营造良好的院风学风。第三，加强党支部书记间的沟通，增进支部间的交流互鉴，通过开展党支部书记联席会、观摩优秀党支部组织生活等活动，加强党支部的工作交流与资源整合，拓展党支部的活动空间和工作平台，创新党支部的工作思路和有效途径，共同提高支部活力。

“远人不服，则修文德以来之。”积极打造党建特色品牌，提炼文化精神，构建红色实践育人体系，筑牢意识形态主阵地，努力发挥党建引领作用。第一，强化特色品牌引领，提炼出结合专业学科特色的、得到广泛认同的创新性文化精神，以此作为广大党员及群众的价值引领，真正用文化凝聚人心。学院通过凝练专注、务实、进取、卓越的“旋转的陀螺”精神，营造创新文化，激励更多学子追求卓越，探索不止。第二，构建红色实践育人体系，充分发挥社会实践育人作用，依托“不忘初心、牢记使命”主题教育等，开展红色之旅、扶贫扶智、服务国家大型活动等社会实践。第三，筑牢意识形态阵地，弘扬红色文化，大力加强正面教育，把好网络思政主导权、主动权，如打造“时代新人说”“红色短剧大赛”“研究生学术论坛”“百家大讲堂”等一系列紧跟时代主流思想的品牌项目，教育学生在国庆70周年、疫情防控志愿服务中淬炼精神、铸造品质；将思想教育系统化，上好“云端+线下”的思政大课，增强师生的凝聚力和向心力，筑牢意识形态工作主阵地。

四、“人”为本，抓队伍

“强党之道，要在得人”，让每个党员成为一面旗帜，充分发挥党员模范作用。第一，加强党员自修、自省、自律，进一步督促全体党员同志严格要求自己，自我约束，自我提升。第二，抓好学生党员发展，将党员作为未来领军领导人才培养的主要对象，从理想信念坚定的优秀学生骨干中选拔学生党员，从优秀的学生党员中选拔有号召力的党支部书记和支委，党支部书记和支委在学业上、工作上、模范带头作用上如果出现问题，建议停止其党支部书记或支委职务，制定针对学生党员的党内学业警示、警告和处理机制。第三，充分调动党员的自主性和积极性，帮助学生党员树立“我为人人、人人才能为我”的服务意识，鼓励其运用所学专业知识、技能等，积极参与志愿服务等社会工作，在奉献中实现自我价值，同时辐射影响身边更多群众。

“独行快，众行远。”抓好党建队伍建设，提升专业水平的同时，进一步壮大党建工作队伍，深入推进全员育人。第一，加强党建工作队伍的研修学习，鼓励教师积极参加有关思想政治教育、学生党建、心理健康等专题培训，提升队伍育人水平。第二，加大投入，引入博士生辅导员、思政博士后等党建思政专业人才，设立专门的辅导员或干事负责学生党建工作，提升队伍专业水平。第三，进一步充实、壮大学生党建队伍，让任课教师、班主任、导师、辅导员等积极参与到学生党建工作中，真正做到全员育人，并继续依托实验中心、创新基地、专业课堂等平台将党建思政全方位融入学习生活、科学研究、创新创业等方方面面，真正贯穿学生培养全过程。

“盖有非常之功，必待非常之人。”学院学生党建将继续坚持正确政治方向，构建党建新常态，以党建促育人，形成师生成长共同体。以“立”“德”“树”“人”的高质量党建，落细落实“立德树人”根本任务，培养“胸怀壮志、明德精工、创新包容、时代担当”的领军领导人才。

以“六基工程”为抓手，全面推进高校学生党支部标准化、规范化建设

信息与电子学院　邓　岩　潘　欣

欲筑室者，先治其基。步入新时代，党支部标准化、规范化建设在党的建设伟大工程中地位更加突出，作用更加显著。习近平总书记曾指出：“加强标准化工作，实施标准化战略，是一项重要和紧迫的任务。”[1]《中共中央组织部、中共教育部党组、共青团中央关于加强和改进在大学生中发展党员工作和大学生党支部建设的意见》指出：“加强和改进在大学生中发展党员工作和大学生党支部建设，是充分发挥党的政治优势和组织优势、做好大学生思想政治教育工作、培养和造就高素质人才的迫切需要，对于把我们党建设成为优秀人才高度密集的政党，对于实施科教兴国战略，确保中国特色社会主义事业兴旺发达、后继有人，具有重大而深远的战略意义。”[2]高校学生党支部是党在高校基层党组织中的战斗堡垒，是党组织在青年学生中的政治核心，是党的肌体在高校中的“神经末梢”，承担着在大学生中宣传党的主张、贯彻党的决定、直接教育学生党员、管理学生党员、监督学生党员和组织学生、宣传学生、服务学生的职责，是党的各项方针政策在高校最基层的贯彻者、组织者和实施者。以“六基工程”为抓手，全面推进高校学生党支部标准化、规范化建设，能够增强高校学生党支部的建设力量，对于进一步加强高校思想政治工作更是具有重要意义。近些年，高校在学生党支部建设工作过程中，坚持以问题为导向，在标准化和规范化建设方面均形成了一定的“特色”。但是，新时代有新任务，从高校学生党支部标准化、规范化建设的具体实践情况来看，高校学生党支部标准化、规范化建设仍存在一定的问题，亟须进一步解决。

一、高校学生党支部标准化、规范化建设的意义

（一）有利于提升高校学生党支部组织力建设

近年来，高校学生党建工作取得了新进展，但随着高等教育的不断发展和社会持续进步，高校学生党建工作出现了不相适应的问题。例如，有的学生党支部设置不合理，难以形成政治影响力，组织力作用不明显，难以团结带领党员、团员和广大青年群众开展工作；有的党支部队伍建设不完善，支部委员职能未充分发挥；有的学生党支部党员教育缺乏针对性和创新意识，组织生活形式单一、内容单调，不能调动党员的积极性、主动性和创造性，不能满足学生党员的成长成才需要；有的学生党支部党建载体创新不够，党建工作无特色，缺乏吸引力和凝聚力。这些问题的存在，影响全面从严治党工作格局下高校学生党支部政治职能的发挥。全面推进高校学生党支部标准化、规范化建设，不仅能为提升高校学生党支部政治建设科学化水平提供可参考的意见，还有利于提升高校学生党支部组织力建设。

（二）有利于提升大学生党员培养质量

高校学生党支部标准化、规范化建设是做好大学生党员培养教育工作的重要基础，是高校完成立德树人根本任务的重要抓手。加强大学生党支部的标准化建设，使大学生党员的组织生活更加规范，主题党日制度、“三会一课”制度、党员发展和培训制度、民主评议党员制度等能够更好地贯彻落实。学生党支部标准化、规范化建设，可以增强大学生党员的组织观念，在组织生活过程中强化共产党人的初心和使命认同，自觉践行社会主义核心价值观，自觉把思想和行为统一到实现中华民族伟大复兴的“中国梦”的实践中，自觉地按照党的要求和国家的期望去工作和学习，自觉发挥大学生党员的先锋模范带头作用，自觉成为党和国家建设事业的接班人和主力军，并以此来带动学生党支部的战斗堡垒作用的发挥。

（三）有利于提升高校思想政治工作水平

加强高校学生党支部标准化、规范化建设是做好大学生思想政治工作的有效渠道，既能使大学生党员的思想政治工作更加有效，还可以在入党积极分子以及学生群体中确立和营造思想政治工作的导向和氛围。大学生党员是学生中的“排头兵”“领头雁”，通过学生党支部的标准化、规范化建设，

可以增强大学生党员的理想信念，增强他们的学习积极性、主动性，增强他们的集体荣誉感。心理学的研究表明，当大学生党员的党性行为受到肯定强化之后，会给其他学生树立榜样，从而有利于传播正能量，有利于开展高校思想政治工作。

（四）有利于推动高等教育事业的发展

高校学生党支部标准化、规范化建设，符合国家高等教育转型的要求，是高等教育事业创新发展的重要基础。高校学生党支部作为吸收培养优秀青年的重要基层组织，是高等教育质量提升的重要建设基地，其标准化、规范化建设若紧跟时代发展的步伐，与时俱进，必能跟得上高等教育事业创新改革发展的浪潮，从而推动高等教育事业的创新、稳步发展。

二、高校学生党支部标准化、规范化建设现状

（一）学生党支部基本组织建设现状

2017年，《普通高等学校学生党建工作标准》（以下简称《标准》）正式发布。《标准》对高校学生党支部组织设置、任期换届、支部委员设立、支部人数、党小组设立等方面都有着明确的规定。比如，高校学生党支部委员会任期根据支部设置方式规定为2～3年，要坚持按照规定日期进行换届；合理控制党支部人数规模，一般是在30人之内；坚持“三会一课”制度，高校学生党员必须参加支部党员大会等[3]。但是在高校学生党支部的工作实践中，对照上述标准还是存在一些差距。比如，学生党支部党小组工作职责不明晰，形同虚设；研究生党支部委员会工作年限不足2年；高校为了提升学生党建工作的育人功能，尝试在一些重大项目组、课题组、学生公寓、学生社团设立临时学生党支部，目前还处于一种“实验”阶段，尤其是党建育人功能如何向学生公寓及学生社团进行扩展延伸，还处于不太完善的实践中。不科学、不合理、不健全的学生党支部组织设置会影响到学生党支部政治职能的发挥。

（二）学生党支部基本队伍建设现状

一支稳健的学生党支部队伍，能带领学生党支部向标准化、规范化的方向发展。参照《标准》，高校学生党支部队伍建设应该注重内涵式发展，重视完善学生党支部委员会设置，优化学生党支部队伍建设，进一步提升高校

学生党支部标准化、规范化建设质量。从前期的调研情况来看，目前高校学生党支部委员会建设仍不太理想。比如，研究生党支部配备结构不太科学，没有进一步形成梯次搭配，存在党支部书记、组织委员、宣传委员在研究生一年级学生中“扎堆”的现象，没有充分发挥好研究生支部硕博联动、高年级带低年级的学生党支部委员会统筹作用，部分学生党支部委员在教育和管理上也存在沟通不及时、教育管理不到位等问题。

（三）学生党支部基本制度建设现状

高校学生党支部基本制度建设是全面从严治党的重要环节，是推进学生党支部标准化、规范化建设的必要举措。党的十九届五中全会对党的政治建设做出了全面的部署，在新的历史条件下，一定要把思想建设、组织建设、作风建设充分结合起来，把制度建设贯穿其中，不仅要立足于做好经常性工作，还要解决其中存在的问题。高校学生党支部显著的特点就是支部成员流动性较大，预备党员占大部分，而正式党员的党龄时间短，给高校学生党支部的基本制度建设带来一定的困难[2]。而且党建制度落实不到位，缺少量化考核，高校学生党支部的各项机制运行起来也不太顺畅。目前，高校学生党支部普遍存在民主集中制执行不当，党支部书记身兼数职，一人完成学生党支部所有工作；部分学生党支部的“三会一课”制度比较随意，对于学生党员教育也只是采用演讲宣读的形式，灌输式教育居多，“三会一课”制度落实不到位。

（四）学生党支部基本阵地建设现状

高校学生党支部的阵地教育可以分为线上和线下两种方式，线上阵地教育可以采用“互联网+党建”“微党课”“党员榜样微讲述”等方式进行。线下阵地教育可以借助于“党建活动室”“宿舍社区专属宣传栏”等方式进行。但是，目前高校学生党支部的教育活动形式大部分还是以集中式学习为主，学习内容也比较偏向理论化。大部分高校没有建立比较固定统一的“党建活动室”，党建活动的场所比较随意。在宿舍社区的宣传栏里，大部分是学校近期的发展情况，没有专属的学生党建教育宣传栏。

（五） 学生党支部基本活动建设现状

高校学生党支部活动是实现思想政治教育引领、增强支部内部成员凝聚力、加深党支部文化底蕴的重要形式。目前，大部分高校学生党支部主题党日活动时间不固定，而且主题也不突出，导致教育效果不好；另外，高校学生党支部的基本活动也很少，使得部分高校学生党员的专业能力不能全面发挥。高校学生党支部作为一种政治组织，开展的各项活动都是具有一定的政治色彩，而且一般都是按照上级党组织的有关规定进行的，缺少一定的自主性、创新性[3]。高校学生党支部通常的集体活动就是召开会议，会议内容也都是围绕如何开展工作、如何落实上级对党支部下达的新要求、如何加强自身政治学习等方面，基本上都是党支部书记为主导，内容单一，形式唯一，和当代高校学生的心理特点不协调，组织生活和实际学习、工作脱节，导致高校学生支部活动缺乏一定的吸引力。

（六）学生党支部基本保障建设现状

高校学生党支部基本保障建设是党支部建设过程中最容易被忽略的环节，但其恰恰又是党支部标准化、规范化建设的必要条件。目前，高校学生党支部基本保障建设关注度不高，活动场所、活动经费受到限制较多。学生党支部活动场所，大部分是不固定的教室，党建文化和活动氛围不突出；其次，学生党支部主要以学生党员为主，缴纳党费标准较低，导致支部活动经费也相应较少，活动开展受到一定限制，从而也难以为高校学生党支部的标准化、规范化建设提供坚实的保障。

三、高校学生党支部规范化、标准化建设存在的问题分析

近些年来，高校越来越注重发展学生党员，使学生党员的数量日益增多，但是质量却无法得到完全保证。在高校学生党员的教育培养环节，比较容易忽略对学生党员的教育考核。在高校学生党支部规范化、标准化建设过程中，对学生党员的教育缺乏连续性。通常高校比较注重对入党积极分子的连续性培养教育，但是在其成为预备党员、正式党员之后，各项教育考核、教育监管便不断弱化。久而久之，就会导致高校学生党员带头作用的发挥不到位，高校学生党支部的影响力也因此降低。

还有一点，在高校学生党支部标准化、规范化建设过程中，部分学生党支部建设确实效果颇佳。但是，也存在基层党组织渐渐出现只注重表面形式，而忽略本质问题的工作状况。在高校学生党支部建设过程中，部分学生党支部过分强调痕迹化的管理方式，而对于实际教育效果比较忽视，主要原

因都是为了考核而将学生党支部建设流于形式，时间长了，就会形成一种恶性循环，只注重形式化工作，而忽视实际应该关注的工作。

四、高校学生党支部规范化、标准化建设对策

（一）优化学生党支部组织设置

根据目前大多数高校学生党支部组织设置的基本情况，要和学生管理体制相结合，和学生社团育人阵地相结合，和研究生的培养方式相结合，合理设置高校学生党支部，进一步提升高校学生党支部工作效率。在高校学生党支部的组织配置过程中，应该重视“横纵向结合”的方式，即本科生日常学习生活以班级为单位，综合本科生党员人数情况，可以按照横向的方式以年级（班级）为单位设立学生党支部；研究生因为培养方式的不同，基本以实验室为单位开展学习研究，为了提升研究生党支部的工作实效，可以按照纵向的方式以专业或导师团队为区分标准设立学生党支部。同时，还应该将辅导员、党员教师也安排进高校学生党支部，帮助学生党支部加强自身的教育管理。此外，还要不断完善学生党支部委员会、党小组设置，根据实际情况制定高校（院系）学生党支部委员会、党小组工作细则，以此来进一步推进高校学生党支部朝着标准化、规范化建设方向发展。

（二）建强学生党员干部队伍

建强学生党员干部队伍是推进党支部标准化、规范化建设的关键所在。结合高校学生党支部队伍建设的实际情况，进一步推进学生党员的后续教育及培训工作，增强学生党员的教育基础，为学生党员干部队伍建设奠定良好的政治基础。另外，还要创新高校学生党员干部选拔机制，在选拔过程中，首先要突出学生党员的政治素质，具备较强的组织协调能力，同时拥有良好的群众基础。这样的学生党员干部，才能成为学生党员中的骨干，才能带领学生党支部朝着标准化、规范化的方向前进。与此同时，还要分层分类做好学生党支部书记和组织委员、宣传委员的专业培训工作，建立学生党员干部梯队，破解学生党支部书记流动性较强的难题，提高学生党支部委员的党务工作能力。

（三）严格完善并落实学生党支部建设各项制度

严格完善并落实好高校学生党支部建设的各项基本制度，从而在高校学

生党支部建设过程中建立积极的政治风气，增强每一位学生党员的政治责任感和使命感。可以建立学生党支部、学生党支部委员、党小组工作制度，以此来规范支部各项工作；可以建立积分制度，通过学生党员的量化积分来反映年度（学期）相关情况，从而为民主评议党员提供相关依据；可以建立理论导师制，聘请思想道德高尚、专业素养较高的党员教师担任学生党支部的理论导师，指导学生党支部的日常工作及理论学习，从而为学生党支部的专业化发展提供支撑。在高校学生党支部基本制度建设过程中，对于工作报告、党支部书记述职、党员汇报等相关制度都要进行科学、合理的完善，通过建立健全工作报告、党支部书记述职、党员汇报等制度，加强高校各学生党支部及学生党员之间的信息互通，从而营造良好、积极的工作氛围。与此同时，根据高校学生党支部建设的基本情况，可以在学生党支部内部执行“一带一”制度，简单来说，就是通过学生党员来“一对一”帮扶身边需要帮助的青年学生，帮助其解决生活、学习上的困难，这不仅能够提高学生党员的服务意识，强化群众基础，还能提升学生党员自身的工作能力。

（四）夯实学生党支部阵地建设

高校学生党支部是学生党员进行思想政治教育的重要场所。探索党建引领的新模式，打造战斗堡垒型党支部，充分发挥好学生党员的示范作用，对于落实立德树人根本任务具有重大的意义。对此，高校学生党支部要积极贯彻落实党的教育方针，通过运用现代互联网信息技术加强支部建设，创新“互联网+党建”工作载体，积极打造“一个平台、两个阵地”的建设，充分利用好线上+线下两个教育阵地，全方位加强思想引领，进一步巩固学生党支部在大学生群体中的“领头羊”作用。近年来，微信公众号推文、抖音直播、B站直播等网络传播方式已经成为当代大学生喜闻乐见的信息收集渠道。因此，高校也要关注这类平台的阵地建设工作，把学生党支部的标准化、规范化建设视野投向学生关注、支部需要。

（五）创新学生党支部活动方式

目前，高校学生党员对于形式单一、内容枯燥、脱离实际、说教式的教育活动比较排斥。因此，创新学生党支部活动方式，亟待解决。结合研究生党员的培养方式，可以将教工党支部也纳入学生党支部的活动队伍中，师生联合促党建，全员育人提升学生党支部活动质量；可以建立“文化传承制度”，做到学生党支部特色活动连年不间断，在全过程育人中提升活动效果；可以将学生党支部活动与“十育人”教育充分结合起来，把握线上新媒体思政育人阵地，进一步创新高校学生党支部活动宣传方式，实现学生党支部活动线上线下全覆盖；还可以通过与志愿服务、社会实践、创新创业教育等方式的有机结合，创新活动形式，提升活动的吸引力，增强党支部活动的育人成效。

（六）做好学生党支部保障建设

做好高校学生党支部保障建设，能为高校学生党支部的组织设置、干部队伍建设、制度建设、阵地建设、活动建设等提供相应的人员保障、经费保障、政策保障等，能保证各项建设工作稳步开展，固化各项建设成果。可以建立专门的学生党建文化工作室，为学生党支部提供活动与交流的固定场所；可以提前审阅学生党支部特色活动方案，为高质量的活动提供充足的经费支持；可以为学生党支部文化建设提供相应的保障，例如定期为学生党支部购买文化书籍、提供观影场地、制作文化宣传册等，进一步加强学生党支部标准化、规范化建设的底气，提升建设成效。

总的来说，以“六基工程”为抓手，全面推进高校学生党支部标准化、规范化建设，对于高校思想政治工作具有重大而又深远的意义，也是党的政治建设伟大工程的重要组成部分。开展高校学生党支部的标准化、规范化建设，能够引导学生党员坚定政治信仰，提升政治素养，充分发挥模范带头作用，提升学生党支部的战斗堡垒作用，增强党建育人实效。

参考文献

［1］勒吉丽．“实施标准化战略践行新发展理念”高端研讨会在京召开［J］．中国标准化，2016（21）：68-69.

［2］中共中央办公厅．中共中央组织部、中共教育部党组、共青团中央关于加强和改进在大学生中发展党员工作和大学生党支部建设的意见［N］．中办发〔2005〕14号.

［3］王军华，曹刚．以“六基”工程为抓手，全面推进标准化规范化党支部建设［J］．支部建设，2018，437（29）：41-42.

[4] 韩万友. 系统工程视域下高校学生党建标准化建设 对标“七个有力”的探索与实践[J]. 智库时代，2019，193(25)：23，28.

[5] 周海燕. 以标尺推进法提升高校基层党组织建设质量的实践探索[J]. 学校党建与思想教育，2019，608(17)：58-60.

大类培养背景下高校社区学生服务型党组织建设途径研究

明德书院　王一飞

在党的十九大报告中，习近平总书记提出了新时代党的建设总要求，要坚持和加强党的全面领导，全面推进党的政治建设、思想建设、组织建设、作风建设、纪律建设。高校学生党组织是党联系广大青年学生的重要桥梁，与大学生联系最为密切，影响最为直接。如何将学生基层党组织建设提高到一个新水平，更好地发挥基层党组织战斗堡垒作用和党员的先锋模范作用，在大学生的思想、学习、工作和生活中发挥引领作用，是高校学生党建工作的重中之重。

一、学生服务型党组织建设的理论基础

党的十八大报告首次提出加强服务型党组织建设，这是对执政党建设规律更自觉、更全面、更深刻的把握，也是新形势下加强党的基层组织建设的重要部署。服务型基层党组织建设，旨在不断增强各级党组织联系群众、服务群众、凝聚群众的功能，切实提高党的执政能力，与党的群众路线教育实践活动解决提升服务群众效能问题的目标一致。

随着高校政治使命和社会责任不断强化，加强高校学生服务型党组织建设，不仅是当前高校党建工作的重要课题，也是高校人才培养的现实需求。从现实看，高校学生党组织的工作职责是为学生和学生党员服务，为人才培养工作服务，有其自身特殊性。高校学生党组织的服务直接面对学生，他们是国家现代化建设的后备军，承载着国家富强、民族复兴的光荣使命，这一特殊性要求是推进学生服务型党组织建设的内在强大动力。因此，加强学生服务型党组织建设，是实现党提出“创新基层党建工作，夯实党执政的组织基础”“全面提高党的建设科学化水平”的重要组成部分，是新形势下加强

和改进高校党的建设与提升党建工作科学化水平的重要途径，也是提升人才培养质量和推动学校教育事业迅速发展的根本保障。

二、高校大类培养的推行现状

当前，我国多数高校的学生管理基本体制是校、院两级管理的组织结构模式。学院对于学生有着教育和管理的双重责任，学生的管理属性与所学专业所在的学院挂钩。随着我国社会经济体制变革和高等教育改革的不断深入，为了更好地适应大学生思想政治教育工作，拓宽大学生思想政治教育工作的阵地，我国一些高校正在逐步打破这种传统学生管理体制的僵局，加大教学改革和创新型人才的培养力度，开始积极探索学生管理工作的新思路、新体制，构建大思政的工作新格局。“书院制”是对学生管理体制创新的一种尝试。在书院式管理体制下，学院的主要功能在于专业教学和科研，书院的主要任务则是负责学生的管理和全面发展。近年来，国内部分高校实行书院制改革，促生了学生社区的快速发展，学生社区的教育功能逐渐显现。

以北京理工大学为例，2018年上半年，首先启动并顺利完成了大类招生改革，将招生专业（类）由19个缩减到10个，实现了跨学院、跨学科大类招生，紧随其后的书院制管理则是与大类招生相配套的学生大类培养与管理的重要改革举措。在首个夏季学期中，学校正式成立了精工书院、睿信书院、求是书院、明德书院、经管书院、知艺书院、特立书院、北京书院和令闻书院，这九个书院作为本科生大类培养、大类管理的校设工作组织。从2018级本科生开始，全面启动由各书院负责相应大类专业的培养方案制定、教学管理和学生教育管理的工作模式。这九个书院，全面覆盖了2018级全体本科新生，新生根据所报考的不同大类专业，入读相应书院。

大类培养的实施是聚焦人才培养中心工作，推动人才培养模式改革的重要举措。在书院制模式下，可以深化推进素质教育、提高学生综合能力，并积极关注学生的自主性学习，激发和引导学生的专业兴趣，实施高质量的个性化培养，最终实现对学生的价值塑造、知识养成和实践能力提升。同时，书院制的运行，对学生教育管理工作也是一种强化，依托书院和宿舍，做好大学生社区教育，强化学生在自主精神、独立能力和时代担当方面的历练，不断发展教育内容和方式方法。

三、大类培养模式下高校学生党建面临的问题

为培养社会主义合格建设者和可靠接班人，培养改革势在必行。新时代的大类培养改革，推动了大类管理的进程，学生管理逐步从院系化向社区化推进。同时，“00后”学生站上了高校的舞台，也带来了新一代青年的新思想，这对高校党建思政工作提出了新挑战和新任务。

（一）学生教育管理社区化

随着大类培养模式的推行，同班级学生相同属性将随着专业的确认逐渐消亡，会引发二次甚至多次的新班级组建，班级概念逐渐淡化，不利于凝聚学生的归属感。而以宿舍属地为相同属性，以学生社区为基本组成单位的社区更容易形成集体的凝聚力。因此，在原有以班级、院系为架构的学生党组织在贴近学生、了解学生、联系学生和服务学生上都遇到了现实困难，不利于学生基层党组织建设的开展和战斗堡垒作用的发挥。

（二）书院学生低龄、年级单一

高校的大类培养改革，书院制管理模式作为新生产物，大多数由一年级学生组成，年龄主要集中在17～19岁。年级单一和低龄造成了仅有极少数已满18岁的学生在高中阶段提交入党申请书，积极分子人数几乎为零，学生中没有党员，无法建立学生党支部。而大一新生提交入党申请书比例在20%～30%，需要党组织培养考察的人数较多，完全依靠教师党支部开展工作面临较大困难。

（三）学生体验式教育的需求

2018级已经全面进入“00后”时代，新世纪一代已经正式踏入大学校门。这一代学生拥有更好的成长环境和教育氛围，视野开阔，信息资源丰富，主人翁意识较强，这些鲜明特点导致了固有过多共性约束、传统灌输式学习方式难以满足他们的需要，学生更倾向于在实践体验过程中感悟、反思，将体验内化形成个人的道德意识和思想品质，在反复的体验中积淀成自己的思想道德行为。而现有入党教育、积极分子培养的体系和方式在体验式教育方面的内容尚有不足。

四、大类培养模式下高校学生服务型党组织建设途径

《中共中央关于加强和改进新形势下党的建设若干重大问题的决定》中提到，要以创新的理念推动党建工作，进一步提升党建工作水平。在大类培养改革的热潮中，传统以院系为单位进行党建工作发展逐渐趋于瓶颈。基于学生社区的党组织建设既是对传统党建工作的延伸和发展，又是新时代高校党建工作的创新和提升，具有重要性和必要性。

（一）高校社区成为学生服务型党组织建设的阵地

习近平总书记在全国高校思想政治教育工作会议上强调要把思想政治工作贯穿教育教学全过程，开创我国高等教育事业发展新局面。推动高校的思想政治工作和党的建设工作，必须促进党建工作与中心工作深度融合，主动出击引导校园整体的思想文化意识形态。高校的学生党员和积极分子将会是组成新时代党员的后辈力量和主力军。

在大类培养背景下，学生社区已逐渐成为学生集体生活的主要场所，也是思想政治教育工作的新兴阵地，受到越来越多的关注。学生社区汇聚着大学生的思想、认知、意志、行为、情感等，体现着大学生的精神风貌、生活习惯、思维方式、教风学风，是校园生活的重要组成部分。高校学生社区学生服务型党组织建设，摆脱了过去一些呆板、单一、枯燥的工作方式，保持与时俱进的工作理念，在巩固原本的组织和阵地优势基础上，创新的工作方式，扩大和提升了自身的影响力和辐射面。这是实现党提出“创建新基层党建工作，夯实党执政的组织基础”“全面提高党的建设科学化水平”的重要组成部分，是新形势下加强和改进高校党的建设与提升党建工作科学化水平的重要途径，是提升人才培养质量的推动力。

大类培养的学生管理，学生社区逐渐成为凝聚学生归属感的重要空间。作为校园生活的重要组成部分，社区不光是学生学习、生活、休息的场所，更是开展思想政治培育工作的重要空间。因此，学生思想政治工作也逐渐在学生社区推动发展。在学生社区推动服务型党组织建设不仅是深入落实“加强服务型党组织建设”的要求，更是贯彻落实全过程开展思想政治工作的实际举措，是服务育人的重要手段。走进学生、了解学生，有针对性地服务学生，社区学生服务型党组织在服务过程中，引导学生树立正确的世界观、人

生观、价值观，培养良好的道德品质，促进全面成长成才。

（二）以高年级学生党员为主建设社区服务型党组织

学生社区范围较广，拥有大量素质高、能力强的党员和入党积极分子。高校社区学生服务型党组织可以充分发挥党员的榜样力量带动社区正向发展。学生党员是高校中以共产主义为信仰、有坚定的中国特色社会主义理想信念的进步群体，肩负着先锋模范带头的作用和表率的责任。学生党员的先锋模范作用，能够在学生社区产生正向影响，通过党员的骨干、带头和桥梁作用，影响和带动周围的同学共同实现党的纲领和路线的行动。

在大类培养管理模式下，充分利用专业学院高年级的优秀党员、学生社区的党员骨干力量，弥补目前书院制管理下学生党员空缺问题。以学生社区为阵地，将学生党员的优秀理想信念融入服务工作中，通过帮助低年级学生排忧解困，树立党员的先锋模范榜样，带领广大学生端正人生态度，坚定理想信念，积极向党组织靠拢，感受到新时期党组织的魅力，为党储备坚实的后备力量，起到引领和榜样作用。同时，在书院党组织的指引下，学生社区服务型党组织能够通过传播党的纲领、协助书院党支部做好入党积极分子培养工作。学生社区服务型党组织可作为书院党建工作的延伸和补充，可与书院教工党支部建立起互动沟通平台，及时、客观、全面地了解入党积极分子的思想动态，健全考察和监督机制，更为行之有效地做好组织发展和育人工作，最终成为高校党建工作的延伸阵地、干部培养的重要基地，具有较强的可行性和实效性。

（三）学生党员服务学生

“学生党员服务学生”不仅是贯彻落实党为人民服务的根本宗旨，也是对新时代学生党员特性的要求。《中共中央国务院关于进一步加强和改进大学生思想政治教育的意见》中指出：“坚持服务与自我服务相结合是新时期高校开展学生组织活动、引导大学生思想政治教育的基本原则之一。”大类培养的书院制管理模式体现了“以学生为主体、尊重个体差异、注重个性发展”的现代管理制度。管理服务制度也需要从之前惯有的体制，切换到以学生成才为中心的个性化的培养服务。

首先，学生社区服务型党组织建设，为学生党员、积极分子实现自身价值创造了必要的条件，为奉献服务提供了好的平台和载体，为理想信念层面的崇高追求提供了一个落脚点。为同学服务能够推进学生的自我认识、自我成长、自我发展和自我完善进程，使自身特点得到积极向上的发展，自我潜能不断被发掘，进一步推动学生党员自我价值的实现。

此外，对于作为服务对象的学生而言，教职员工、后勤物业管理人员的服务等已经难以满足新时代学生的诉求。学生服务学生可以充分发挥朋辈力量，让最了解学生的人去服务学生。当其他服务人员无法深入了解某些问题情况时，学生党员更容易站在学生问题提出的层面，理解并解决问题，提高了服务的准确性和时效性，满足学生服务个性化的需要。例如，学生社区优秀的党员可以通过提供文化服务工作——“社区课堂”，构建学风的助推平台，给大学生提供更切己、更个性化的服务，可以积极助推优良的学风建设，进一步助力高校人才培养的体系建设。

（四）在学生社区服务工作中培养党的后备力量

高校学生是国家现代化建设的后备军，这一特殊性是推动学生服务型基层党组织建设的强大动力。担负国家富强、民族复兴的一代学生，更需要党组织的联系和关心，使其紧密地凝聚在党组织周围，永葆党的先进性，提高党的执政能力。

因此，社区的学生服务型党组织应积极号召学生群众加入服务工作中。通过参与党组织的服务工作，能够进一步感受党员优秀的理想信念，感受党的光辉形象，促使更多的学生群众主动靠近党组织。在积极分子培养方面，通过实践服务工作，让积极分子进一步了解党的宗旨，端正入党动机，切实提高入党积极分子的综合素质并作为党组织培养教育和考察的组成部分，为党储备坚实的后备力量。

让高校社区成为学生服务型党组织建设的阵地，以高年级学生党员为主建设社区服务型党组织，让学生党员服务学生，在学生社区服务工作中培养党的后备力量，是在大类培养背景下高校社区学生服务型党组织建设的良好途径。

论学生党员教育与思政育人的协同发展

计算机学院　奚英伦

随着世界形势的变化和中国特色社会主义进入了新时代，习近平总书记曾在2014年提到“中国经济呈现出新常态”[1]。关于“新常态”，他认为有几个主要特点：首先是经济增长速度，“从高速增长转为中高速增长”；然后是经济结构，“经济结构不断优化升级”；再者是经济增长动力，“从要素驱动、投资驱动转向创新驱动”[2]。经济增长的新常态带来了社会发展的新形势，对高校思政育人工作而言亦是如此，在新形势下，格外需要加强党建工作对思政育人工作的引导作用。

一、学生党员教育工作与思政育人工作的内在联系

思政育人工作的根本任务是立德树人。做好思政育人工作，首先要认识到我们党和国家面临着世界百年未有之大变局，将思政育人工作放到党和国家事业发展的全局中来看待，要站在坚持和发展中国特色社会主义、建设社会主义现代化强国、全面建成小康社会、实现中华民族伟大复兴的高度把握这项工作。思政育人工作不应仅限于思政育人，而应将其纳入全方位教育的层面。在思政育人工作中，将学生党员教育工作与思政育人工作相融合，坚持用党的创新理论武装头脑，扎根于社会主义核心价值观教育的全过程，不管什么时候，为党育人的初心不能忘，为国育才的立场不能改。

1. 学生党员教育工作与思政育人工作存在目标上的一致性

2014年12月，习近平在全国高等学校党的建设工作会上强调：办好中国特色社会主义大学，要坚持立德树人，把培育和践行社会主义核心价值观融入教书育人全过程；强化思想引领，牢牢把握高校意识形态工作领导权[3]。2015年1月，中华人民共和国中央人民政府网公布了中共中央办公厅、国务院办公厅印发的《关于进一步加强和改进新形势下高校宣传思想工作的意

见》，指出：意识形态工作是党和国家一项极端重要的工作，高校作为意识形态工作前沿阵地，肩负着学习研究宣传马克思主义，培育和弘扬社会主义核心价值观，为实现中华民族伟大复兴的中国梦提供人才保障和智力支持的重要任务。深入学习贯彻这一重要精神，办好中国特色社会主义大学，必须加强思想引领，牢牢把握高校意识形态工作领导权。2016年12月，在北京召开的全国高校思想政治工作会议上，习近平再次强调，高校思想政治工作关系高校培养什么样的人、如何培养人以及为谁培养人这个根本问题。要坚持把立德树人作为中心环节，把思想政治工作贯穿教育教学全过程，实现全程育人、全方位育人，努力开创我国高等教育事业发展新局面。2019年，习近平在学校思想政治理论课教师座谈会上强调，我们党立志于中华民族千秋伟业，必须培养一代又一代拥护中国共产党领导和我国社会主义制度、立志为中国特色社会主义事业奋斗终身的有用人才，在这个根本问题上，必须旗帜鲜明、毫不含糊。

从党和国家领导人对高校党建工作及思想政治教育工作所做的要求及指示来看，高校党建工作及思想政治教育工作存在着目标上的一致性：培养中国特色社会主义事业的合格建设者和可靠接班人。作为高校党建工作中重要的一环，在育人这一目标上，高校学生党员教育工作与思政育人工作具有高度的一致性。

2. 学生党员教育工作与思政育人工作在工作对象上具有一致性

学生党员教育工作和思政育人工作具有工作对象上的一致性。思政政治教育工作的对象是全体学生，针对不同学生的特点和实际情况，采用一定的方法，有针对性地解决学生的思想问题，提升学生的综合素质。思想政治教育工作通过引导学生以习近平新时代中国特色社会主义思想为指导，树立共产主义的远大理想，做中国特色社会主义理想的坚定信仰者和忠实的实践者，将自己的成长与祖国的发展结合起来，早日实现中华民族的伟大复兴。

学生党员教育工作的对象同样是学生。根据《普通高等学校学生党建工作标准》，学生党建工作教育培养对象包括入党积极分子、发展对象、预备党员、正式党员四类。学生党建工作教育培养对象往往是学生群体中的综合素质比较优秀的学生，根据《普通高等学校学生党建工作标准》中的“发展质量”要求，发展学生党员必须“把综合素质作为发展学生党员的重要考察内容，全面考察思想政治、能力素质、道德品行、现实表现等方面的具体标准，注重学生的一贯表现和关键时刻表现、自我评价和群众评议、学习情况和社会实践情况，防止把学习成绩作为党员发展的唯一条件”。作为学生群体中的佼佼者，可以对周围的同学发挥较好的“朋辈示范”作用。

学生党员教育工作与思政育人工作同样存在工作方法上的相似性。二者都是坚持以人为本，与现实相结合，注重加强学生思想政治教育的针对性和行为养成教育的感染性，引导学生树立正确的价值观。对学生党员的思想政治教育工作是学生党建工作的核心任务[4]，因而在实际工作中，需要将学生党员教育工作的对象扩展到全体学生，针对学生不同的特点制定不同的教育策略，用不同的方式引导学生向党组织靠拢，加强发挥学生党支部凝聚青年学生力量、引领青年学生思想的作用。

3. 学生党员教育工作与思政育人工作存在教育内容的相似性

2015年12月，习近平同志在全国党校工作会议上指出，我们党是高度集中统一的马克思主义政党，思想上的统一、政治上的团结、行动上的一致是党的事业不断发展壮大的根本所在。新形势下，党校工作必须向党中央看齐，向党的基本路线方针政策看齐，向党的十八大和十八届三中、四中、五中全会精神看齐。制定教学规划，确定教学任务，设置教学内容，创新教学方法等都要自觉从这个大局去把握、去落实[5]。党课教育要始终坚持以马克思列宁主义、毛泽东思想和中国特色社会主义理论体系、习近平新时代中国特色社会主义思想为指导思想，突出党的执政能力建设和先进性建设，加强党员的思想政治建设，全面提高党员的素质修养，教育引导广大党员坚定理想信念，始终保持和发展先进性，紧紧围绕培养中国特色社会主义事业合格建设者和可靠接班人这一根本来推进，使我们党始终成为中国特色社会主义事业的坚强领导核心。始终坚持党的指导思想、向党中央看齐、向党的路线方针政策看齐，这是学生党员教育工作必须遵循的基本原则。

思想政治教育是精神文明建设的首要内容，也是解决社会矛盾和问题的主要途径之一。《中华人民共和国教育法》（2015年修正版）总则中第三条规定：国家坚持以马克思列宁主义、毛泽东思想和建设有中国特色社会主义理论为指导，遵循宪法确定的基本原则，发展社会主义的教育事业。第五条规定：教育必须为社会主义现代化建设服务、为人民服务，必须与生产劳动和社会实践相结合，培养德智体美等方面全面发展的社会主义建设者和接班人。第六条规定：国家在受教育者中进行爱国主义、集体主义、社会主义的教育，进行理想、道德、纪律、法制、国防和民族团结的教育。第七条规定：教育应当继承和弘扬中华民族优秀的历史文化传统，吸收人类文明发展的一切优秀成果。党的十九大报告指出："经过长期努力，中国特色社会主义进入了新时代，这是我国发展新的历史方位。"新时代思想政治教育内容创新发展，就是要与时俱进，既要继承传统，更要运用时代孕育创造的新思想、新理论开展教育[6]。新时代思想政治教育的内容要围绕习近平新时代中国特色社会主义思想展开，新时代思想政治教育的内容建设与社会主义核心价值观的学习是分不开的，新时代思想政治教育的内容在突出时代性的同时，更应该立足于中华优秀传统文化[7]。

由此可见，学生党员教育工作与思政育人工作在对学生进行教育的时候，主要是围绕着政治理论学习、思想道德修养、理想信念培养以及爱国主义教育等方面进行教育教学，虽然二者的教育对象各有侧重，但是本质上二者的内容是一致的。

二、学生党员教育工作与思政协同育人的有效途径

习近平总书记在中国政法大学考察时明确提出，"高校党委要履行好管党治党、办学治校的主体责任，把思想政治工作和党的建设工作结合起来"。高校将学生党员教育工作与思政育人工作全面结合起来，可以为大学生的思想形成进行正确的路径引导，保证学生能够接受到全面、完善且正确的思想教育。

1. 学生党员教育工作带动主题教育工作，构建协同育人模式

习近平总书记强调，党的政治建设是党的根本性建设，要把党的政治建设摆在首位，以党的政治建设为统领。思想建党是党的建设中的基础工程，思政政治育人工作与学生党员教育工作应当形成你中有我、我中有你的局面，通过学生党员教育工作带动思政主题教育工作，强化学生思想政治教育工作的政治性。

高校学生党员教育工作和思想政治教育工作具有育人目标、工作对象、教育内容等方面的高度一致性。在这一基础上，构筑学生党员教育工作与思

政育人工作的协同育人机制，在工作中着重加强对如何提升学生党员教育工作和思政育人工作的认识和理解，增强“三全育人”意识。所谓“三全育人”，即全员育人、全程育人、全方位育人，这是党中央、国务院《关于加强和改进新形势下高校思想政治工作的意见》提出的坚持全员、全过程、全方位育人的要求。

通过“不忘初心、牢记使命”的主题教育活动，坚持理论联系实际，结合学生党员教育工作的先进性和思政育人工作的广泛性，协调好各部门的职责和行动，发挥思政育人工作的引导和监督功能。同时，优化部门组织结构、改善人才培养的机制和模式，加强对高校学生党员教育工作、思政育人工作的统一领导、协调行动等，构建协同育人模式。

2. 学生党员教育工作引领学生思想动态，增强协同育人针对性

理想信念教育是习近平新时代中国特色社会主义思想教育以及高校党建和思想政治工作的核心内容[8]，故而应当增强学生党员教育工作对学生思想动态的引领作用，增强学生党员教育工作与思政育人工作协同育人的针对性。习近平多次强调：“意识形态工作关系党的前途命运和国家长治久安，关系民族凝聚力和向心力，是党的一项极端重要的工作，只有胸怀大局、把握大势、着眼大事，找准工作切入点和着力点，做到因势而谋、应势而动、顺势而为，才能有效履行围绕中心、服务大局的基本职责。”

面对国内外形势的发展变化、各种社会思潮的交汇碰撞，要加强学生党员教育工作的引领作用，通过加强理想信念教育，引导学生树立正确的世界观、人生观和价值观。青年一代有理想、有本领、有担当，中国就有希望，民族就有未来。在日常工作中，学生党员教育者和思政育人工作者要及时了解学生的思想动态。通过收集学生的微博、微信和 QQ 等动态信息，进行数据整合处理、建模分析，从而洞察大学生的思想观念、兴趣爱好以及情感变化，及时掌握他们的思想动态。在这一基础上，对学生党员和普通学生的相关数据进行分析和比较，精准地找出各个群体思想问题根源所在，从而更有针对性地制定最佳的教育方案，及时有效地给予相应思想政治教育和心理辅导，达到未病先防的功效。

3. 学生党员群体发挥朋辈引导作用，提升协同育人亲和力

在党员教育工作中，还需要加强对学生党支部的纪律教育，明确要求学

生党员进一步提高政治站位，进一步明晰纪律要求，锤炼党性，提高理论能力和学习水平。在日常的学习和工作中充分发挥党员的模范表率作用和先锋作用。针对扰乱大学生群体的西方社会思潮，学生党员教育工作可以与思政育人工作协同举办一些以西方社会思潮为主题的研讨会、辩论赛等，不仅可以调动学生党员参与的积极性，也可以调动学生群体的参与热情。通过学术性的辩论、研讨，使学生党员及广大的学生群体通过辨真伪提高自己的政治理论水平。对那些在活动中表现出色的优秀学生党员，在条件允许的情况下，可以进一步将其塑造为典型案例加以宣传，作为对学生群体的正面形象引导。

而且，大学生党员还可以在日常的学习、工作、生活中主动发挥“传帮带”的作用。在日常生活中，大学生非常容易受到周围同学的影响，由于他们年龄相仿、兴趣爱好相近，在很多事情上朋辈群体对大学生的影响甚至比父母、教师的影响更大一些。在开展大学生思想政治教育和学生党员教育协同育人工作的过程中，要注重发掘学生身边的优秀案例和真实榜样，通过朋辈群体的引领对大学生施以正面、积极的影响，以提升高校学生党员教育工作和思想政治教育协同育人的亲和力。

参考文献

[1] 谋求持久发展 共筑亚太梦想——在亚太经合组织工商领导人峰会开幕式上的演讲[N]. 人民日报，2014-11-09.

[2] 习近平首次系统阐述“新常态”[EB/OL].（2014-11-09）[2021-04-02] http://www.xinhuanet.com/world/2014-11 /09/c_1113175964.htm.

[3] 习近平：牢牢把握高校意识形态工作领导权[N].北京青年报，2014-12-30.

[4] 张安胜，叶定剑. 推动高校学生思想政治工作与党建工作结合研究[J]. 思想教育研究，2019（7）.

[5] 习近平. 习近平谈治国理政（第二卷）[M].北京：外语教学出版社，2017：157-158.

[6] 骆郁廷，项敬尧. 论新时代思想政治教育创新发展的基本遵循[J].

思想理论教育，2018（1）.

［7］金卓，邢二涛. 新时代思想政治教育的新使命和新要求［J］.重庆理工大学学报（社会科学版），2019（9）.

［8］詹丽萍. 高校党建与思想政治工作的新思考——基于党的政治建设的统领［J］. 北华大学学报（社会科学版），2019（5）.

高校学生党员教育工作与学生工作的创新联动研究

计算机学院　张伦阳

学生工作主要有三大使命：首先是为社会主义现代化建设培养合格人才，为社会主义现代化建设培养德智体美劳全面发展的社会主义建设者和合格接班人。然后是促进学生的全面发展。学生的充分发展与学校的充分发展、社会的进步与发展是分不开的，促进学生的全方面发展也就是促进学校和社会进步与发展。最后是提供全面服务。学生工作不仅仅为学校的教学与科研发展提供服务，更要为学生的发展提供服务。

一、学生党员教育工作与学生工作结合的必要性

1. 学生党员教育工作与学生工作内容和工作目的一致

我们的高校是社会主义大学，当然应成为社会主义中国的人才摇篮，培养社会主义现代化的建设者和接班人，是学校的根本任务[1]。习近平总书记在全国高校思想政治工作会议上发表重要讲话，谈到“我国高等教育肩负着培养德智体美劳全面发展的社会主义事业建设者和接班人的重大任务，必须坚持正确政治方向”。2018年5月2日在北京大学师生座谈会上的讲话中，习近平总书记指出，“马克思主义是我们立党立国的根本指导思想，也是我国大学最鲜亮的底色”[2]。习近平总书记指明了中国高等教育的使命——培养社会主义建设者和接班人[3]。在全国高等学校党建工作会议上，习近平总书记强调：“高校肩负着学习研究宣传马克思主义、培养中国特色社会主义事业建设者和接班人的重大任务。加强党对高校的领导，加强和改进高校党的建设，是办好中国特色社会主义大学的根本保证。”[4]

各级党校所开展的学生党员教育工作是高校党建工作的重中之重，是高校党建工作的重要载体之一。学生党员教育工作一方面为党组织培养优秀的

成员，另一方面也是高校强化思想政治教育的有效途径。而学生工作除了对学生进行日常事务的管理之外，更是肩负着对学生进行日常思想政治教育和全面德育教育的重任。虽然学生工作和学生党员教育工作在表现形式上有所不同，比如学生党员教育工作更多是通过“讲授—听课—思考—接受”的形式开展，学生工作则依靠学生干部、学生组织、班团宿舍等进行管理和服务，但是二者在内容上存在高度的关联性，目的是相同的，都着重强调对学生的思想政治教育，培养社会主义事业合格的建设者和接班人。因而学生党员教育工作和学生工作的工作内容和工作目的存在高度的一致性。

2. 学生党员教育工作为学生工作提供指导

学生党员教育工作是培养和发展党员工作中的重要一环，也是贯彻和落实思想政治教育工作的重要内容。而学生党建工作是学生工作的核心之一。习近平总书记强调，要在坚定理想信念上下功夫，教育引导学生树立共产主义远大理想和中国特色社会主义共同理想，增强学生的中国特色社会主义道路自信、理论自信、制度自信、文化自信，立志肩负起民族复兴的时代重任。要在厚植爱国主义情怀上下功夫，让爱国主义精神在学生心中牢牢扎根，教育引导学生热爱和拥护中国共产党，立志听党话、跟党走，立志扎根人民、奉献国家。要在加强品德修养上下功夫，教育引导学生培育和践行社会主义核心价值观，踏踏实实修好品德，成为有大爱大德大情怀的人。学生工作，就是要教育引导学生培养奋斗精神，树立高远志向，练就敢于担当、乐观向上的人生态度，形成求知问学、勤奋工作、乐于奉献的优良品质，而教育引导的基础与核心便是以思想道德教育为重点的学生党建工作[5]。就党员发展标准而言，根据《中国共产党发展党员工作细则》，高校学生党员中有相当大一部分是那些在平时的学习和科研、学生工作、社会贡献等方面做出了突出贡献的入党积极分子。通过“三会一课”及支部活动，不仅夯实了入党积极分子、发展对象、预备党员和正式党员的政治理论基础，更使其坚定了政治立场，树立了正确的理想信念。学生党员教育工作是一项持续性、系统性的工作，能够将政治教育系统、持续地融入学生日常的学习、工作、生活当中。学生党员教育工作的对象和学生工作的主体有相当大的重合，接受党课教育的学生及学生干部经过理想信念的洗礼，在日常工作中能发挥指导性的作用，为学生干部的日常工作提供强有力的理想信念支撑。而开展学生党员教育工作、学生党员发展工作的同时，也是学生工作者自身再次学习、坚定理想信念、坚定政治立场的过程，将全心全意为人民服务的宗旨切实融入日常学生工作当中，能够为学生工作提供有效的理论指导和信念引导。

3. 学生党员教育工作与学生工作互为平台

从覆盖面上讲，学生工作具有面向全体学生且贴近学生日常学习生活的特点，而学生党员教育工作则主要针对的是学生群体中的积极分子群体和党员群体。但是从推动工作的角度而言，学生党员教育工作与学生工作互为工作平台。

一方面，学生党员教育工作不仅为学生工作提供了思想政治教育的平台，更为学生工作提供了“朋辈教育”的平台。所谓“朋辈”，指的是同辈、同伴、同伙等，也指拥有共同的生活背景，年龄、地位、社会背景相似的一类人；“朋辈教育”则是具有相似年龄、生活背景、爱好兴趣的一类人通过各种信息的交流从而实现自我教育的过程[6]。我国的高校思想政治教育不仅主张自上而下传统的“教师—学生”教育，也重视学生群体内的自我教育。毛泽东同志认为“榜样的力量是无穷的”，这是朋辈教育的意义所在。接受党课教育的入党积极分子群体和学生党员群体往往都是学生群体中较为优秀和突出的个体。他们会在日常的生活中潜移默化地发挥示范性作用，对周围同学具有自我教育和榜样示范教育的意义。而学生工作往往也借助于他们的力量来解决学生工作中人员数量不足的问题，如“学生党员查课”“学生党员查寝”“学生党员谈心谈话”“学生党员联络员”“学生党员安全员”等，可有效弥补教师覆盖不到的细节，在一定程度上实现学生群体的有效自治。

另一方面，学生工作具有管理上的优势，学生工作可以对学校繁杂的教育活动和教育内容进行有效的整合重构，在高校各项工作中具有管理、调解的功能。学生党员教育工作亦可借助于学生工作现有的平台，保证学生党建工作的完整性、系统性，将思想政治教育工作完美融入学生工作中去，为学生党员教育工作搭建便捷平台。

二、学生党员教育工作和学生工作结合的途径

1. 将学生党员教育工作与班团工作相结合

学生党员教育工作与学生工作相结合的有效途径之一，就是将学生党员教育工作与各个学生组织工作相结合，充分发挥学生党建在学生工作中的核心作用，将学生党员教育工作融入学生工作的各个方面。

（1）学生党员教育工作与班级管理工作相结合。

一般来说，入党积极分子群体及学生党员群体都是具有一定模范带头作用的先进学生群体，尤其是学生党员群体，往往经过了党组织的考察，日常表现优异、思想态度端正、模范带头作用明显。而班级是学生工作开展的主要依托组织，班委则在班级管理中发挥着主要作用。班委配合教师负责班级日常事务的处理，事情较为庞杂，因而入党积极分子、学生党员等参与到班级管理和服务当中，既是"全心全意为人民服务"宗旨的体现，又能够带动班级建设，实现以党建带团建、以团建促党建。

（2）学生党员教育工作与宿舍管理工作相结合。

学生宿舍是学生日常生活和学习的主要场所，其整体氛围对学生意识形态的树立起着关键作用，是课堂之外学生思想政治教育的重要阵地[7]。现今大学生普遍具有较强的个人意识且个性突出，不同地域、家庭、文化、经济水平的学生在同一宿舍生活和成长，不同的生活习惯容易导致在日常生活中产生矛盾，因而高校学生宿舍人际关系问题成为学生工作中的难题。宿舍是高校学生工作的基础单位，和谐整洁的宿舍可以为学生提供良好的学习和成长环境，对班级、年级整体风貌有着重要的影响作用。因而在宿舍建设中，可以充分发挥学生党员及积极分子的作用，按照宿舍、班级情况划分责任区，通过党员发挥模范带头作用，带动入党积极分子及周围同学主动承担起宿舍日常的相关工作，如谈心谈话、安全教育、自我管理等工作。

2. 发挥学生党员的朋辈引领作用

大学生朋辈教育在学生党员建设工作中能够很好地发挥优势，并且能够针对大学生党员的特点进行实践[8]。有研究表明，大多数人倾向于向非正式的网络求助，如亲属、朋友、同事、邻居、熟人等[9]。根据调查，大学生党员对于"奉献是人生最大的快乐"持赞同态度的比例多达84.8%；在对"您认

为一个人的价值取决于什么”这一问题的回答时，有高达87.3%的大学生党员选择了“对社会的贡献”；而超过75%的学生认为身边的大学生党员乐于助人[10]。因而在日常的学生工作中，需要保证学生党组织的核心地位，强化学生党员的模范引领作用，切实发挥学生党员的朋辈效应。

目前在高校招生中，“大类招生”模式逐渐流行，学生按照专业大类进入学校进行学习，一般入校后会分配到行政班进行管理。在一段时间后再进行专业分流，有的高校重新进行分班，有的高校则专业班和行政班并存。这使得“大类招生”后学生的班集体归属感普遍较弱，加之现今学生以“95”后、“00”后为主，为学生工作带来了复杂的挑战。针对这种情况，可以在班级设立党小组，由学生党员带领入党积极分子共同参与到班级建设当中去；或由高年级学生党员担任低年级班级的“学业指导小教师”“朋辈导师”等。一方面能够提高学生党员的责任意识和服务意识，另一方面也为学生党员发挥模范带头作用提供了切实可依的平台，再者也能够为学生工作提供不同的管理视角、提高班级的凝聚力。

3. 通过学生党员教育工作创新学生工作模式

学生组织和学生社团是对学生工作中班级、宿舍工作之外的覆盖与补充。由学生组织、学生社团开展的丰富多彩的体育、文化活动构成了校园文化活动的主要部分，将学生党员教育工作与之有机结合，能够为学生党员教育工作及学生工作提供有利的平台。相对班级和宿舍而言，学生组织和学生社团具有一定的灵活性与灵动性，学生活动不仅能够丰富学生课余生活，还能够开阔学生的视野、提高学生的综合素质，是学生德智体美劳全面发展中不可或缺的组成部分。而在日常的学生组织、学生社团活动中有效融入学生党员教育工作，既能丰富校园文化活动的内涵，避免活动庸俗化，又能够提升学生活动的层次，丰富思想政治教育活动开展的方式方法，使思想政治教育“入脑入心”。通过学生组织、学生社团所开展的丰富多彩的活动，也可以将党员教育的形式，尤其是党课的形式多样化，避免党员教育活动说教化、单一化等问题，提高党员及积极分子参与教育活动的积极性。通过学生党员、积极分子参与学生组织、学生社团的活动，也可更全面地观察、考察其言行举止能否发挥模范带头作用。除此之外，学生党员教育工作还应该充分利用新媒体技术，占领思想政治领域的高地，通过微信公众号、校园论坛、微博等系媒体平台将党支部组织、参与校园文化活动的报道定期推送到各种平台上，使更多的学生认识到学生教育工作在学生工作中的重要作用。而学生工作人员如专兼职辅导员、班主任等可以通过这些活动以及新媒体平台及时了解学生群体的思想动态及存在的问题，有针对性地做工作，充分利用学生党员教育工作强化思想引领，妥善解决问题，实现学生党员教育工作和学生工作的“双赢”。

参考文献

［1］余凤盛. 培养社会主义现代化建设者和接班人是高校工作的根本［J］. 学校思想教育，1992（2）.

［2］董伟伟. 马克思主义是我国大学最鲜亮的底色［N］. 中国社会科学报，2018-05-28（8）.

［3］习近平：抓住培养社会主义建设者和接班人根本任务 努力建设中国特色世界一流大学［N］. 人民日报，2018-05-03.

［4］习近平就高校党建工作作出重要指示：坚持立德树人思想引领 加强改进高校党建工作［N］. 人民日报，2014-12-30.

［5］张瑞煊. 以学生党建为核心推进高校学生管理工作［J］. 决策探索，2018（11）.

［6］许公正. 大学生朋辈教育研究［D］. 沈阳：辽宁大学，2015：6.

［7］盛立国，杨菁，冉秋月. 学生党建与学生管理工作的互动研究［J］. 北京教育（高教），2017（12）.

［8］胡正娟，孙莹炜，聂伟. 论朋辈教育在高校学生党建班建工作中的实践［J］. 首都医科大学学报（社会科学版），2010（1）.

［9］张友琴. 老年人社会支持网的城乡比较研究［J］. 社会学研究，2001（4）.

［10］姚跃传，潘晴情. 大学生党员素质状况及对策思考——基于对合肥工业大学的调查分析［J］. 合肥工业大学学报（社会科学版），2010（5）.

高校书院制改革背景下爱国主义教育创新研究

精工书院　方　蕾
马克思主义学院　吴　倩

“爱国，是人世间最深层、最持久的情感，是一个人立德之源、立功之本。”[1]当代大学生是中华民族实现伟大复兴的中坚力量，他们的爱国主义状况直接关系到中国特色社会主义伟大事业的兴衰成败。高校作为青年人才培养的重要基地，如何把握新时代对爱国主义教育提出的新使命和新要求，以新理念、新模式、新载体弘扬爱国主义精神，增强青年大学生对祖国的认知与认同，坚定地与祖国同呼吸共命运，成为高校爱国主义教育创新研究的新命题。

现代大学书院制是顺应高等教育制度改革而产生的新型学生教育管理模式。它在借鉴中国古代书院优良传统和西方大学生住宿学院制度的基础上，将不同专业的学生聚集在一个相对集中的小型社区内进行集中管理，有利于挖掘住宿社区的育人功能，充分利用生活社区的趋同意识形成优势，深入开展第二课堂教育。现代书院制改革弥补了传统高校强调专业性教育的育人模式的不足，在传统学院专业教育的基础上加强通识教育，使书院与学院形成优势互补，以物理空间组成学习和生活区域，鼓励学生相互学习交流，形成了和谐共处的新型师生关系，对高校爱国主义教育的深入和落实具有积极意义。

一、结合传统文化，开展爱国主义教育，增强大学生文化自信

2019年，中共中央、国务院印发的《新时代爱国主义教育实施纲要》指出：“加强新时代爱国主义教育，要引导人们了解中华民族的悠久历史和灿烂文化，从历史中汲取营养和智慧，自觉延续文化基因，增强民族自尊心、自信心和自豪感。”[2]优秀的传统文化是中华五千年文明思想的凝结，是人们精神追求的体现，优秀传统文化学习对于增强大学生文化自信，促进新时

代爱国主义教育具有重要意义，而书院制在开展基于优秀传统文化的爱国主义教育方面发挥着巨大的优势。

（1）高校书院制改革是对中华优秀传统文化的弘扬。我国古代书院制始于唐末，兴盛于宋，止于清末。千年来，古代书院尊崇“修身、立德、济民、致用”的教育思想，承担着中华民族文化教育和人才培养的重大任务，也是传统文化传播的重要场所，在中国历史上有着重要地位。随着时代的发展，书院教育的具体任务不断发生变化，但其“文化育人”的固有特征始终没有发生根本性变化。其一，现代高校书院制改革将传统书院教育与现代大学教育有机结合，既保持了“文化育人”的根本特质，又完善了现代大学教育体制，将文化教育全面渗透到现代书院育人的各个方面，在传承和弘扬优秀传统文化方面有着现代学校教育不可比拟的长处。其二，现代书院制基于“三全育人”理念，依托“三全导师”，即学术导师、学育导师、朋辈导师、通识导师、校外导师、德育导师等角色，开展全员、全过程、全方位的优秀传统文化教育，师生共处，知行兼修，保证了优秀传统文化教育师资力量，更是切实提升了学生优秀传统文化教育的广度与深度。其三，书院制下学生的学习场所与生活场所相统一，优秀传统文化教育的时间和空间得到延伸。书院制依托社区空间，为学生创建更加多元的文化活动场所，将教育功能延伸至学生社区，不仅可以开展丰富多彩的传统文化活动，提升学生人文涵养，还可以将传统文化与空间建设相结合，以具有传统文化意蕴的布置和装饰营造浓厚的文化氛围，促进传统文化融入，培养学生文化自信。

（2）中华优秀传统文化中包含深厚的家国情怀。中华优秀传统文化蕴含着丰富的道德理念和规范，也孕育了中华儿女浓厚的家国情怀。如“先天下之忧而忧，后天下之乐而乐”的担当，“鞠躬尽瘁，死而后已”的决绝，“人生自古谁无死，留取丹心照汗青”的壮烈，还有“精忠报国”的赤诚，以及无数革命先烈不怕牺牲、舍身报国的革命精神。这些蕴含在传统文化当中的家国情怀，就是中华优秀传统文化的重要内核，也是中华民族生生不息的力量源泉。新时代下的爱国主义教育，不能脱离以“家国情怀”为核心的优秀传统文化的学习。一方面，要引导学生加强传统文化知识和技能的学习，另一方面，要重视优秀传统文化精神的传承，深挖中国优秀传统文化中爱国主义的脉络，将其与新时代爱国主义精神相融合，传承和发扬优秀传统文化的精神内核，这对于培育大学生民族自豪感和国家认同感，增强大学生文化自信具有重要作用。

（3）书院制改革背景下的爱国主义教育核心是增强大学生的文化自信。文化自信是一个国家发展中更基本、更深沉、更持久的力量，是实现道路自信、理论自信、制度自信的基础，也是新时代书院制改革下爱国主义教育的核心内容。爱国主义教育离不开对国家和民族文化的理解和认同，只有文化认同、文化自信，才能培育爱国主义情怀，弘扬爱国主义精神。增强大学生文化自信，一方面要充分发挥书院制文化育人优势，加强优秀传统文化的教育和熏陶，同时要与时俱进，兼顾先进文化的教育，加强大学生对于民族文化的认识，从而增强对民族文化的认同感和自豪感，树立文化自信。另一方面，要全面提升大学生践行文化自信的主动性。大学生是社会主义文化建设的主力军，肩负着文化传承的重任，也具有文化弘扬和创新的使命，大学生文化自信也应体现在行动上。只有引导学生积极参与到文化活动当中，勇于在实践中弘扬当代文化精神，释放文化自信能量，以个人的言行感染更多的人，才能真正做到以实际行动践行文化自信，成为新时代的合格建设者和接班人。

二、建立“大思政”格局，开展爱国主义教育，培育爱国情怀

《新时代爱国主义教育实施纲要》强调：“把爱国主义教育贯穿于各项思想政治教育之中，作为社会主义精神文明建设的基础性工程，作为我国社会的主旋律，坚定不移、长期不懈地抓下去。”高校书院社区是实现环境育人的空间场所，丰富“大思政”格局下的教育内涵，在社区空间中充分融入思想政治教育元素，将爱国主义教育潜移默化地融入学生的日常生活，对培育大学生爱国主义情怀具有十分重要的作用。

（1）高校书院制改革旨在建立“大思政”的育人格局。书院社区是学生日常居住生活的场所，是师生和生生间有情感认同的物理空间，依托多用途的书院社区空间可以开展内容多彩、形式多样的思想政治教育活动，有效丰富第二课堂的精神内涵，对追求多元化发展的学生具有天然的教育优势。将思想政治教育贯穿学生日常生活的始终，实现全员全过程全方位的协同育人机制，进而形成“大思政”育人格局。

一方面，书院制改革有利于广泛利用施教主体。书院社区是教师群体教学办公区与学生群体学习生活区的交集，在学习生活高度融合的书院情景中教师与学生有更广阔的交流平台，思想政治教育从传统单一理论灌输的教育模式，逐步向全方位、多层次、多角度的教学模式开拓。将思想政治教育任务分配到每位书院教师与导师，思想政治教育的时效性及内容深度得到提升。开放的书院空间中师生与生生间有全方位接触，形成传统文化中的熟人社会，学生在教师面前袒露内心情感，教育者及时准确地进行针对性引导，进而激发师生间的情感共鸣，形成良好师生互动。另一方面，书院制改革能更好地激励受教群体。依托书院社区的思想政治教育有别于传统的教育模式，突出学生的主体地位。书院社区教育下，更为尊重学生的发展意愿，探索和挖掘学生的内心情感，从而唤醒并激活学生的爱国情怀。在书院制建设中增加丰富的思想政治教育元素，在生活中贯穿社会主义核心价值理念，将“大思政”育人渗透到教育、管理、服务的各个层面、各个角落、各个阶段。

（2）“大思政”育人格局更加强调隐性教育培育学生的爱国主义情怀。习近平总书记指出：“要坚持显性教育和隐性教育相统一，挖掘其他课程和教学方式中蕴含的思想政治教育资源，实现全员全程全方位育人。”在“大思政”育人格局下，书院社区爱国主义教育要注重显性隐性结合、线上线下结合的教育方式，多管齐下丰富教育内涵。高校书院社区通过特有的书院外在风格，如建筑风格、环境色调、文创产品，传递物化的教育理念。书院社区的爱国主义教育思政元素可以根据不同时期党和国家的新成就、新实践不断进行丰富，用学生认同的话语体系进行表达，进而传递具有时代特征的新内涵，引导学生重新认知个人发展所处的历史方位和世界发展趋势，动态地适应和调整个人发展方向，自觉将个人成长与国家前途命运同心同向，实现隐性思想政治教育。

通过思政社区建设，可以潜移默化地引导学生接受社区空间潜在的价值理念引领和情感交流方式，将社区意象化的教育理念渗透并固化在学生内心，引起学生的认真思考与揣摩，并将爱国主义精神牢牢扎根于学生心中。充分运用信息化手段，探索参与式、开放式、交互式的育人形式，营造自由开放、自由发展的良好氛围，构建社区联动管理机制，使其真正服务学生成长需求。多措并举下学生的成长成才更具有方向性，有助于将个人奋斗理念理性融入爱国实践。

三、强调价值引领，开展爱国主义教育，实现理论自觉

现代大学书院是融合了学习交流场所、文化活动场所和居住生活场所等多功能为一体的学生成长和生活区域，但它更是学生思想成熟过程的孵化器，是形成学生群体的共同意识和价值观念的关键教育场所。基于思政教育环境和场所的变化，如何突出社会主义核心价值观的统一引领，实现理论自觉，成为书院制环境中爱国主义教育的关键点。

（1）强调价值引领是高校书院制改革的重点。书院制模式下，强调学生融合教育，不同专业、不同年级聚集于同一个社区，他们之间相互影响、相互作用，学生生活区域成为学生相对稳定的活动场所，宿舍、楼层、公共活动空间逐渐转化为大学生思政教育的“前沿阵地”。一些哈佛大学的舍监在谈到他们对哈佛大学学生宿舍的认识时，普遍认为宿舍楼在大学里担当了“教化媒介物”的重要角色[3]。根据书院制的社区管理特点，充分利用生活社区的共同意识形成优势，强调社会主义核心价值观的统一引领，在学生中形成广泛正向的群体影响作用。

大学生价值取向是指青年学生对价值的追求、评价、选择、认同的一种倾向性态度，其实质是一个人以怎样的人生态度来对待自我价值和社会价值，在现实生活中指导自己的各类行为[4]。当代大学生承载着民族复兴的历史重任，他们具有什么样的价值观，不仅影响自身的价值实现，也事关国家和民族的命运。在社会变革的过程中，面对错综复杂的国际环境，大学生的总体价值观念呈现积极向上的发展态势，但仍有一些学生思想观念不够成熟，复杂纷乱的信息困扰着他们的价值判断和价值选择。国家的思想统一和价值共识是爱国主义形成和发展的思想前提和精神保障[5]。党的十八大报告中提出了社会主义核心价值观的概念，“爱国”作为公民个人层面的价值准则被赋予了重要地位，是公民必须恪守的基本道德准则，也是评价公民道德行为选择的基本价值标准。社会主义核心价值观凝聚了价值共识，是当代中华民族价值理念的高度概括，也是对青年思想的重要引领。

（2）爱国主义教育价值引领的重点是认识到爱国与爱社会主义的统一

性。邓小平曾说："有人说不爱社会主义不等于不爱国。难道祖国是抽象的吗？不爱共产党领导的社会主义的新中国，爱什么呢？港澳、台湾、海外的爱国同胞，不能要求他们都拥护社会主义，但是至少也不能反对社会主义的新中国，否则怎么叫爱祖国呢？"至于对中华人民共和国的每一个公民，每一个青年，我们的要求当然要高一些。

新时代高校的爱国主义教育，首先应该构建学生的理论自觉，将自我的成长深植在爱国主义情怀之中。爱国主义始终是指导中国青年成长成才、引领青年投身社会主义建设事业的一面旗帜。在书院制下的爱国主义教育中，更应强调青年在实现中华民族伟大复兴进程中的重要作用，将爱国、爱党、爱社会主义统一起来。个人的发展离不开国家整体社会环境，而国家和民族的复兴也取决于在其中的个体的奉献和付出，这就要求个人的理想前途应紧紧与国家的命运相联系。这不仅仅是因为国家的前进方向能够为个人最大限度地提供保障，同时也意味着个人能力在最大限度上得到施展与保证。

"祖国的命运和党的命运、社会主义的命运是密不可分的。只有坚持爱国和爱党、爱社会主义相统一，爱国主义才是鲜活的、真实的，这是当代中国爱国主义精神最重要的体现。"书院制改革背景下，高校的爱国主义教育可从爱党、爱社会主义开始，突破专业局限，进行人文素质的培养，塑造良好的爱国主义教育氛围，用社会主义核心价值观对高校学生进行思想引领，增强理论认同，将学生的个人理想和发展与国家的复兴紧密相连，从而鼓励学生扎根人民、奉献国家。

四、守正创新，开展爱国主义教育，建立爱国信仰

高校书院制改革是对中华优秀传统文化的弘扬，同时也要随着时代发展不断与时俱进，实现创造性转化和创新性发展，要在传统文化基础上以建立爱国信仰为目的开展大学生爱国主义教育。

（1）守正创新是高校书院制改革的重要方向。习近平总书记在全国高校思想政治工作会议和全国教育大会的重要讲话，对进一步加强和改进大学生思想政治教育工作提出了新要求。在新的历史起点上，我们应当以守正创新为基本遵循，不断探索书院制改革建设，开创大学生思想政治教育工作新局面。

守方向之正。坚持在马克思主义的指导下，用习近平新时代中国特色社会主义思想武装学生头脑，抓好课堂、教材等传统思想政治教育渠道，加大对学生的理论教育与提升，增强对党和国家历史发展进程的认知和认同，增强对中国特色社会主义道路的自信和坚守。

创方法之新。把握新时代学生思政教育的新形势新要求，充分发掘书院制教育模式的特点，在学生日益发展的个性需求中强化共同价值信念，通过方式方法的创新提升大学生思想政治教育的实效性。

（2）守正创新思路下的爱国主义教育要实现与信息技术的融合。《新时代爱国主义教育实施纲要》的颁布，使我们充分认识到新时代加强爱国主义教育的重大意义。新时代加强爱国主义教育，引导人民树立和坚持正确的历史观、民族观、国家观、文化观，是维系中华民族团结统一，激励中华儿女为祖国发展不懈奋斗的内在要求[6]。对祖国的全方位认知与认同是爱国主义教育的基石，认知得越全面、越深入、越客观、越具有辩证性，爱国主义教育的效果就越显著。全面认知祖国，包含从时间上了解祖国的历史发展、文化传统、道路制度等，还包含从空间上了解祖国的地域疆界、山岳河流、人文特征等。但是受现实条件的限制，爱国主义教育的载体形式寥寥可数。虽然1994年中共中央就提出“搞好爱国主义教育基地建设”的重要目标，但是作为学业为主的学生，要实现“行万里路”还是困难重重。随着信息时代的到来，大数据、人工智能、5G和卫星通信等信息科技飞速发展，当今世界正在经历一场革命性的变化，数字化与智能化在越来越多的行业和领域中普及，特别是虚拟仿真技术的应用给爱国主义教育带来了全新的教育体验。

虚拟现实技术是以现实为基础创设虚拟环境，借助现代化传感装置，来让体验者在虚拟和现实的交互作用中获得亲临真实环境的感受和体验，从而达到教育的预期效果。虚拟仿真技术具有交互式、沉浸式、时代性、趣味性的特点，可以使学生真正进入一个由计算机生成的交互式三维虚拟历史事件环境中，使之身临其境，产生精神上的交融与共鸣。通过虚拟技术，可以给学生搭建任何一个爱国主义教育场景，忽略时间、空间的存在，使学生沉浸其中，从而把理论变得更具化，更容易理解。这样的教育方式创新符合新时代学生的思维特点，在保留趣味性的同时，又根植于历史和现实的真实存在，坚守思想理论的正确方向，实现了线上与线下互联，让爱国主义教育变得更令人印象深刻。

（3）新时代背景下要注重培育学生的爱国主义精神，建立爱国主义信仰。爱国主义作为凝聚中华儿女精神力量的重要纽带，在任何情况下都不能弱化，更不能丢掉。当前，中国特色社会主义进入新时代，必须在大学生群体中大力弘扬爱国主义精神，把爱国主义教育贯穿于大学教育的全过程。当代大学生的年龄与“两个一百年”奋斗目标具有高度的契合度，作为肩负中华民族复兴大业的青年，必须把握时代主题，深刻认识中国梦的本质是国家富强、民族振兴、人民幸福，更好地热爱祖国的壮丽河山、悠久历史和灿烂文化，更加关心和捍卫祖国的前途命运、发展战略和核心利益，全身心地自觉投入建设富强民主文明和谐美丽的社会主义现代化强国当中，不断激发出内心爱党爱国爱社会主义的巨大热情，从而凝聚起奋进新时代、实现民族复兴的磅礴伟力。

参考文献

［1］习近平在北京大学师生座谈会上的讲话［N］.人民日报，2018-05-03.

［2］中共中央办公厅、国务院办公厅印发《新时代爱国主义教育实施纲要》［EB/OL］.（2019-11-12）［2021-04-03］http://www.gov.cn/zhengce/2019-11/12/content_5451352.htm.

［3］何毅. 现代大学制度视域下大学书院制研究［M］. 北京：中国社会科学出版社，2017.

［4］王忠宝. 中国传统文化对当代大学生价值取向引领作用分析［J］. 渤海大学学报（哲学社会科学版），2013（4）.

［5］黄世虎，张子悦. 新时代青年爱国主义教育：逻辑、原则与路径［J］. 中国青年研究，2019（5）.

［6］《〈新时代爱国主义教育实施纲要〉学习读本》编写组. 《〈新时代爱国主义教育实施纲要〉学习读本》［M］. 北京：人民出版社，2020.

把好入党质量关的重要性思考

离退休处–离退休党委　李兆民

2009年至今，我应邀担任学校的特邀党建组织员，在校党委组织部和学院党委的领导下，从事学生的党建工作和学校的党课教学工作。我协助党组织发展了500多名学生党员，给学校1万多名入党积极分子讲授过党课，在此期间，曾先后被评为北京理工大学优秀党务工作者、北京市高教系统优秀特邀党建组织员和关心下一代先进个人。

一、加强对大学生的思想入党教育，提高对党的认识，端正入党动机是牢把入党质量关的根本

大学生的政治思想状况总体是好的，他们热爱党、热爱祖国、热爱社会主义，愿为实现中华民族伟大复兴的中国梦贡献力量，很多学生都写了入党申请书。但他们对党章、党史和党的理论知识缺乏了解，入党动机多元化，有些人功利思想严重。

面对以上情况，要加强思想教育，尤其要强化思想入党教育。通过党课培训，学习党章和党的理论，组织多种形式的教育活动和社会实践，帮助他们提高对党的认识。端正入党动机，是首先要解决的重要问题，也是他们能够成为一名党员的起点。

通过教育，要使他们完全清楚：什么是正确的入党动机，什么是思想上入党。思想上入党不仅是入党时的事，也是一辈子的事，要解决好世界观、人生观、价值观这个“总开关”问题。

入党是为了实现党的纲领和宗旨而奋斗，绝不是为了个人任何私利，只有为了献身共产主义和中国特色社会主义事业，更好地为人民服务而要求入党，才是唯一正确的入党动机。因此要有为共产主义和中国特色社会主义事业奋斗终身的坚定信念；要树立全心全意为人民服务的思想；要有在学习工

作和社会生活各方面发挥先锋模范作用的觉悟；要在思想和行动上体现出共产党员的先进性，要牢记初心，担当使命，矢志不移。

二、严格执行发展党员的程序，遵守发展党员的工作制度，是牢把入党质量关的关键

根据《中国共产党章程》《中国共产党发展党员工作细则》《发展党员工作手册》的规定，发展党员有规范的程序和健全的工作制度，必须严格执行，这是牢把入党质量关的关键。

共青团、辅导员、班主任、班委会、研究生导师的“推优入党”制度，党支部的入党积极分子培养联系人制度，入党申请人的家庭政审制度，入党积极分子党课教育培训制度，发展对象和预备党员转正的公示制度，接收预备党员和预备党员转正的票决制度，党组织审批接收新党员前的专人谈话制度，预备党员的入党宣誓制度，预备党员教育考察制度等，构成了健全的发展党员工作制度体系，在发展党员和预备党员转正的过程中都有规范的程序。

特邀党建组织员在发展党员的每个程序中，不仅要进行具体的指导，还要对提交的材料进行审阅，严格把关，发现问题及时纠正和处理。尤其是经党支部大会通过接收为预备党员后，要进行单独谈话，进一步了解他的入党动机和对党的认识。我在谈话时，一方面要详细地询问他何故入党和变化过程，曾经有过哪些不正确的想法，是如何解决的，正确的入党动机是什么，怎样才能做到思想上入党；另一方面要问他：党的纲领是什么，最高纲领和最低纲领的关系，党章中规定的党员标准是什么，党的性质、根本宗旨、指导思想、基本路线、根本组织原则、党的纪律和处分等内容，很少人能全部回答正确，很多人只能回答出一部分，这说明他们仍然对党章和党的基础知识了解得很不够，必须长期坚持教育，更要求他们践行这些规定。

三、严格坚持发展党员标准，把政治标准放在首位是牢把入党质量关的核心

严格按照党章规定的标准和规定的程序发展党员，把政治标准放在首位，着重考察发展对象是否具有坚定的理想信念和良好的道德品行，是否自

党为党的纲领而努力奋斗，是否树立了全心全意为人民服务的思想，是否在学习、生活和工作中发挥了先锋模范作用。要防止把学习成绩作为发展党员的首要条件，但学习成绩差、考试不合格、有挂科的同学，应暂缓发展。

我在多年担任特邀党建组织员的工作中，通过入党积极分子座谈会，审阅入党申请书和谈话，了解到需要解决学生对党的纲领理解不清楚，理想信念模糊的问题。面对这些情况，必须加强党课培训，讲解党的理论，这也帮助我在党课教学中，结合学生的思想认识，有针对性地进行讲解。

党的最高纲领是实现共产主义。党在现阶段的最低纲领是党在社会主义初级阶段的基本纲领，就是建设中国特色社会主义的经济、政治、文化、社会、生态要达到的基本目标。没有最高纲领，最低纲领就会失去灵魂和前进方向；没有最低纲领，就会脱离实际，最高纲领就会变成美好的空谈。任何时候都不能把最高纲领和最低纲领割裂开来。共产党是最高纲领和最低纲领的统一论者，我们要把共产主义远大理想同中国特色社会主义共同理想统一起来，既要为党的最高纲领奋斗，也要为最低纲领奋斗。

《共产党宣言》深刻阐述了马克思主义的科学世界观，深刻阐述了马克思主义的革命纲领，深刻阐述了马克思主义政党的崇高理想，揭示了人类社会历史发展的客观规律，论证了资本主义必然灭亡和社会主义必然胜利的客观规律（即“两个必然”）以及无产阶级和共产党人肩负的历史使命，揭示了人类社会最终走向共产主义的必然趋势，奠定了共产党人坚定理想信念的理论基础。

入党积极分子通过学习《共产党宣言》和马克思主义理论，深入学习《中国共产党章程》和党的理论知识，学习习近平新时代中国特色社会主义思想，才能了解党的纲领和理想信念。

同时，我们必须认识到，实现共产主义理想是一个长期的历史过程，需要经历许多发展阶段，经过几十代人长期不懈的努力奋斗。共产主义最高理想只有在社会主义社会充分发展和高度发达的基础上才能实现。

四、担任特邀党建组织员的工作体会

（1）努力学习，调查研究。要做好特邀党建组织工作，首先要努力学习，学习党章、党的理论、马克思主义经典文献，学习十九大和各次中央全会精神和习近平新时代中国特色社会主义思想，学习发展党员工作细则和有关文件，掌握党员标准和发展党员的制度及程序。要深入调查研究，把握新时期大学生党建工作的规律和特点，了解学生的思想，才能贴近实际，增强工作的针对性和时效性。还要积极参加特邀党建组织员的培训和经验交流活动。

（2）勤奋工作。特邀党建组织员肩负着为党的事业培养合格接班人的历史重任，应继续保持为党工作的敬业精神，勤奋工作，老有所为。围绕立德树人的根本任务，加强政治引领，教育和帮助大学生听党的话、跟党走，当好大学生的引路人，尤其是要帮助申请入党的大学生树立共产主义理想和中国特色社会主义共同理想的坚定信念，在发展大学生党员时，要牢牢把好发展党员的质量关，保证发展党员的质量。

（3）依靠党委和党支部开展工作。特邀党建组织员是在学校党委的直接领导下开展学生的党建工作，是党组织发展学生党员的助手和参谋，是重要的把关人。发展学生党员的工作主要在基层各党支部，对学生入党积极分子的培养起着重要的作用，特邀党建组织员应和党支部进行密切联系，掌握实际情况，及时地指导和帮助党支部做好发展党员的工作。

（4）发挥团队工作精神。发展学生党员并不是特邀党建组织员一个人单干，而是和辅导员、党建组织员、组织干事和学生党建助理共同组成一个团队开展工作。在工作中，各有侧重，协同配合，共同完成任务。特邀党建组织员着重于了解学生的思想情况，审阅入党材料，和入党积极分子谈话，解决发展党员过程遇到的疑难问题，严把发展党员的质量关。

睿信书院党员教育的实践与探索

睿信书院　张宏亮

截至2021年7月睿信书院现有党员191人，其中教职工党员13人，学生党员178人。书院自2018年7月成立以来，坚持党的基本路线和社会主义办学方向，高举中国特色社会主义伟大旗帜，以习近平新时代中国特色社会主义思想为指导，全面贯彻落实党的十九大和十九届二中、三中、四中、五中全会精神，全面遵循《中国共产党支部工作条例（试行）》，加强支部标准化、规范化建设。按照“强政治、抓规范、塑品牌”的党员发展与教育思路，突出党支部政治功能，强化主体责任，严把党员入口关，不断提高党支部建设质量，为学生党员成长发展精准导航。

一、强政治，发挥支部堡垒作用

习近平总书记强调，基层是党的执政之基、力量之源。睿信书院以习近平新时代中国特色社会主义思想为指导，落实全面从严治党的要求，坚持以政治建设为统领，严肃党内政治生活，执行“三会一课”制度，在“支部班子强、政治功能强、党员队伍强、作用发挥强”方面下功夫，努力做先进理论和思想文化的传播者和践行者。

一是强化党支部政治功能。突出政治引领的要求，推动党支部担负好直接教育党员、管理党员、监督党员，书院注重发挥教工党员在党支部中的作用，定期召开支部会议，由辅导员领学，学习传达习近平总书记的讲话精神和党中央的重大决策部署，学习传达上级党委和学校的重要文件精神，做到必传达、必贯彻、必落实。书院党委在2020年共召开15次党支部专题学习会议，围绕习近平总书记在党的十九届五中全会、全国抗击新冠肺炎疫情表彰大会、纪念中国人民解放军抗美援朝出国作战70周年大会上的重要讲话，围绕习近平总书记全年给大学生群体的6封回信精神，安排支部成员结合个人学习和经历，进行重点发言。通过学习教育，进一步增强“四个意识”，坚定“四个自信”，做到“两个维护”。

二是严格党内政治生活。从“三会一课”、组织生活会等基本的党内组织生活抓起，增强党内生活的政治性、原则性和战斗性。辅导员编入各个学生党支部担任党支部书记，带头开展学习教育、调查研究和检视问题、整改落实，时刻监督不严格、走形式、做样子等不规范现象。在学习教育方面，每月安排一次党支部专题学习会议，围绕学习习近平新时代中国特色社会主义思想，把集体学习和个人自学、重点讲解和分享心得结合起来，并安排支部成员进行重点发言。在调查研究方面，党支部书记带领支部党员讲授党课，并与班团干部、学生骨干、转专业分流学生、学业警示学生召开多频次、多主题的座谈会，分析研究工作实际中存在的问题和难点，并形成调研报告。在检视问题方面，睿信书院党支部通过召开座谈会、设立意见箱、个别谈话、“三必谈”、对标党章党规等方式深刻剖析了支部存在的突出问题。在落实整改方面，书院党支部认真总结学习，提出了改进措施，建立了整改台账。

三是发挥党员先锋模范作用。在选优配强党支部书记时，要突出政治标准，严格选拔政治觉悟高、政治能力强的党员担任党支部书记。充分发挥党员先锋模范作用，开展争做“五个先锋”工作。新冠肺炎疫情防治工作期间，党支部探索完善疫情防控网格化管理模式，围绕安全防控、信息统计、教学质量、学生工作等工作细化职责分工，加强沟通协调，形成“睿信书院各党支部—党小组—全体党员—积极分子”的疫情防控工作网，全员联动，打造“五个先锋”，列出任务清单（见表1），共同织密疫情防控的“保护网”。同时党支部197位党员分别对接一个团支部，充分发挥党支部和党员团结群众、引导群众、服务群众的作用。

表1　睿信书院“五个先锋”（2021年）关键任务清单

项目	做好自己	带动他人
思想先锋	1.坚持党的政治理论知识学习不放松	督促身边积极分子加强理论学习
	2.与党中央疫情防控要求保持高度一致	监督身边同学服从北京市和学校疫情防控安排
宣传先锋	3.宣传疫情防控要求，传播正能量	向身边人宣传疫情防控政策和知识
	4.创作疫情防控科普作品	带动他人关注官方媒体，不信谣，不传谣

续表

项目	做好自己	带动他人
学习先锋	5.做好时间管理，认真完成线上学习任务	力所能及地带动身边同学线上学习
	6.了解身边同学线上学习的困难和问题	帮助反馈、解决身边同学线上学习困难
生活先锋	7.保持良好作息习惯和生活卫生习惯	带动他人在家养成良好生活习惯
	8.每天带头完成“幸福北理”的健康报告	带动他人按时按要求完成每日健康报告
服务先锋	9.帮助疫区同学或其他生活上有困难的同学	带动他人关心关爱同学
	10.力所能及地参与当地疫情防控工作	带动他人为疫情防控工作做贡献

二、抓规范，提升教育培养效果

在党员发展过程中，按照“早启蒙”“合章程”“全考察”的思路，从严把关、优中选优，聚焦思想入党，强化担当意识，及时把政治素质过硬、勇于担当作为、表现突出的优秀人员吸纳到党组织中来，使其在党组织中发挥先锋模范作用。

一是早启蒙，吸纳首批入党积极分子。新生入学教育期间，将“端正入党动机，争做合格党员”“从雷神山、火神山的建立看中国集中力量办大事特点”等线上主题党课纳入新生入学教育必修课，将爱国背景下的思政课融入社会现实，与时代同频共振，把好党员发展的“源头活水”。同时，迎新当天在迎新现场设置了提交入党申请书的区域，开展睿信书院“使命在肩，奋斗有我，争做首批入党积极分子”的活动，做好入党动员与培养的“最先一公里”，切实增强对党的政治认同、思想认同、情感认同，自觉将个人理想和国家前途、民族命运相结合，争做有理想、有担当、有本领的时代新人。

二是合章程，遵循党员发展制度规范。严格把好党员入口关必须扎紧制度笼子，以党章为根本依据，按照《中国共产党发展党员工作细则》，建立了从学生申请入党、入党积极分子培养、发展对象考察、预备党员接收和预备党员考核及转正等党员发展的全流程工作制度和管理办法。制定了《睿信书院入党积极分子培训方案》《睿信书院学生党员发展工作程序与规范》《睿信书院党员管理规定》等一系列工作指导性文件，对党员发展的各环节重点进行了细致而系统的说明，切实保证入党积极分子培养工作的规范性和培养质量，提高书院党建工作的制度化规范化水平。

三是全考察，严把党员发展程序关口。发展党员坚持把政治标准放在首位，严格履行规定的程序，发挥“一档两会三必谈”的政治监督功能。“一档”是指建立每名入党积极分子、发展对象及党员的动态记实个人档案材料，将其入党申请书、自传、思想汇报份数及质量纳入档案并编号，做到随时可调可查，记录其成长情况；“两会”是指入党积极分子、发展对象的确定过程中均需经过所在团支部召开会议推优，和所在党支部党员大会（支委会）讨论；“三必谈”是指辅导员、组织员、上级党委派人每季度多次全方位谈话，力争全面考察其政治素养和能力。同时，建立健全发展党员政治审查制度，同时稳妥有序开展不合格党员组织处置工作。“一档两会三必谈”及政治审查制度在党员发展过程中发挥着“放大镜”“显微镜”和“望远镜”的功能，将理论学习、组织生活、学业成绩、作用发挥、服务群众等作为考核基本条件，以优秀党员的标准和事迹指导学生思想成长和政治成熟，严把入口关，确保党员发展质量。

三、塑品牌，提升教育培养效果

结合书院学生党员特点，在党员教育的形式和内容上下功夫，创新设计学习教育方式，通过“云端线上式”“情景模拟式”“体验实践式”三式党课，不断丰富学习教育的新颖性和多样性，努力营造书院学习教育氛围，提高教育实效。

一是“云端线上式”推动党员教育由“线下课堂”向“线上平台”拓展，推动学习在“耳濡目染”中学深学透。依托国家行政学院的大学生网络党课资源，将理论党课搬到线上，以“特殊”又“鲜活”的云课堂，实现了在疫情期间党课“不掉线”。依托睿信书院官方公众号，党支部以“指尖阵地”为主阵地，通过提供新媒体展示窗口，运用H5、微视频等新载体，增强党建教育内容的丰富性、拓展性和多样性，实时推送党的路线、方针、政策，坚持集中学习和分散学习相结合，实现党员、入党积极分子教育全覆盖。以“共说”“立行”栏目为主阵地，党员及入党积极分子线上分享学习心得、思想见识等，并将自己的佳言佳行在线上推送展示，实现了教育由

“单向输出”向“双向互动”延伸，不断深化学习教育实效。

二是“情景模拟式”推动党课实现从“我听讲”到“听我讲、听我唱、听我演”，推动学生在“身临其境”中学思践悟。书院聚焦教育内容，不断丰富形式载体，打造“睿思杯”时事论坛比赛、“Party-party文艺风采大赛”，带领青年学生学起来、讲起来、唱起来、演起来。以“睿思杯”时事论坛比赛为例，“睿”意进取，“思”分缕解，从初赛—复赛—决赛，选手们以当今热门话题为演讲主题，演讲中既含有理论支撑，又结合自身理解，既包含当前的时事热点，也有学生运用马克思主义原理进行思考的实践内容，“思考—讲解—听课—互动交流—总结”的教育模式始终贯穿于整个论坛比赛过程中，极大地激发了学生本身的创造力。此外，以“Party-party文艺风采大赛”为例，以演讲、歌剧、话剧等多种形式，选手们以饱满的热情生动形象地以多种艺术形式，或缅怀革命先烈，或讲述当代青年奋斗故事等，带领青年学生“学起来”“唱起来”“讲起来”“做起来”，激励青年学生勇担复兴大任，争做时代新人。创新教育形式让“学”不再枯燥，使“做”有了典范，为书院强文化、造环境、固根基打下坚实基础。

三是“体验实践式”推进党课“走出去”“活起来”，推动学习在“触景生情”中入脑入心。书院立足“寻迹”活动，用好红色资源，组织开展参观红色教育基地，深入挖掘延安精神、西柏坡精神、抗美援朝精神等，继而传承红色精神系列活动，让学习具象化，让党员及入党积极分子身临其境，汲取先进精神政治营养，引导学生深刻理解习近平新时代中国特色社会主义思想的核心要义、精神实质和丰富内涵；同时，结合“五个先锋”“党员责任区”要求充分发挥党员模范作用，把理论知识运用到实际工作中和服务群众中去，充分做到学中做、做中学，坚持学做互进、知行合一。

时代是思想之母，实践是理论之源。睿信书院坚持用习近平新时代中国特色社会主义思想武装头脑、指导工作，以政治建设为统领，强化党支部政治功能，更好地发挥党支部战斗堡垒作用和党员先锋模范带头作用，切实做好联系服务青年的行动者、宣传教育青年的实施者、组织凝聚青年的实践者，教育引导全体青年大学生学习知识、增长才干、放飞梦想，把个人成长成才融汇到实现中华民族伟大复兴的征途中。

做坚定的青年马克思主义者

马克思主义学院　刘存福

习近平总书记指出，展望未来，我国青年一代必将大有可为，也必将大有作为。这是“长江后浪推前浪”的历史规律，也是“一代更比一代强”的青春责任。广大青年要勇敢肩负起时代赋予的重任，志存高远，脚踏实地，努力在实现中华民族伟大复兴的中国梦的生动实践中放飞青春梦想。高远之志，当在于奉献自己，在于服务他人、服务社会，在于努力成为一个对国家和人民有用的人。对于马克思主义理论学科的青年学生来讲，则要脚踏实地，做坚定的在马信马、在马用马、在马爱马的青年马克思主义者。

一是在马信马。习近平总书记指出，心有所信，方能行远。信仰就是方向，就是旗帜，方向把稳了，旗帜鲜明了，才能做到行稳致远。马克思主义战争观认为，物质因素决定着战争胜负的可能性，而精神因素是将这种可能性变为现实的决定因素。抗美援朝战争胜利后，毛泽东分析指出，“敌人是钢多气少，我们是钢少气多”。敌人凭借“钢多”没有战胜英勇顽强的人民军队，我军凭借“气多”粉碎了装备精良的强大对手。中国共产党领导中国人民通过14年艰苦卓绝的斗争，把日本帝国主义扫进历史的垃圾堆，同样靠的是“气多”。这里说的“气”从一定程度上看就是信仰，是战胜困难、赢得斗争胜利的精神法宝。

当今世界处于百年未有之大变局，面临的不稳定性不确定性突出。当代中国处于近代以来最好的发展时期，但是我们面临的各条战线上的斗争从未消失。从国际看，以美国为代表的“霸权主义”“冷战思维”甚嚣尘上，干涉中国内政的涉港涉台言论喋喋不休，中国南海域外国家所谓的“自由航行”小动作从未停止；从国内看，党风廉政建设和反腐败斗争形势依然严峻，经济下行压力持续加大和保持经济社会大局稳定之间的矛盾需要克服，等等。正如习近平总书记所说，在前进道路上我们面临的风险考验只会越来越复杂，甚至会遇到难以想象的惊涛骇浪。我们面临的各种斗争不是短期的而是长期的，至少要伴随我们实现第二个百年奋斗目标全过程。由此可见，取得斗争的最后胜利，接续培养一代代具有坚定信仰的青年马克思主义者至关重要。同时，对于青年学生个体来说，成长之路充满很多未知，无论是选择在艰苦地区工作，还是选择在大城市工作或深造，都会遇到各式各样想不到的困难。但青年学子只要坚定马克思主义信仰，无论起步时处于什么样的劣势，一定能够在危机中育新机，在变局中开新局，在不同中造就不凡，成为最终的胜利者。

二是在马用马。习近平总书记不止一次引用过赵括“纸上谈兵”和两晋士人“虚谈废务”的典故，以告诫领导干部要发扬理论联系实际的马克思主义学风，做到学以致用，讲实干，踏石留印、抓铁有痕，善始善终、善作善成。同样，青年学生已经在学习的过程中充分接触到了马克思主义，但是能否做到完全掌握，以及能否在认识问题解决问题中合理运用，需要时刻提问自己、警醒自己。

习近平总书记指出：“惟改革者进，惟创新者强，惟改革创新者胜。”怎么理解这句话？我们对生产力与生产关系的相互作用及其矛盾运动这个原理非常熟悉。生产力是活跃的，生产关系是相对稳定的；经济基础是活跃的，上层建筑是相对稳定的。改革者、创新者所要做的主要就是变革生产关系，变革上层建筑，解除对生产力的束缚。我们经常用这个原理去分析其他的人和事，却很少用来分析自己。我们在多年的学习生活中，已经形成了自己固有的思维模式、处事模式、关系模式，这个模式一般是跟不上生产力发展步伐的。因为我们有些人总觉得自己做得对，学习了马克思主义，却不能践行马克思主义，成了文本主义者。毛泽东同志说过：“必须明白群众是真正的英雄，而我们自己则往往是幼稚可笑的。”青年学子一定要扪心自问，我们是否善于打破自己的既有定式，是否善于打破旧的生产关系，是否摆脱了狭隘的自私行为。

习近平总书记多次强调：“学习的目的全在于运用。”当遇到问题时，能否摆脱惯性思维，能否用马克思主义理论去解决问题；在面对一些现象时，能否想到其中所蕴含的马克思主义原理，并能举一反三，或者用“马言马语”对其做出解释与评判，是对马克思主义知行合一能力的检验。马克思主义是一种哲学思想，也是一个科学工具，青年学子的发展之路不能是父母亲人的再版，不能是师兄师姐的翻版，不能是理论化程序化的模板，而应该是以马克思主义为指导的、以改革创新实际行动书写的个人“创业版”！

三是在马爱马。爱，指对人或事物有很深的感情，甚至可以为她付出生命。忠烈因为爱国而奋勇捐躯，英雄因为爱民而舍己救人，模范因为爱业而恪尽职守。习近平总书记之所以给复旦大学青年师生党员回信，在于复旦大学“星火”党员志愿服务队向习近平总书记表达了做《共产党宣言》精神忠实传人的信心和决心，实际上就是表达了对马克思主义的爱。习近平总书记在回信中指出，你们积极宣讲老校长陈望道同志追寻真理的故事，传播马克思主义理论，是一件很有意义的事情。学习马克思主义理论的青年学生，对马克思主义一定要做到爱之深、情之切。爱她不能仅限于自己真学、真懂、真信、真用，而且要发挥理论优势，做好宣传发动工作，要影响身边人都来学、都来信、都来用、都来爱，让大家在学习和实践中认识到马克思主义科学的强大魅力。某些西方人总是这样的思维，资源是有限的，你占得多了，我得到的就会少；你发展得坏，我发展才会好，所以有了“美国优先”“单边主义”等狭隘可怜的思想，对比“一带一路”“人类命运共同体”的马克思主义大爱境界，孰优孰劣一目了然。要走好新时代的长征路，青年马克思主义者要在马爱马，要牢记为大多数人谋福利的初心，要及时解读中央精神，要主动发声，敢于亮剑，回应各种非马反马的杂音、噪声，和党中央的关切形成呼应，为促使全社会与以习近平同志为核心的党中央同频共振做出青年马克思主义者的贡献。

习近平总书记指出：“发展21世纪马克思主义、当代中国马克思主义，必须立足中国、放眼世界，保持与时俱进的理论品格。”作为学习马克思主义理论的青年学生，应永远高举马克思主义的旗帜，怀揣对马克思主义的挚爱，从传统中吸取精华，在新时代新背景中将其升华，最后应用到中华民族伟大复兴中国梦的伟大实践之中。

加强高校青年劳动教育，培养新时代国家红色栋梁

校工会　黄明福

青年是国家的未来、民族的希望。党的十八大以来，习近平总书记立足新时代历史方位，站在党和国家事业长远发展和实现中华民族伟大复兴的战略高度，对青年成长成才提出了一系列富有创见的新思想、新观点、新论断、新要求，寄语新时代青年要坚定理想信念，站稳人民立场，在实践中不断成长，练就过硬本领，投身强国伟业……

高校青年学子作为新时代青年代表，与国家“两个一百年”奋斗目标同向同行，承载着社会主义强国建设的神圣使命。习近平指出，青年要成长为国家栋梁之材，既要读万卷书，又要行万里路，既要多读有字之书，也要多读无字之书，在实践中学真知、悟真谛，加强磨炼，增长本领。要重视实践育人，坚持教育同生产劳动和社会实践相结合，广泛开展各类社会实践，让学生在亲身参与中认识国情、了解社会，受教育、长才干，不断拓展学生社会实践的平台和路径。在全国教育大会上，习近平要求把劳动教育纳入培养社会主义建设者和接班人的总体要求之中，明确提出构建德智体美劳全面培养的教育体系，这为新时代青年健康成长和全面发展明确了时代坐标。

北京理工大学作为中国共产党创办的第一所理工科大学，延安精神已融入北理工教师和青年学子血脉，为党育人，为国育才，是每一位北理工师生的光荣梦想。北理工学子作为新时代高校青年代表，适逢中国共产党成立100周年之际，应进一步激发爱国热情，胸怀壮志，投身伟大祖国建设实践，特立潮头，开创未来。为实现这一伟大目标，就要以习近平新时代中国特色社会主义思想为指导，以劳动塑造为根，让劳动教育在新时代高校青年中根深叶茂、本固枝荣，全面重塑自我，争做高校青年的榜样，引领新时代青年发展，争做出色的社会主义建设者和接班人。

一、准确把握劳动教育内涵，发达劳动教育之根系

德育育心，智育育脑，体育育身，美育育神，劳育育魂，德智体美是“身心教育”，而劳动教育是“育魂工程”。劳动教育是中国特色社会主义教育制度和国民教育体系的重要内容，体现了党的教育方针的核心思想和核心主张，蕴含了社会主义核心价值观的思想内容，直接决定社会主义建设者和接班人的劳动精神面貌、劳动价值取向和劳动技能水平[1]。“以劳动托起中国梦”，劳动教育是实现中国梦的强大助推力量，是促进广大青年学生继承和弘扬中华传统美德的催化剂，是推动广大青年学生在接力奋斗中实现伟大复兴中国梦的助推力。

树高叶茂，系于根深。加强高校劳动教育，需要深刻理解习近平关于劳动教育的重要论述，矢志不移。习近平总书记在全国教育大会上将劳动教育纳入社会主义建设者和接班人的要求之中，充分彰显了建设者和接班人的劳动者本质。结合新时代建设创新型国家的发展战略需要、培养健康和谐全面发展的人的内在需求，在劳动中坚定理想信念、在劳动中厚植爱国情怀、在劳动中加强品德修养、在劳动中增长知识见识、在劳动中培养奋斗精神、在劳动中增强综合素质，以劳动教育夯实社会主义建设者和接班人全面发展的基础，是新时代我国加强高校学生劳动教育的根本任务。

以习近平新时代中国特色社会主义思想为指导，准确把握劳动教育内涵，贯彻落实党的教育方针和习近平总书记关于劳动教育重要论述精神；深刻认识高校劳动教育树德、增智、强体、育美的综合育人价值，牢牢把握育人导向，把劳动教育纳入人才培养全过程，与德育、智育、体育、美育相融合；积极引导学生理解和形成马克思主义劳动观，培养学生崇尚劳动、尊重劳动的态度，弘扬艰苦劳动、辛勤劳动、诚实劳动的中华民族传统美德，牢固确立“劳动最光荣、劳动最崇高、劳动最伟大、劳动最美丽”的劳动价值观。只有这样，才能在新时代高校青年中，立稳劳动教育之根。

二、系统设计劳动教育体系，厚植劳动教育之沃土

扎了根的树苗想要根深叶茂，离不开养料的滋养。劳动教育体系设计之于新时代高校年轻人劳动观的培养便如同养分之于树苗的成长。如何施对养

料并丰富养料的成分，让扎根在新时代青年中的劳动教育茁壮成长？我们必须全面落实中央关于劳动教育新要求，在劳动教育的课程体系设置和劳动实践内容层次上加强统筹规划，突出劳动教育重点，体现出不同年级劳动教育特征的渐进性和高等教育阶段劳动教育的承前启后性，坚持“劳动知识养成、劳动价值塑造、创新劳动实践”三位一体，要有针对性、实用性和系统性[2]。

劳动教育课程体系要健全。劳动教育课程，要让学生“通劳动之知识”。开设劳动教育通识课程，深入开展劳动知识的理论探讨，明确新时代劳动的复杂构成及表现形式，丰富学生劳动科学基础知识，提高劳动理论素养，增强劳动价值认同，让学生有劳动意识、通劳动法律、养劳动习惯。劳动教育课程，要让学生“塑劳动之价值”。在思政课中强化劳动教育，用好思想政治理论课堂这一主阵地，将马克思主义劳动观融入思政课，深入学习习近平总书记关于劳动的重要论述，把握新时代党对劳动教育的根本要求，强化对劳动本质的理解，让学生牢固确立正确的劳动价值观，注重形成德育与劳育协同效应。劳动教育课程，要挖掘专业课程中的劳动教育元素。加强劳动教育课程和专业课程中的劳动教育相结合，设计教学内容，专业课实践活动教学要组织学生下基层、进车间、到田间地头，让学生实现由学会劳动到热爱劳动的转变，将学生学习专业知识的兴趣和实践劳动的热情调动起来。此外，健全劳动教育课程体系要坚持显性教育和隐性教育相统一，挖掘其他课程和教学方式中蕴含的劳动资源，劳动教育与实践实习相结合，与创新创业教育相结合，与“三全育人”机制相结合。

劳动教育实践活动内容要丰富。丰富劳动教育实践内容，要结合日常校园生活开展劳动教育实践活动。可以通过设定劳动周、开展集体劳动活动、各班级中设立劳动委员等形式，促进学生完成劳动任务，体认劳动价值。丰富劳动教育实践内容，要拓展劳动教育实践平台。拓宽多渠道开展勤工助学活动，组织引导学生通过正规渠道参与校外公益劳动，建立公益劳动志愿服务项目，让学生在劳动中增强对劳动人民的感情，同时强化学生公共服务意识，使学生具有面对重大疫情、灾害等危机主动作为的奉献精神。

丰富劳动教育实践内容，要创新劳动实践形式。充分运用实验实践类课程、生产实习、专业服务等集中性实践环节，注重围绕创新创业开展劳动教育实践，组织开展实习实训、专业服务、社会实践、勤工助学，提升新时代大学生创造性解决实际问题的能力和就业、创业能力。丰富劳动教育实践内容，要开创创新创业教育与劳动教育融合的新局面。结合新知识、新技术、新工艺、新方法应用，深化产教融合，加强企业协同，借助产教融合、校企合作创建、共享劳动实践实习基地，全力构筑德智体美劳全面培养、相互渗透、相互融合的立德树人“大平台”，实现平台间的有效联动，实现全员全程全方位育人。

三、全面建设劳动教育队伍，丰富劳动教育之养分

教师不只是传授书本知识的教书匠，也是塑造学生品格、品行、品位的先锋。教师的一言一行影响着学生的思想和行为，要想让劳动教育之树根固本荣，必须贯彻落实劳动教育，建立一支执着于教书育人、有热爱教育定力、带干劲闯劲钻劲的高水平劳动教育师资队伍。

建立这样一支队伍，首先，要以师德师风建设为根本，强化理想信念的思想引领作用，不断提升政治站位，坚定信仰信念和信心。需要高校在立德树人内涵上正本清源，需要教师在教书育人的实践中开拓创新，坚持教书和育人相统一，坚持言传和身教相统一，把党和国家的教育方针落到实处，一流教师倾心育人堪为“大先生”[3]。其次，育人者必先育己，立己者方能育人，劳动精神不仅是每一名学生要补的思想之钙，也是每一名教师的要补的思想之钙，教师补得及时、适量，才能以榜样力量影响每一名学生树立劳动最光荣、劳动最崇高、劳动最伟大、劳动最美丽的劳动价值观。这需要高校在师德师风建设中大力倡导劳模精神、劳动精神、工匠精神，丰富师德师风建设的内涵；增强教师对新时代劳动教育在人才培养全过程中的思想引领和价值认同，定期组织开展劳动教育相关的教师全员培训与交流研讨，引导更多教师主动投身劳动教育工作；实施多元化、多样性的教师激励政策，鼓励其探索将劳动教育有机融入人才培养的新途径和新方法。需要教师在学生培养环节营造尊重劳动、热爱劳动的良好氛围，在实验、实训、实践等培养环节侧重培养大学生的劳动意识、创新能力、创业精神、职业素养，在劳动和实践中育人，为大学实现立德树人根本任务注入新活力。此外，要建好劳动教育宣传队伍，依托教师思政教育活动和学生主题教育活动等载体，创新劳

动教育宣传形式，结合植树节、学雷锋纪念日、五一劳动节、农民丰收节、志愿者日等，举办线上线下文化活动，增强劳动教育吸引力与互动性。让中华民族勤俭、奋斗、创造、奉献的劳动精神之养分佑护劳动教育之幼苗茁壮成长。

四、细心匡正劳动教育时弊，修剪劳动教育之病枝

长期以来，受城市化、独生子女、应试教育以及学生个体等多种因素影响，弘扬"劳动最光荣、劳动最崇高、劳动最伟大、劳动最美丽"的社会总是伴随着"劳心者治人，劳力者治于人"的"劳动者卑微"的错误观念，以及追求享受、鄙视劳动的风气。不少家长存在"读书唯上"、轻视普通体力劳动者的错误思想，部分大学生出生在物质生活优越的家庭，没有受过生活艰辛的磨砺，缺乏吃苦耐劳的锻炼，存在崇尚功利主义，不劳而获，投机取巧，就业后随意毁约、频繁跳槽等不良行为。这些都影响着大学生正确劳动价值观的形成，劳动教育之树很容易生长出错枝，影响树的生长，甚至危害劳动教育之树的性命。因此，修正社会上关于劳动的不良风气，将劳动教育之树的错枝修剪掉，是十分必要的。匡正劳动教育时弊，修剪劳动教育之错枝，需要高校、家庭、社会共同努力[4]。

首先，高校要发挥主导地位。高校应贯彻落实中央关于劳动教育要求，培育德智体美劳全面发展的社会主义建设者和接班人，重点强调高校劳动教育在完整劳动教育体系中不可或缺的重要地位与独特价值，坚决防止形式主义，防止弄虚作假和走过场，着力改变"以教代劳、以说代劳"的现象和劳动教育娱乐化、边缘化的问题。要切实加强劳动教育激励保障，在学生测评和研究生实践环节中强化劳动教育内容，在现有学生综合素质测评方案基础上明确劳动素养评价内容，深化学生对辛勤劳动、诚实劳动、创造性劳动是各行各业、所有岗位都需要的精神的认识，正向激励学生动起来。

其次，家庭和社会要切实发挥基础作用。家长要树立正确的劳动价值观，改变"劳动者卑微"的错误观念，尊重学生的就业选择。"夙兴夜寐，洒扫庭内。民生在勤，勤则不匮。"热爱劳动、尊崇劳动、勤奋劳动是中华民族的优良传统，全社会都应该发扬中华传统美德，尊敬劳动模范、弘扬劳模精神，牢记习近平总书记关于劳动的重要论述，"发展中的各种难题，只

有通过诚实劳动才能破解；生命里的一切辉煌，只有通过诚实劳动才能铸就”。让诚实劳动、勤勉工作在社会上蔚然成风，让“劳动最光荣、劳动最崇高、劳动最伟大、劳动最美丽”的观念深入人心。

最后，要打好劳动教育“组合拳”，同时整合家庭、学校、社会劳动教育资源，让学生与大国工匠、劳动模范等新时代劳动精英对话，实现同频共振、优势互补、多方联动，形成劳动教育的“大合唱”，让学生以劳树德、以劳增智、以劳健体、以劳益美、以劳促创新。

不论过去、现在或将来，肩负着时代使命的中国青年都是整个社会力量中最积极、最有生气的力量。新时代中国青年要牢记习近平总书记的嘱托，“树理想、爱祖国、担责任、勇奋斗、练本领、修品德”，抓住难得的建功立业的人生际遇，在干事创业、先行先试中增长才干，在辛勤劳动、攻坚克难中积累才能，用勤劳的双手和诚实的劳动创造美好生活。让劳动教育在新时代高校青年中根深叶茂，助当代青年立鸿鹄志，做奋斗者，求真学问，练真本领。新时代高校青年，爱劳动有担当，积极投身于社会主义建设，知行合一，做新时代的实干家，与中国梦同向同行，中华民族实现伟大复兴必将指日可待！

参考文献

［1］赵建芬. 论新时代加强劳动教育的战略意义与推进策略［J］. 思想理论教育，2020（6）：16-21.

［2］赵凌云. 大学劳动教育的时代意义与实践路向［J］. 学校党建与思政教育，2020（6）：4-7.

［3］张胜男. 从马克思主义视角看劳动教育如何立德树人［J］. 人民论坛，2020（1）：90-91.

［4］陈浩. 我国劳动教育的价值缺失与重塑之路研究［J］. 教育与管理，2020（5）：8-10.

高校离退休党组织提升组织力研究

老干部处　蔡婷婷　李振江　辛丽春

党的十九大报告明确提出，“党的基层组织是确保党的路线方针政策和决策部署贯彻落实的基础”，是党的全部工作和战斗力的基础。新时代党的基层组织的功能、任务和要求，“要以提升组织力为重点，突出政治功能，把企业、农村、机关、学校、科研院所、街道社区、社会组织等基层党组织建设成为宣传党的主张、贯彻党的决定、领导基层治理、团结动员群众、推动改革发展的坚强战斗堡垒”。

高校离退休党组织，作为党的基层组织的重要组成部分和高校党建的重要力量，面向新时代，适应新要求，要全面贯彻落实新时代党的建设总要求，以提升组织力为重点，发挥战斗堡垒作用，主动承担教育管理监督离退休党员和宣传凝聚服务离退休教职工的任务，以服务高校中心工作为目标，加强离退休党建工作。

一、提升高校离退休党组织组织力的意义

1. 有助于引导离退休教职工坚决做到“两个维护”

离退休党建工作是高校党建工作总体安排的一部分。新时代高校离退休党组织要坚持以政治建设为统领，把学习贯彻习近平新时代中国特色社会主义思想摆在最突出位置，作为首要任务[1]，组织离退休教职工深入系统学习，不断加强离退休教职工党的政治建设、思想建设和组织建设。提升高校离退休党组织的组织力，能够更好发挥离退休党组织的教育管理监督职能，引导广大离退休教职工主动向以习近平同志为核心的党中央看齐、向党的理论和路线方针政策看齐，树牢“四个意识”，坚定“四个自信”，坚决做到“两个维护”，永远听党话、跟党走。

2. 有助于引导离退休教职工积极发挥优势和作用

高校离退休教职工是学校的宝贵财富，是学校建设发展的重要力量。习近平总书记站在党和国家事业发展全局的高度，对老干部工作多次做出重要指示批示，强调要始终牢记老干部历史功绩、大力弘扬老干部光荣传统、充分发挥老干部积极作用。更好地发挥离退休教职工的作用，需要组织引导，需要创造条件，需要搭建平台。提升高校离退休党组织的组织力，能够更好发挥高校离退休党组织宣传凝聚服务离退休教职工的功能，把离退休教职工这支队伍有效地组织起来、团结起来、凝聚起来，通过适当方式把离退休教职工所能所愿同学校所需所盼有机结合起来，充分调动他们的积极性，发挥他们的优势和作用，引导他们唱响共产党好、社会主义好、改革开放好、伟大祖国好的时代主旋律，助力高校立德树人这一中心工作和学校各项改革发展建设，从而进一步彰显高校离退休工作的价值。

3. 有助于为高校离退休工作筑牢组织基础

习近平总书记指出，老干部工作是非常重要的工作，在我们党的工作中具有特殊重要的地位，是中国共产党的建设特色。离退休干部工作是党的组织工作和人事工作的重要组成部分。老干部工作本质上就是党建工作，加强党建必须加强老干部工作[2]。认真做好离退休干部工作是落实新时代党的建设总要求不可分割的一部分。党领导下的中国特色社会主义高校，离退休教职工党员人数众多，经学校党委批准，普遍设立有离退休党委，下设若干离退休党支部，是离退休工作开展的组织基础，是联系发动带领组织广大离退休教职工的基本纽带，是广大离退休教职工十分看重的精神家园。提升高校离退休党组织的组织力，能够为高校开展离退休工作提供有力组织保证，打好组织基础，筑牢组织根基。

二、提升高校离退休党组织组织力的具体措施——以北京理工大学为例

北京理工大学现有离退休党员1 450名，设有离退休教职工党委负责对离退休党员进行集中教育管理，按人员类型和原单位编入62个党支部，有离退休党务工作人员185名。其中党务工作队伍中，党委书记1名，兼职副书记1名，兼职党务干事1名，党委委员11名，支部书记、副书记、委员共179名。

在习近平新时代中国特色社会主义思想指导下，北京理工大学通过全面加强“三项建设”，充分发挥关工委“五老”和青年师生互动结合的优势，引导离退休教职工发挥作用，建立健全离退休党组织活动经费保障机制，深入开展党内的评选表彰和送温暖工作等，全面提升离退休党组织的组织力。

1. 全面加强“三项建设”提升组织力

一是加强政治建设。始终把政治建设摆在首位，把学习宣传贯彻习近平新时代中国特色社会主义思想作为首要政治任务。严格执行新形势下党内政治生活若干准则，严明党的政治纪律和政治规矩。落实好退休谈话制度，对新退休党员过好组织生活、做合格党员提出明确要求。教育引导广大离退休党员自觉在思想上政治上行动上同以习近平同志为核心的党中央保持高度一致。二是加强思想建设。订阅《人民日报》《求是》等党报党刊，充分发挥离退休党校、关工委、老年大学的主阵地作用，采取专家解读、专题辅导、集中培训、座谈交流、信息推送、参观考察、实践活动等多种形式，组织广大离退休党员深入学习，常思常悟、常悟常新、常新常进。培育创建了老党员先锋队、离退休“正能量”宣讲团，发挥模范老党员的示范引领作用。三是加强组织建设。认真贯彻落实《中国共产党支部工作条例（试行）》，进一步提高离退休党组织建设水平。按照“利于活动、便于管理、应建尽建”的原则，采取多种方式设置党组织。通过加强教育引导、改进管理方式、优化组织设置等措施，把离退休党员有效纳入党组织体系中来，让他们就近就便过上正常的组织生活。同时注重选齐配强离退休党支部班子，加大离退休党支部书记和委员培训力度。

2. 发挥关工委“五老”和青年师生互动结合的特点，引导离退休教职工围绕立德树人积极发挥作用提升组织力

关工委是高校离退休党组织教育引导广大离退休教职工围绕学校中心工作积极发挥作用的重要平台和有力抓手。离退休党组织负责人是关工委主要负责人之一。关工委在学校党委领导下，以广大离退休老同志为工作主体，以德育教育为主线，以理想信念教育为核心，以社会主义核心价值观为基础，帮助青年师生健康成长。关工委充分利用学校2 700多名离退休教职工中的宝贵资源财富，深入挖掘和充分调动他们在政治、经验、专业和威望等方面的独特优势，教育引导更多的离退休教职工加入关心下一代工作队伍中，

助力学校中心工作。通过“青老同心”党建工作室、“德育老导师”项目、离退休党建课堂等方式助力学校党建工作；通过打造“忆光辉岁月 讲北理故事”主题活动、举办“青老共话北理情”系列青老互动活动、出版《桑榆情怀——我的北理故事》关工委教育读物等形式，继承和弘扬学校“延安根、军工魂”红色基因；通过成立老党员读书会，开展“追忆苦难、展望辉煌”“弘扬传统文化”“共议家风建设”等主题交流，组织纪念改革开放40周年青老互动活动，“颂歌献给党 喜迎十九大”诗歌朗诵活动等方式，助力校园文化建设。

3. 针对不同人群开展评选表彰和送温暖活动，通过示范引领和组织关怀提升组织力

北理工离退休党组织深刻把握新时代离退休工作的三大基本特征，即党建工作成为基本定位，政治工作成为基本属性，发挥作用成为基本要求[3]，深化支部建设，提升支部建设质量，通过深入开展“正能量”活动、积极选树典型、评选先进模范标杆，激发广大离退休党员爱党、护党、忧党、为党的热情，激励引导广大离退休教职工积极发挥“正能量”，老有所为。从2017年起召开年度离退休党组织评选表彰大会，同年启动年终送温暖工作。通过评选表彰活动，对年度热心从事党务工作、积极开展支部活动、关心关爱下一代、发挥余热助力学校发展的离退休党支部和离退休个人进行表彰。通过年终送温暖活动，依托学校党委、离退休党委、离退休党支部，对年迈、生活困难、生病住院以及其他需要帮助的离退休党员群众进行慰问走访，发放慰问金。通过这样的方式，让广大离退休教职工真正感受到学校党组织的关怀和温暖，凝聚了党员群众，提升了离退休党组织的组织力。

4. 落实离退休党组织活动经费保障机制提升组织力

建立稳定的离退休党组织工作经费保障机制。2017年以来，学校党委落实离退休党组织活动经费保障机制，下拨离退休党组织党建活动经费。离退休党组织经费由原来单一党费返还变成了离退休党费和党建活动经费两个渠道统筹支出，互相配合使用。学校还不断加大离退休党费返还比例，支持离退休党组织开展工作。2018年，北京市五部门联合下发了《关于为我市基层党组织中担任书记、副书记、委员的离退休干部党员发放工作补贴的通知》。该通知规定，为北京市党政机关、事业单位、国有企业等基层党组织

（党委、党总支、党支部）中担任书记、副书记、委员的离退休干部党员发放工作补贴。自此，高校离退休党组织工作经费以及离退休党务工作者工作补贴经费有了稳定的来源，为高校离退休党组织提升组织力创造了良好经济条件。

三、影响高校提升离退休党组织组织力的因素分析

就影响高校提升离退休党组织组织力的因素进行问卷设计，以北京理工大学离退休教职工党员为统计样本，就影响因素进行问卷调查。经统计分析，主要有以下四个方面影响了高校离退休党组织提升组织力。

1. 客观因素

随着新退休人员不断增加，居住地由相对集中开始逐渐分散，为离退休党员参加组织生活带来了一定困难。调查数据显示，北理工离退休党员在理工社区校内居住的约53%，校外居住的约占47%。居住地校内校外基本持平。且校外居住人员中，除了学校统一集中购房的良乡、西三旗、回龙观三个片区相对集中之外，其他校外居住地都十分分散，北京各城区、敬老院、京郊、外地、国外都有居住。具体情况见表1和表2。

表1　北京理工大学离退休教职工党员居住地统计表

校内		校外		总数	
人数	占比/%	人数	占比/%	人数	占比/%
717	53.1	633	46.9	1 350	100

表2　北京理工大学离退休教职工党员校外居住地统计表

中关村校区附近		良乡校区附近		距两校区都较远的北京市内居住		敬老院		京外		国外		总数	
人数	占比/%	人数	占比/%	人数	占比/%	人数	占比/%	人数	占比/%	人数	占比/%	人数	占比/%
270	43	19	3	238	37	21	3	29	5	56	9	633	100

2. 个体主观因素

离退休党员在身体条件允许的情况下，都能够正常过组织生活和积极参

加支部活动。调查数据显示，离退休党支部平均每年开展组织活动2～3次，有约74%的离退休党员能够积极参加。但是确实还存在一部分离退休老党员因各种原因不能参加组织活动。调查数据显示，不能参加的主要原因是：高龄体弱、行动不便，住在外地、国外或居住较远，身患重病、长期住院，长期看护照顾第三代，退而未休仍在工作抽不开身，等等。但通过对个体的深度访谈和调查发现，离退休党员存在因自己已经退休脱离工作岗位，对个人要求有所降低、对党员身份有所弱化的思想认识，认为退休了就没必要再体现党员的先进性和保持党员的纯洁性了。相当一部分离退休党员降低了对自己的思想要求，从而给高校离退休党组织提升组织力带来了一定困难。

离退休教职工党员参加组织活动的具体情况见表3、图1。

表3　北京理工大学离退休教职工党员参加组织活动情况表

平时参加组织活动		长期不能参加组织活动		总数	
人数	占比/%	人数	占比/%	人数	占比/%
994	73.6	356	26.4	1 350	100

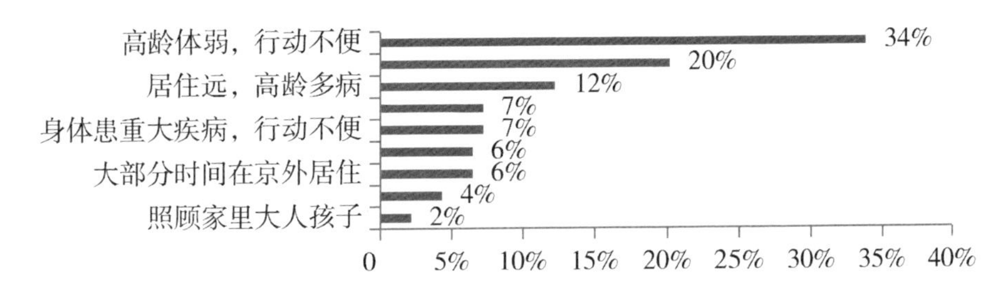

图1　北京理工大学离退休教职工党员长期不能参加组织活动原因分析

3. 党组织活动本身的因素

高校离退休党组织开展活动的内容、形式相对单一，影响了离退休党组织组织力的提升。调查数据显示，离退休党组织开展组织活动多以集中学习、座谈交流和参观考察为主。通过创新活动方式、丰富活动内容进一步提升离退休党组织组织力，仍有进一步挖掘和开发的空间。离退休教职工党支部组织活动形式如图2所示。

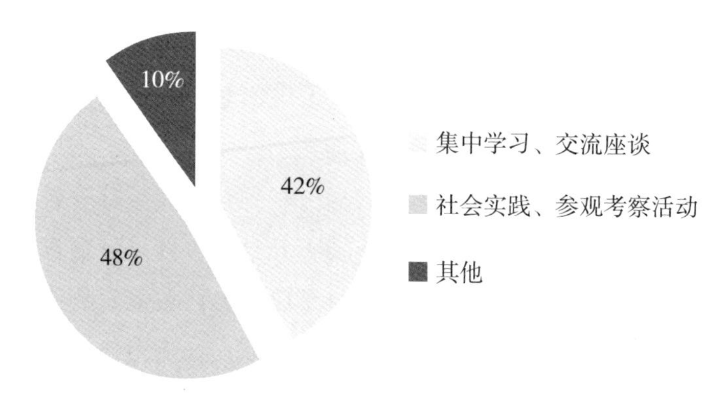

图2 北京理工大学离退休教职工党支部组织活动形式

4. 离退休党支部和行政组之间联系脱节影响了离退休党组织组织力的发挥

在高校离退休工作中，离退休教职工按原单位划分若干行政组，离退休党员按原单位划分若干党支部。离退休行政组和党支部之间单线并行，两个队伍体系联系不紧密，弱化了离退休党员对群众的影响力，进而影响了离退休党组织组织力提升。调查数据显示，北理工离退休党务骨干179人，行政组长83人，两者兼任的21人。也就是说，离退休党委中担任党组织职务的人员，仅有不到20%的人在行政组中担任职务，80%的人员仅是有党内职务而不参与行政工作；在离退休行政负责人中，约60%的人没有党内职务，且有高达35%的行政负责人不是离退休党员。离退休党政两支管理队伍结合不够紧密，不利于落实高校党委领导下的校长负责制，也不符合新时代离退休工作属于党建工作这一属性内在要求，影响了离退休党组织组织力提升。

四、提升高校离退休党组织组织力的对策建议

1. 畅通联系渠道，进一步提升高校离退休党组织的组织力

建立了“离退休党委—党支部—党员—群众”逐级反馈机制，畅通离退休教职工联系党组织的渠道。通过离退休党委会、党支部书记会、学校关工委骨干座谈会、新春茶话会等不同层次、不同规模、不同人群的座谈交流，扩大校情通报覆盖面。通过设立意见箱、开通建言献策网上通道等方式，畅通联系渠道。征求他们对离退休工作和对学校改革发展的意见建议，认真听取他们对组织的诉求，满足他们的心愿，从而提升离退休党组织的组织力。

2. 离退休党政两支队伍加强协调配合，进一步提升高校离退休党组织的组织力

加强党支部和行政组之间的密切联系、互相配合。被调查人员普遍认为，各离退休党支部应该“和各个对应单位或部门的行政组之间加强联系、密切配合”。且实践证明，凡是党支部和行政组联系密切的党支部，组织、宣传、凝聚和服务群众的能力就强，反之就弱。离退休党组织的组织力发挥较好的党支部和行政组之间的理想管理模式如图3所示。

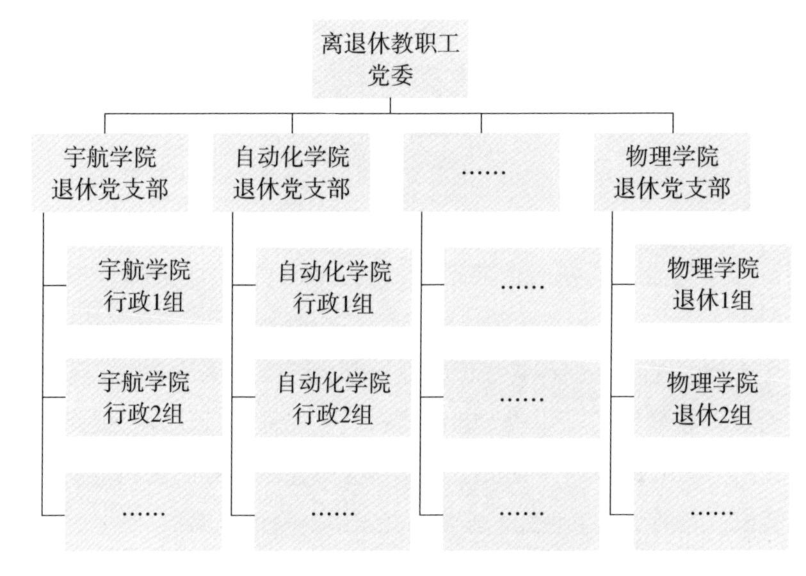

图3 离退休党支部和行政组之间的理想管理模式

也就是说，理想的离退休党支部和行政组之间的管理模式是，离退休党支部下设若干行政组，支部委员兼任离退休行政组组长，支部党员和群众一对一结对子。另外，建立离退休分党委委员、在职干部党员联络离退休党支部机制。离退休分党委委员和离退休工作在职干部党员，每个人分配2～3个离退休党支部，对所分配支部进行党建过程指导。通过这样的领导模式和工作运行方式，能够较好地实现党组织组织宣传凝聚服务群众的功能，从而有效提升离退休党组织的组织力。

3. 强化学院二级关工委工作职责，进一步提升高校离退休党组织的组织力

加强学院二级关工委的建设，强化学院二级关工委的工作职责，做好学

院二级关工委的指导工作。离退休教职工从原学院（系、所）退休，与原单位老师、学生联系最为紧密，与原单位有着天然的黏性。学院二级关工委依托学院全体师生，在学院党委领导下开展工作，在调动青年师生和离退休教职工的参与度方面，具有独特优势和工作基础。各个专业学院依据学校有关制度，制定和出台本学院的关工委工作实施方案和工作办法，并部署实施，对关工委工作开展具有重要意义，能够引导更多离退休教职工发挥作用，进而提升高校离退休党组织的组织力。

4. 加强自身建设，进一步提升高校离退休党组织的组织力

创新支部设置。探索离退休老党员就近、集中参加组织生活的方式。以有利于老同志的服务、管理和思想政治工作，有利于老党员参加组织生活为原则开展活动。

改进工作方式。通过信息化手段加强离退休党建学习、活动开展和宣传工作，通过送学上门及时向离退休教职工通报中央政策和学校改革发展情况。

丰富活动形式。通过有奖知识问答、青老互动、交流座谈、你问我答、分享互助学习等多种形式开展支部活动。通过加强自身建设，提高离退休党组织的组织力，引导离退休党员牢记党员身份，做到党的意识不弱化、党员标准不降低、党内生活不脱离，保持与党组织的密切联系。

广大离退休干部是党执政兴国的重要资源，是推进中国特色社会主义伟大事业的重要力量[4]。高校离退休党组织要以提升组织力为重点，通过突出政治建设和组织领导提升领导力，强化思想建设提升精神力和文化力，创新组织设置和活动方式提升凝聚力，严格组织生活制度提升管理力，加强党务工作队伍建设提升战斗力和团队力，完善保障机制提升动员力和发展力，进一步加强和改进离退休党组织建设，以离退休干部工作助力学校立德树人的中心工作为重点，积极谋划离退休党建新作为。

参考文献

［1］谢春涛. 把学习贯彻习近平新时代中国特色社会主义思想摆在最突出位置［N］. 中国组织人事报，2019-01-21（6）.

［2］姜信治. 在2018年全国老干部局长会议上的讲话［EB/OL］.

（2018-01-17）［2021-03-06］. http://www.moe.gov.cn/s78/A24/A24_ztzl/ztbd_xyxsx/201807/t20180717_343268.html.

［3］中共北京市委老干部局. 全市离退休干部党组织体系建设研讨班［EB/OL］.（2018-12-05）［2021-03-06］. http://www.sohu.com/a/281888477_412321.

［4］习近平. 认真做好新形势下老干部工作 传承党的光荣传统和优良作风［N］. 人民日报，2014-11-27（01）.

能源化工人的初心

化学与化工学院　徐春明

共产党员的初心代表着责任之心、奋斗之心、为国为民之心。共产党人的初心，根植于对广大人民群众深深的感情之中，来源于对救国救民之真理的执着追求之中。初心是党的历史起点也是实践的归宿。党面临百年未有之大变局，中国的崛起带来世界的改变，这是机遇更是挑战，这需要伟大斗争，而这一切的归宿就是对初心的践行。

作为一名在能源化工领域学习了近10年的青年党员，我不由得深深地思考作为能源化工人的初心是什么。习近平总书记指出："以百姓心为心，与人民同呼吸、共命运、心连心，是党的初心，也是党的恒心。"党员初心承载起党的初心，共产党员用拼搏奋斗乃至牺牲生命的行动，承载起党的初心，使党的初心在革命、建设、改革等不同历史阶段都充分彰显它的巨大威力和魅力，让广大人民始终看到光明和希望，始终感到鼓舞和力量。将党的初心落实到自己的科研工作中去，如何利用自己的专业知识为人民谋幸福、为国家谋发展，是当代科研人员义不容辞的责任与义务，更是一个青年党员的初心所在。工业化是中国共产党领导中华民族在现代化的过程中贯穿始终的历史任务。纵观历史，在一穷二白的国内经济、通货膨胀的市场环境、孤立封锁的国际形势的条件下，中国共产党领导中国人民逐步建立起独立完整的工业体系，发展出强大的国防军事力量，建设成全球最大的世界工厂。到现在，我国已经跃居全球第一制造大国，成为全球主要工业制成品的供应中心，也是全球工业产业链的中心环节。能源供给是我国工业化进程中的重要动脉，在新时代，如何保证高质量的清洁能源供应，继续推动我国工业化进程，为美丽"中国梦"的实现贡献力量则是当代能源化工人的初心。

"不忘初心、牢记使命"，我们明确初心，同时需要守护初心。习近平总书记曾指出："中国共产党之所以能够发展壮大，中国特色社会主义之所以能够不断前进，正是因为依靠了人民。中国共产党之所以能够得到人民拥护，中国特色社会主义之所以能够得到人民支持，也正是因为造福了人民。”能源的稳定与可持续供应是国家经济发展的命脉，以煤炭、石油和天然气为主的化石能源为经济的快速发展提供了强大的动力。随着我国工业化进程的不断深入，对能源需求日益增加，这也加速了化石燃料的开采与利用。在化石燃料利用过程中暴露的问题使得经济和社会的可持续发展面临严峻的挑战。一方面，受化石能源不可再生特性的限制，我国面临着日益加重的能源危机问题；另一方面，以燃烧为主的能源转换方式导致了温室气体（CO_2）等环境污染物的大量排放，由此引发的气候变暖和环境污染问题加速了人与自然关系的恶化。立足于能源化工领域，通过开发新技术实现能源的高效转换与绿色利用将成为保护绿水青山的重要手段。保护住了我们的绿水青山，就是保障人民的幸福生活，也自然守住了我们的初心。

明确初心，守护初心，更需要为了初心努力奋斗。习近平总书记指出，“我们取得的所有成就都是全国各族人民撸起袖子干出来的，是新时代奋斗者挥洒汗水拼出来的”。2020年9月22日，在第75届联合国大会期间，我国提出将提高国家自主贡献力度，采取更加有力的政策和措施，二氧化碳排放力争于2030年前达到峰值，努力争取2060年前实现碳中和。为了实现这一具体目标，作为能源化工人员应时刻以国家需求为导向，灵活调整科研方向，为实现碳中和而奋斗，在每一名共产党员的初心坚守中承载党的初心。作为一名青年党员应当不负韶华、砥砺前行，守护那赤诚之心并为此而拼搏。

新时代共产党员的自我修养

马克思主义学院　李永进

刘少奇《论共产党员的修养》是中国共产党建设史的一篇光辉著作。1939年7月，刘少奇在延安马列学院以“党员思想意识的修养”为题，先后给党员干部做了两次长篇演讲。演讲稿经过整理修改，分三期连载在党的机关刊物《解放》周刊上，并于同年11月出版了单行本。这篇在中国共产党建设史上占有重要地位的文章，创造性地提出了“共产党员的修养”的科学命题，系统分析了加强共产党员修养的必要性和意义，详细阐明了进行修养的标准和方法，大大推动了马克思主义政党建设理论的中国化。毛泽东称赞这篇文章“写得很好，提倡正气，反对邪气”，并将其列为后来整风学习的22个文件之一。学习和回顾刘少奇《论共产党员的修养》，以习近平新时代中国特色社会主义思想武装头脑，自觉按照新时代党的建设相关要求进行自我修养，对于进一步坚持和加强党的全面领导、保持党的纯洁性和战斗力，都具有重要的理论和现实意义。

一、“不忘初心、牢记使命”是新时代共产党员自我修养的鲜明问题意识

时代是出卷人，党是答卷人，人民是阅卷人。每个时期共产党员的自我修养，无不具有鲜明的问题意识，都要回应不同时代所面临的重大课题。80多年前，刘少奇写作《论共产党员的修养》的主要目的，就是为了加强党的思想建设，解决部分党员在组织上入了党而在思想上没有入党的现实问题。新时代共产党员的自我修养，也具有鲜明的问题意识，这就是如何进一步坚持和加强党的全面领导，解决党内存在的政治、思想、组织、作风等方面不纯的问题，使党成为始终走在时代前列、人民衷心拥护、勇于自我革命、经得起各种风浪考验、朝气蓬勃的马克思主义执政党。

党的十八大以来，世情、国情、党情继续发生复杂而深刻的变化，党面临“四大危险”和“四大考验”，党内思想不纯、政治不纯、组织不纯、作风不纯等问题尚未得到根本解决，这些都是新时代党的建设新的伟大工程所亟待解决的重大课题。因此，党的十九大提出要坚持党要管党、全面从严治党，以党的政治建设为统领，以坚定理想信念宗旨为根基，以调动全党积极性、主动性、创造性为着力点，全面推进党的政治建设、思想建设、组织建设、作风建设、纪律建设，始终保持党同人民群众的血肉联系。加强共产党员的自我修养，无疑是保持党的纯洁性和战斗力、推进新时代党的建设伟大工程的重要方式和关键环节。正在开展的“不忘初心、牢记使命”主题教育活动，便集中体现了新时代共产党员自我修养的问题导向、科学内涵、方式方法。

不忘初心、牢记使命，就是要求全体党员把为中国人民谋幸福、为中华民族谋复兴的初心使命，通过自我修养的方式内化于心、外化于行，时刻坚持革命精神，永远保持共产党人的革命本色。我们党执政70多年来所取得的巨大成就，举世瞩目、令人称道，但这绝不意味着我们便可以骄傲自满、安于现状、故步自封，甚至贪图享乐、脱离群众、丧失革命精神，陷入兴衰成败的“历史周期率”。正如习近平总书记指出的：“越是长期执政，越不能丢掉马克思主义执政党的本色，越不能忘记党的初心使命，越不能丧失革命精神。”在这次主题教育中，全体党员要围绕党的初心使命进行自我修养，使党在新时代继续保持纯洁性和战斗力，提升威信力和执政力，为实现两个一百年奋斗目标和中华民族伟大复兴的中国梦奠定坚实基础。

二、以习近平新时代中国特色社会主义思想统领新时代共产党员的自我修养

中国共产党是马克思主义为指导的政党，马克思主义是我们改造客观世界和主观世界的锐利思想武器。党的十八大以来，以习近平同志为核心的党中央，紧密结合新的时代条件和实践要求，进行艰辛理论探索，创立了习近平新时代中国特色社会主义思想，构建起21世纪马克思主义的最新理论形态。在当代中国，坚持习近平新时代中国特色社会主义思想，就是坚持了马克思主义的指导地位。因此，进行新时代共产党员的自我修养，就要自觉用

习近平新时代中国特色社会主义思想武装头脑，努力提升全体党员的政治修养、思想修养、组织修养、作风修养，增强“四个意识”，坚定“四个自信”，做到“两个维护”。

首先，努力提升党员的政治修养，推进党的政治建设。政治建设是党的根本性建设，决定党的建设的方向和效果，旗帜鲜明讲政治是我们党作为马克思主义政党的根本要求。新时代共产党员的政治修养，就是要坚决维护习近平同志党中央核心、全党核心的地位，坚决维护党中央权威和集中统一领导，坚定执行党的政治路线，严格遵守政治纪律和政治规矩，坚定政治意识、大局意识、核心意识、看齐意识，在政治立场、政治方向、政治原则、政治道路上同党中央保持高度一致。在全党培育和践行忠诚老实、公道正派、实事求是、清正廉洁的政治价值观，同宗派主义、圈子文化、码头文化做坚决斗争。

其次，努力提升党员的思想修养，推进党的思想建设。思想建设是党的基础性建设，党内存在的一些突出问题，从根源上说都是思想上的问题。刘少奇在《论共产党员的修养》中提出：“我们党员在思想意识上的修养，就是要自觉地以无产阶级的思想意识、共产主义的世界观，去克服和肃清各种不正确的非无产阶级的思想意识。”习近平总书记非常重视党的思想建设，强调“如果没有信念、没有理想，或者信念、理想不坚定，精神上就会‘缺钙’，就会得‘软骨病’”，因此必须拧紧思想的“总开关”。新时代共产党员的思想修养，就是要坚定对马克思主义的信仰，坚定对共产主义事业的信念，增强中国特色社会主义道路自信、理论自信、制度自信、文化自信，牢记全心全意为人民服务的根本宗旨，补足“精神之钙”。

再次，努力提升党员的组织修养，推进党的组织建设。党的力量来自组织，党的全面领导、党的全部工作要靠党的坚强组织体系去实现。新时代共产党员的组织修养，就是要坚决贯彻新时代党的组织路线，遵守组织原则，严肃组织生活，严明组织纪律，以“信念坚定、为民服务、勤政务实、敢于担当、清正廉洁”的好干部标准自我要求、自我规范，做忠诚干净担当的高素质干部，为坚持和加强党的全面领导、坚持和发展中国特色社会主义提供坚强组织保证。

最后，还要努力提升党员的作风修养，推进党的作风建设。作风建设是党的建设的永恒主题，始终贯穿于党领导革命、建设和改革的伟大实践之中。在长期的革命和建设实践中，我们党形成了理论联系实际、密切联系群众、批评与自我批评等优良作风。这是党的工人阶级先锋队性质和全心全意为人民服务宗旨的集中体现，也是中国共产党区别于其他政党的优秀品格。新时代提升党员的作风修养，就是要进一步坚守人民立场，保持党同人民群众的血肉联系，把以人民为中心的价值取向作为党员的最高道德要求，增进同人民群众的感情，把党的群众路线落到实处，永葆为民务实清廉的政治本色。

政治修养、思想修养、组织修养、作风修养，构成了新时代党员自我修养的主体框架和主要内容，其实质就是全党在习近平新时代中国特色社会主义思想指导下的自我净化、自我完善、自我革新、自我提高。全体党员要自觉按照十八大以来党中央关于党的建设一系列目标要求对标对表，不断增强“四个意识”、坚定“四个自信”、做到“两个维护”。

三、以持之以恒的精神加强新时代共产党员的自我修养

新时代党员的自我修养，是不忘初心、牢记使命、增强党的纯洁性和战斗力的重要途径。但是，自我修养的提升并不是一朝一夕、轻轻松松就可以完成的事业，需要抓铁留痕的政治魄力、刀刃向内的政治勇气、矢志不渝的政治信念、持之以恒的政治定力，下苦功夫，打持久战。

首先，坚持内化于心、外化于行地进行修养，做到身、心、灵的彻底净化。新时代党员的自我修养，既是推进新时代党的建设新的伟大工程的题中应有之义，也是提升个人修为、淬炼道德品格的重要法宝。中国古代知识分子在进行修养时，讲究“吾日三省吾身”，也就是经常性地进行自我检讨，发现问题，改正问题。新时代党员的自我修养，也应该时时自我反省，不断自我否定，及时准确找到差距，不折不扣狠抓落实，出真招、动真格，勇于刮骨疗毒，敢于向自己“动刀子”，做到自警、自重、自省、自砺。

其次，坚持全面系统地进行自我修养，做到持之以恒、善始善终。新时代党员的自我修养，是一个长期艰巨的过程和全面系统的工程。不能只在一段时期进行修养，一段时期后便懈怠松弛下来；也不能“单打一”“只见树木不见森林”，仅进行一方面的修养，而不注重其他方面的修养。要全面推

进、协同发展党员的政治修养、思想修养、组织修养、作风修养，形成四位一体的修养体系和修为格局。这种修养不仅需要体现在“三会一课”等组织生活中，也应贯穿于社会生活和家庭生活的方方面面。从日常的小事小节做起，培养健康的生活情趣和高尚的道德情操。尤其要注重刘少奇倡导的“慎独”品格的培养，也就是在独立工作、无人监督时，同样能够坚持党性原则，坚守纪律道德，做到台上台下一个样、人前人后一个样，不做“两面人”，不搞“两面派”。

最后，坚持理论与实践相联系地进行自我修养，做到学思用贯通，知信行统一。刘少奇在《论共产党员的修养》中特别强调理论学习和革命实践的紧密关系，要求党员“在学习马克思列宁主义理论的过程中改造自己，锻炼自己的无产阶级思想意识”，同时“不能脱离革命的实践，不能脱离广大劳动群众的，特别是无产阶级群众的实际革命运动”。新时代党员自我修养同样如此。党的十八大以来，以习近平同志为核心的党中央高度重视理论学习，要求党员干部读原著、学原文、悟原理，筑牢坚实的理论基础，同时把理论学习与生动的社会实践紧密联系起来。要深入学习贯彻习近平新时代中国特色社会主义思想的立场、观点、方法，把党中央的大政方针学深悟透、融会贯通，用以分析和解决党领导人民进行伟大社会革命过程中的各种现实问题，以新时代革命者的昂扬姿态完成中华民族伟大复兴的千秋大业。

党员垂范，用心做好学前教育

附属小学直属党支部　沈　红

“教育兴则国家兴，教育强则国家强。”党的十八大以来，以习近平同志为核心的党中央高度重视教育事业，做出了优先发展教育事业的重大部署，提出了“教育是国之大计、党之大计”的重要论断。教育是培养人的事业，是面向未来的基础工程，而学前教育是终身学习的开端，是国民教育体系的重要组成部分，办好学前教育、实现幼有所育，是我们每个学前教育工作者应肩负的历史使命。

在校党委及附小党支部的领导下，幼儿园党小组始终将“一切为了孩子的健康成长”作为工作的信念，努力发挥一个党员一面旗的先锋模范作用，在学前教育的道路上努力践行共产党员的责任与义务。

一、以德为先，营造育人环境

“国无德不兴，人无德不立”，教育是立德树人的事业。党的十八以来，习近平总书记多次强调要坚持把立德树人作为根本任务，培养德智体美劳全面发展的社会主义建设者和接班人。幼儿园在办园过程中，努力践行立德树人的根本任务，以党员带领群众，建立“尚德、敬业、乐学、互助”的团队文化，重视营造“师德为先，敬业爱岗”的精神文化氛围，党员做表率，开展“党员讲堂”，讲政治、学理论、钻业务、比奉献，争先创优发挥作用；支委每月组织开展专题师德教育，通过学习法律法规、行为规范、专业准则、案例教育、满意度调查、师德评价等，强化师德建设，引导全园教职工向优秀党员学习，向身边的先进人物学习，积极营造团结进取、健康向上的精神氛围；树立“师德来自专业”的理念，引导教师以专业方式建立师幼和谐关系；将幼儿园人文环境作为促进幼儿健康快乐成长的教育力量。

在教育过程中，将“德育”渗透于幼儿的养成教育中，通过每学期开展

“爱国主题”教育、“中国传统节日”系列教育活动，每月的相关主题环境创设，每周唱国歌、升国旗仪式，每日学会使用礼貌用语、学习与同伴的友好相处、学会宽容、学会感恩、学会劳动、学会自主、懂得遵守规则等，从每天做起、从点滴启蒙入手，将爱国主义情怀从小根植于心，让中华传统文化及优良品质潜移默化德润于心，形成良好的行为品质，让幼儿在幼儿园积极健康的育人环境中成长进步。

二、修炼内功，提升专业素养

习近平总书记曾多次强调，教师要努力成为“有理想信念、有道德情操、有扎实学识、有仁爱之心”的好老师，要使教师成为“最受社会尊重的职业”。教师队伍的建设与发展，关系着教育质量的提升，教师队伍素质的提高维系着每个孩子的健康、快乐、和谐的发展。

新时代教师队伍建设，需要党员发挥专业引领作用，建立学习共同体，将“终身学习”理念带头付诸教育行动中。由于日常工作繁忙，孩子离不开教师的陪伴，我们就利用午休时间组织集体学习交流、利用双休日开展线上课程培训、利用寒暑假进行各类专业研修；从园长到教职工、从部门到班组、从园本到区域的各类研修，从集体培训到教师自主学习工作坊的开展，形式多样、不断的学习成为我们提升专业认识、促进专业能力成长、促进工作质量的主旋律。党员骨干在推进幼儿园教师队伍建设的进程中，不仅自身带头学、还坚持落实“帮扶机制”，有的党员利用自身的专业优势，带领年轻教师学习信息化技术在教学中的运用技能，为孩子们创设出新颖生动的电子教育资源；有的党员骨干指导年轻教师打磨教学活动，帮助教师在“一课三研”实践中，不断以“儿童发展视角”提升专业认识；有的党员对新任班长，热心分享班级管理经验，指导新手尽快适应新的岗位要求，规范做好本职工作。园长带领全园教师开展读书与教育分享，引领幼儿园课程建设，不断运用“问题探究式”指导策略，引发教师将理论与实践结合，通过观察与实践，在发现问题、研究解决问题的过程中，推进教师的课程实施能力。

我们“以师为本”，深化探究师资建设创新管理，尊重教师个性特点，支持教师开展自主化、个性化学习工作坊，建立了9个工作坊，项目内容涉及环境创设、师幼互动、家园工作、生活教育、领域课程开展等方面，既丰富了研修内容，又在富有个性化的研修中，自主结伴，相辅相长；党员骨干适时参与，答疑解惑，支持教师的个性化研修不断深入。“自主学习工作坊”的研修形式调动了教师们自觉参与学习的兴趣，发挥了教师自我成长的能动性，使学习、实践、研究与探索成为自觉行为，为教师的自我成长搭建了平台，为自觉提升专业素养创造了条件。

三、守护健康，培育发展幼苗

健康是促进人的全面发展的必然要求，“保障幼儿的健康安全”始终是我们做好学前教育的首要任务，在“创建健康安全乐园，培育健康发展幼苗——为孩子的终身发展奠基”的办园理念指导下，我园党员干部时刻将幼儿的健康安全放在心中，在幼儿园建立以党员为主的安全工作领导小组，全面落实各部门、各环节安全管理，建立了系统的“安全管理档案”，设置了“日常安全管理台账”，落实每月两次的安全拉网排查、班级安全管理日志；全园围绕幼儿的健康组织班级开展卫生保健及防病工作，每学期开展“爱牙、护眼活动”，将幼儿的健康指标作为健康工作质量评价依据；创设安全教育环境，每月对幼儿开展“安全主题教育”，帮助幼儿学习建立安全自护能力，我园安全管理工作受到大学表彰；严格规范食品安全管理，党员履行关键岗职责，严把幼儿健康膳食关，我园食品安全管理一直保持全区教育系统名列前茅的好成绩，为幼儿的健康成长创造了安全保障。

当举国打响新型冠状病毒感染的肺炎疫情防控战役的时刻，幼儿园党员坚决贯彻落实习近平总书记关于打赢疫情防控阻击战的重要指示精神和党中央决策部署，认真落实市教委工作要求，成立以党员骨干为主的疫情防控工作领导小组，牢固树立“四个意识”。园长切实履行第一责任人职责，靠前指挥，带领班子成员身先士卒，强化责任担当，及时应对、协调，确定防控工作目标方案，共同推进全园疫情防控各项工作的落实开展。党组织充分发挥桥梁作用，与群众保持联络，每日了解教职工健康情况，细致做好防控宣传，及时发布重要通知、文件、规定要求，部署防控方案，全面构筑群防群治的严密防线。班组党员干部严格做好全园幼儿、家长健康排查，认真按时完成上报，努力为全社会防控工作做出应有的贡献。党员业务骨干发挥专业引领作用，建立非常时期线上教育研讨，指导教师开展线上家庭教育，在党员业务骨干的带领下，教师们停岗不停工作，用丰富的活动传递着真诚与努力，用付出与关爱带给了居家孩子及家长们精神力量，家园携手共同守护幼儿的健康，精心呵护、培养幼儿身心健康成长。

四、以幼为本，创新教育实践

习近平总书记强调，“教师要做教育改革的奋进者，广大教师要牢固树立改革创新的意识，踊跃投身教育创新实践”。在深化教育改革，以人才素质培养为目标的学前教育实践中，我们落实《幼儿园教育指导纲要》《3～6岁儿童学习与发展指南》的精神，以幼儿的全面发展为本，在利用一日生活开展生活化、游戏化、情景化教育的基础上，整合“五大领域”开展主题教育，开展注意力、逻辑思维能力培养特色课程，创新开展健康教育特色课程建设。党员作为幼儿园教育骨干，建立核心教研团队，与教师共同开展课程研究，观察、了解幼儿个性特点，尊重幼儿多样化学习方式，为幼儿创设适宜的教育环境、提供丰富的教育资源，运用探究式提问策略支持幼儿的深度学习。在研究师幼有效互动中，开展课程创新实践，建构“生命教育、阳光活动、绿色成长”体系的课程内容，教师努力成为幼儿学习活动的支持者、合作者、引导者。教师们在核心团队的带领下，不断获得创新成果，在我园参与区教委组织的教育实践征文中，有23篇文章分别获得一、二、三等奖；在《学前教育》杂志与中国保教协会组织的教育征文中，6篇文章分别获得一、二等奖；积累了小、中、大年龄班的创新主题教育案例、视频活动资料、主题教育环境方案及教育反思等。教师 “以幼儿为本”的创新教育实践，为幼儿的综合素质培养奠定了良好的基础，对我园的教育质量提升起到了促进作用。

党员在幼儿园各项工作中所发挥的作用，也不断影响着周围的群众，每学期幼儿园都会涌现出进步突出的教职工，受到幼儿园的表彰奖励，党员的影响力也使更多青年积极要求进步，渴望向党组织靠拢，以党员为标准，以先进为榜样，在幼教工作中勤勉、敬业、奉献，在学前教育的道路上执着前行，与孩子们共同成长、蜕变。

在庆祝建党百年之际，我们将继续怀着对党的教育事业的赤诚之心，继续修炼内功，提升能力，与时俱进，用心做好学前教育，为国家未来人才的培养做出应有的贡献。

感悟初心篇

高校肩负着为党育人、为国育才的职责使命。“加强党对高校的领导，加强和改进高校党的建设，是办好中国特色社会主义大学的根本保证。”习近平总书记为加强高校党建工作指明了方向。北理工教职工党员在人才培养、科学研究、服务社会中始终以坚持“党的事业就是我们的奋斗方向”，“延安根，军工魂”是前进路上的动力源泉。

参观南湖革命纪念馆　讲好党的初心故事

马克思主义学院　杨才林

2019年暑假，教育部组织了高校思政课骨干教师研修班，我被学校党委推荐至嘉兴学院研修班。此前我从未去过嘉兴，这次机会难得，因为实践教学中有参观南湖革命纪念馆的安排，可以进一步了解中国共产党诞生的故事和红船精神的内涵。参观之后，感触颇深。

其作始也简，其将毕也必巨。出发前夜，我重新观看了2017年10月31日习近平总书记带领十九届中共中央政治局常委专程瞻仰中共一大会址和嘉兴红船的新闻报道，再次领略了新一代领导集体“不忘初心、牢记使命”的高瞻远瞩。2019年7月8日，我抱着崇圣的心情，和学员们一起参观了南湖革命纪念馆。远远看到宏大的纪念馆，门楣上镶嵌着邓小平题写的“南湖革命纪念馆”7个金色大字，整座建筑庄重大气，四周有56根檐柱，形象烘托出“中国共产党是中国工人阶级先锋队，是中国人民和中华民族的先锋队，同时也是中国特色社会主义事业领导核心”的深刻寓意。1921年，平均年龄为28岁的13个中共代表和2个共产国际代表，先是在近代中国第一工商业大城市上海的法租界贝勒路树德里3号开会，因有法国巡捕搜查，会议被迫终止，后来转至人文荟萃的江南盛景嘉兴南湖，在一艘红船上以“游览”为名掩护开会。谁曾料到，就这样诞生了日后狂飙突进深刻书写中国历史、深刻改变中国命运、深刻影响世界格局的中国共产党。一艘小船，诞生一个大党，正应了“其作始也简，其将毕也必巨”的深刻哲理。

为什么100年前一个50多人的小党能够由小变大、由弱到强，发展到今天成为突破9 000万人的世界第一大党？为什么中国共产党能够领导和团结中国人民建立新中国，能够使中国今天成为世界第二大经济体，能够使中国从世界的边缘走近舞台的中央？一句话，为什么中国共产党“能”？抚今追昔，遥忆当年，中共一大党纲就明确昭示了“为人民谋幸福、为民族谋复兴”的初心。100年来的奋斗历程清晰地表明，中国共产党从根本上有别于其他政党，不谋一党之私利，不图一时之短见，是代表人民的根本利益的党，是代表民族整体利益的党，一张蓝图绘到底，一代接着一代干，从未偏离南湖起航的方向。

信仰的味道，信仰的力量。南湖纪念馆内有一个角落专门用铜雕的形式重现陈望道在分水塘柴屋内翻译《共产党宣言》的场景，题名“信仰的味道”。通过习近平总书记生动的讲述和新华社融媒体的广泛传播，陈望道翻译《共产党宣言》时拿着粽子蘸墨吃的故事传遍中国。为什么马克思主义“行”？因为马克思主义是真理，真理的味道是甜的。看着纪念墙上一张张黑白照片、一张张年轻俊朗的脸庞，虽然时空相隔百年，依然可以看得出他们坚毅的目光。掠过发黄纸张上的一段段文字，依然可以感受到他们滚烫的革命热情。他们目睹时艰、目睹中国百姓的苦难、目睹帝国主义的张狂，他们——中国共产党党员，“铁肩担道义，妙手著文章”，发誓要“拯救斯民于水火，切扶大厦之将倾”，发誓要通过社会主义、共产主义使中国臻于世界强国之列。风卷云急，大浪淘沙，中共一大的13名代表随着时代的跌宕起伏，各自的命运曲折沉浮，其结果令后人感叹亦唏嘘。在他们当中，有的意志消沉离开了革命队伍，有的中途脱党后又加入，有的为革命积劳成疾英年早逝，有的被凶残的敌人杀害，有的背叛革命走到了人民的对立面。只有毛泽东、董必武两人，“行无愧作心常坦，身处艰难气若虹”，从嘉兴南湖一直走到了开国大典。信仰很难，坚定信仰更难，这段“初心”的历史充分彰显了信仰的力量，“遵从马列无不胜，深信前途会伐柯”。

不忘初心、牢记使命。2021年是中国共产党建党100周年，回顾我们党百年奋斗的历史，就是为使命而生，初心不改，一路从攻坚克难中走来，在领导社会革命的同时，不断进行自我革命，百年大党才有了今天的风华正茂。无奋斗，不青春，我从一个西北小县城的中专生，拼搏到首都高校工作，奋斗的基因渗透在我的个性和成长历程中。儒家经典教诲我们：“天行健，君子当自强不息；地势坤，君子当厚德载物。”中国共产党的党章也明确要求我们，为共产主义奋斗终身。作为一个党龄26年的党员、高校教龄14年的思政课教师，我正处于青壮年时期，依然要继续奋斗，与祖国共奋进，与学校共发展。我在讲述中国近现代史、传播马克思主义大道、教育培养学生的同时，也在不断地自我充电、不断地自我修炼。前途是光明的，道路是曲折的。我受挫、我奋起、我收获、我释然，心有多大，舞台就有多大。不畏浮云遮望眼，不为暗流所涌动；幸有艰难能炼骨，依然白发老书生。哲人有言，大事难事看担当，逆境顺境看襟怀，临喜临怒看涵养，群行群止看识见，这些哲理给予我极强的人生启示。2019年7月1日，是中国共产党成立98周年纪念日，也是我被学校评为优秀共产党员受到表彰的一天，因而有特殊的纪念意义。能获此殊荣，是我在北理持续拼搏奉献的结果，是量的不断积累，实现的一次质的飞跃。我作为全校教师优秀党员代表发言，主题是“不忘初心、牢记使命，满足北理学子的思想期待”。我在感受荣光的同时，听到各学院各部门优秀党员拼搏奋斗的先进事迹，不啻受了一次深刻的党性教育。相隔两周之后的这次暑期研修，又是一次绝佳的主题教育，让教育者先受教育，让有信仰的人讲信仰。

弘扬红船精神，走在时代前列。我年少轻狂时，非常不解中国共产党宏大历史进程的深刻意蕴，压根不懂中国共产党优秀党员的本色担当。经过多年所受的历史教育和党性教育，也经过多年的党史教学与研究，我才逐渐揣摩出其中的要义。如今，通过南湖革命纪念馆的现场学习，再次极大地增强了我的历史代入感。仔细研读2005年6月21日习近平同志在《光明日报》上发表的文章《弘扬“红船精神” 走在时代前列》，我深深地理解了红船精神的内涵，即开天辟地、敢为人先的首创精神，坚定理想、百折不挠的奋斗精神，立党为公、忠诚为民的奉献精神。“红船精神”集中体现了中国共产党建党时期的精神，与后来形成的井冈山精神、苏区精神、长征精神、延安精神、抗战精神、西柏坡精神、大庆精神、雷锋精神、焦裕禄精神、“两弹一星”精神、红旗渠精神、载人航天精神、新时代“北斗”精神、新时代抗疫精神、“探月”精神等，一起构成了中国共产党强大的精神谱系，鼓舞着每一个优秀的中华儿女接续奋斗。2019年3月18日，习近平总书记在全国思政课教师代表座谈会上指出，办好思政课的关键是要发挥思政课教师的积极性、主动性、创造性，而思政课教师要发挥好这个“关键”作用，必须做到“六要”，即“政治要强、情怀要深、思维要新、视野要广、自律要严、人格要正”。所以，思政课教师“弘扬红船精神，走在时代前列”，就是要旗帜鲜明地贯彻“六要”，理直气壮地开好“高校第一课”。

党中央如此重视大学生思想政治教育工作，就是期望我们教师全面贯彻党的教育方针，解决好培养什么人、怎样培养人、为谁培养人这个根本问题，用习近平新时代中国特色社会主义思想武装培养担当民族复兴伟业的时代新人。我由此深深地感到作为一个党员的责任和思政课教师的使命。我们实践研修之后，再加文献研究，继续做足功课，不但要讲好党的初心故事，而且要讲好中华民族伟大复兴的故事，讲好中国人民从站起来、富起来到强起来的故事。以学术讲政治，以史实讲道理，彻底讲清楚中国共产党为什么能、马克思主义为什么行、中国特色社会主义为什么好等基本问题，从而引导学生增强中国特色社会主义“四个自信”和“党史自信”，厚植他们的爱党、爱国、爱社会主义的情怀，引导他们把爱国情、强国志融入报国行动中。唯其如此，我们才能不负党和人民的殷切期望，书写时代的华章。

在奋斗中传承和捍卫初心使命

机械与车辆学院　吴　钦

2020年是“十三五”规划收官之年，也是新中国历史上极不平凡的一年。北京理工大学作为中国共产党创办的第一所理工科大学，始终与党和国家同呼吸、共命运。八十载延安精神薪火相传，八十载与祖国共奋进弦歌不辍。对标国家“两个一百年”奋斗目标，正全力朝着中国特色世界一流大学的建设目标迈进。

一、不忘初心、牢记使命

80年来，一代代北理人铭记“德以明理，学以精工”的校训，形成了踏实严谨的学风和治学态度。一代代北理工人走向社会，进入各个行业，成为国家栋梁。如今中国发展迈入新的历史阶段，中国特色社会主义进入了新时代。这要求我们牢记中国共产党人的初心和使命，牢记北理工的校训，时刻牢记全心全意为人民服务的宗旨，永不脱离群众、漠视群众，肩负起中华民族伟大复兴的历史使命，在艰难险阻面前，积极主动勇挑重担。

作为一名年轻的教职工党员，在这样一所“红色国防工程师的摇篮”里，有国家最高科学技术奖获得者王小谟院士、我国第一艘核潜艇总设计师彭士禄院士，他们都是我身边的榜样。尽管当下的我能解决的问题还很有限，但针对空化条件下弹性水翼结构的稳定性问题研究，可以为我国水力机械与海洋工程装备的研制和运行安全提供理论和方法支撑；针对空化载荷作用下复合材料水翼的流激振动特性研究，可以解决困扰船舶与海洋工程行业发展的振动和噪声等问题并进一步为提升能源利用效率提供全新的契机；针对空化流动基础性实验技术、建模方法和机理分析的研究成果，更是直接应用于我国某型水下发射型号“故障归零”与“新发射方案的确定”的研究过程中。这便是我的初心使命。作为北理工的一分子，学校始终与党和国家同呼吸共命运，而我也要在这一过程中，坚持瞄准国家重大战略需求和世界科技发展前沿，锐意进取，在奋斗中传承和捍卫初心使命，在新时代继续砥砺前行。

二、脚踏实地，砥砺向前

张军校长多次提到学校不能有保守思想，要想成为世界一流大学，就得有敢为天下先的改革精神。无论是学校层面还是教师和学生自身，都应该摒弃固有思维，跳出舒适区，勇于开拓新的领域。我们应当自觉将个人理想追求融入时代使命当中，用实干赢得实绩，用实绩标注担当，在本职岗位建功立业，在不懈奋斗中实现自我，在创新创造中为党和国家事业贡献力量。

近年来，我们提出将碳纤维增强树脂基复合材料应用于水力机械领域，以期解决长期制约其进一步发展的安全运行和寿命损耗问题。这一概念的提出颠覆了以往水动力设计与材料无关的设计概念，在科学层面上涉及复合材料力学、水动力学和水力机械等多学科的交叉，这种学科交叉给我们带来了前所未有的新方法和新理论，也是学科前沿极具挑战性的难点问题。面对种种困难，我们通过广泛的国际国内调研、招收多学科研究生、定期讨论等多种形式，努力克服国外知识封锁、国内研究有限的困难，积极联系相关工程单位，下到车间、试验外场进行调研。我们相信当下只有在基础科研上迈出一小步，将来才可能在工程实践、国防科技领域迈出一大步。路漫漫其修远兮，我们要做新时代的奋斗者，牢记嘱托，为我校扎根中国大地建设世界一流大学，为实现“两个一百年”的宏伟目标和中华民族伟大复兴的中国梦贡献自己的一份力。

三、教学科研，协同育人

习近平总书记指出，科学技术是第一生产力，创新是引领发展的第一动力。当前，全球新一轮科技革命孕育兴起，正在深刻影响世界发展格局，深刻改变人类生产生活方式。加强科技产业界和社会各界的协同创新，是让科技发展为人类社会进步发挥更大作用的重要途径。梁启超说过，“少年强，则国强”，未来属于年轻人，未来需要有志之士、栋梁之材肩负。十年树木，百年树人。一位年轻学子的成长，既需要自身努力，更需要教育培养。

随着高校“双一流”的建设逐步推进，传统的人才培养质量已不能满足“双一流”建设对人才培养的要求，培养不同于传统型人才的拔尖创新型人才是“双一流”建设的重要任务。作为教师队伍中的一员，我们要勇于成为科学和教育的开拓者，在教学和科研上动脑筋、下功夫。通过理论学习、经验交流讨论以及教学实践，以课题组王国玉老师获批国家精品在线课程为契机，践行线上线下混合式教学模式，充分利用并有效结合网上MOOC教学与传统课堂教学的优势，突出学生自主学习的特点，将授课过程分为课前自行学习、课中答疑解惑和课后训练提高三个阶段，从而有效激发学生的学习兴趣，深度挖掘学生的学习潜能。

四、教学思政，同向同行

习近平总书记在学校思想政治理论课教师座谈会上强调：“我们办中国特色社会主义教育，就是要理直气壮开好思政课，用新时代中国特色社会主义思想铸魂育人，要坚持理论性和实践性相统一，用科学理论培养人，重视思政课的实践性。”作为一名青年教师，我们将努力构建全员、全程、全课程育人格局的形式，将立德树人作为教育根本任务，使基于新工科背景的流体力学课程与思想政治理论课同向同行，在学生的家国情怀、专业基础、综合素质、创新思维培养上做贡献，注重引用中国优秀传统文化、革命文化和社会主义先进文化，在教学中注重选择相关专业领域的杰出人物和取得的伟大成就，为学生提供兼有价值塑造、能力培养、知识传授功能的优质教学资源，实现知识传授与价值观引导的同频共振。

歌声伴我成长

资产经营公司　齐桂英

“没有共产党就没有新中国……共产党辛劳为民族，共产党他一心救中国，……他领导中国走向光明……”伴随着激昂的歌声，伟大光荣的中国共产党走过了100年的灿烂辉煌，100年的风雨兼程，100年的矢志不渝，100年的前仆后继，100年的沧桑巨变。伟大的中国共产党创造了东方奇迹——中国人民站起来了，中国人民富起来了，中国人民强起来了！岁月如歌，中华大地同心筑梦；时光荏苒，炎黄子孙风雨同行。歌声唱出了豪情，歌声激发了动力，歌声催人奋进，歌声伴我成长，在这响遏行云的歌声中，也留下了我成长的足迹。

“妈妈教我一首歌，没有共产党就没有新中国……我唱妈妈教的歌，没有共产党就没有新中国。这支歌从我的心上飞起，这支歌鼓舞我建设新生活……这支歌世世代代永不落……”伴随脍炙人口的旋律，我怀揣着梦想和希望走上工作岗位，成为一名幼儿教师，将在这里谱写人生新的篇章。我秉承着对幼教事业的执着和热爱，践行初心，坚守在幼儿教育的岗位上，在春色满园中体验孩子们带给我的快乐与幸福、梦想与希望。我逐渐成长起来，成为领导放心、家长满意、孩子们喜欢的老师，在这平凡的岗位上实现了自身的价值。歌声陪伴我成长，从稚嫩变得成熟，耳濡目染中，党如明灯引领我勇往直前，我在党的呵护下成长，是党教会了我如何树立正确的人生观、价值观，是党教会了我如何真正全心全意为人民服务……经过党组织的教育培养，我对党有了更深刻的认识，业务水平也逐渐提高，对党向往的种子已开始萌芽、成长，我郑重地向党组织递交了入党申请书，坚决听党的话，永远跟党走，就像歌中唱的那样，去建设新生活，愿意为实现共产主义崇高理想殚精竭虑。

“党啊，亲爱的党啊！你就像妈妈一样把我培养大，教育我爱祖国，鼓励我学文化……你的形象多么崇高伟大！党啊党啊，亲爱的党啊！你就是我最亲爱的妈妈……”伴随经久不衰的歌声，我更加体会到用真心、耐心和恒心去爱孩子的重要性，我感受着孩子们带给我的幸福和感动，发现了童贞的天真无邪，感触到童心的美丽可爱，欣赏到童年的快乐向上！孩子们给了我前进的动力，在感动中成就了梦想。我成为一名合格的幼儿教师，成为能独当一面的业务骨干，成为家长满意的老师，成为海淀区教育系统优秀教师！歌声激励我成长，让我从懵懂变得自信。我在党的关爱下成长，终于迈进了梦寐以求的党组织的大门，成为一名光荣的共产党员。党的谆谆教导，使我读懂了“砍头不要紧，只要主义真”的从容与坚决；读懂了“救亡曾断指，入党在危时”的崇高信念，亲爱的党就像妈妈一样给了我前行的信心，使我心中始终点燃一盏明灯，对人宽容，对己克制，对物爱惜，对事尽责 ；使我心中始终燃烧一股激情，于无声处，创造自我价值，为了祖国的幼教事业去托起明天的太阳！

“共产党好，共产党亲，共产党是咱的带路人……党是雨露咱是花，雨露滋润满园春……共产党处处为人民……党和人民心相连，雨水相依不离分……”伴随沁人心脾的旋律，我离开幼儿园，进入新的角色，新的岗位、新的起点。教室部的每一项工作我都要亲力亲为，放弃休息的时间，坚守在岗位上，保证教学、考试及活动的顺利进行，为教学科研的正常进行贡献自己的一份力量。歌声见证我成长，从悠然变得勤奋。是党给了我坚定的信仰，我在党的教育下成长， 她激励我积极向上，不忘初心，坚定不移跟党走，无怨亦无悔！她催我成长，催我跋涉，催我奋进，助我成就了自身价值，我所负责的教室部被评为校级“三育人”先进集体，中心教学楼被评为北京高校物业管理先进单体建筑项目，信息楼、研教楼通过了标准化教学楼的验收；我被授予党员示范岗称号，被评为校级“三育人”先进个人，北京高校后勤物业工作先进个人。

“我们走在大路上，意气风发斗志昂扬，共产党领导革命队伍，披荆斩棘奔向前方……向前进，向前进，革命气势不可阻挡……我们献身这壮丽的事业，无限幸福无限荣光……向前进，向前进，朝着胜利的方向……”伴随慷慨激昂的歌曲，曾经青春年少的我已是年过五旬的老后勤人，秉承“三服务两育人”的服务宗旨，在平凡的工作中，坚守梦想和希望，坚守初心，始终以强烈的责任意识，严谨的工作作风，精湛的专业技能，为师生员工提供高效优质的后勤保障服务，为学校创建“双一流”大学助力。歌声鞭策我成长，从柔弱变得坚强。

“我们唱着东方红，当家做主站起来，我们讲着春天的故事，改革开放富起来。继往开来的引路人，带领我们走进新时代，高举旗帜开创未来……”伴随激动人心、万人和鸣的歌声，伟大的祖国发生了翻天覆地的变化。100年来，从艰苦卓绝的革命岁月，到热火朝天的建设年代，到繁荣发展的改革时期，中国共产党砥砺前行，践行初心使命，勇往直前，阔首迈出新时代的步伐，在未来的征程中，唱响最强的中国梦之歌。

岁月如歌，回味历史，忆往昔峥嵘岁月稠；人生如歌，展望明天，永远跟党走。歌声唱出了气节，歌声催生了精神，歌声催人奋进，歌声伴我成长。这薪火相传的歌声，也见证了我成长的足迹！

一名普通党员的不平凡故事

人文与社会科学学院　刘伟光

我是北京理工大学的一名普通的教职工党员，2017年2月，响应党中央和学校党委号召，到山西省方山县桥沟村挂职担任第一书记，开启了一段不平凡的经历。

一、我与桥沟村的那段情缘

桥沟村是吕梁山上典型的贫困村，全村共有126户303人，贫困户41户127人，外出务工和本地耕作是村民群众的主要收入来源。初到桥沟村，对于懵懂的我，一切都感到新鲜好奇，此时全村贫困户仅有2户5人脱贫，村集体经济一直为零。随着时间的推移，我渐渐听懂了乡亲们的方言，熟悉了村里的环境，找到了帮助桥沟村脱贫摘帽的措施方法。

桥沟村的致贫原因主要是因学致贫、因病致贫和产业致贫。结合习近平总书记在2015年11月举行的中央扶贫开发工作会议上提出的“五个一批”工程，在学校党委和县镇两级党委、政府的指导下，我最终确定了桥沟村“以加强基层党建为核心，以发展壮大集体经济、改变村民群众落后的思想状态、强化农村基础教育、改善村内人居环境为驱动，打造‘北理–桥沟’扶贫快车”的脱贫攻坚工作思路。经过28个月的努力，桥沟村依托上级各类扶贫政策和学校的全力帮扶，党建工作质量明显提升，农村党员的党性意识显著增强；利用后沟新开垦的土地种植4 000余株果树，养殖3 000余只蛋鸡，建成“林畜结合”综合性采摘果园，实现集体经济破零；制定《桥沟村集体经济收益分配办法》和《桥沟文明先锋鼓励办法》，促使村民群众主动致富、主动学技的意识越来越强；利用废弃的成龙小学建成方山北理工暑期学校，引导中小学生树立远大的理想，增强主动学习的意识；建立数字化图书室、卫生室、乡村e站和村民活动广场，开设日间照料中心，大幅提升了村民群众的生活品质和幸福感。2017年年底，桥沟村38户120人贫困人口收入超过贫困人口收入标准，村集体基础设施建设达到脱贫要求，经过县脱贫攻坚领导小组审核，整村实现脱贫摘帽；2018年年底，桥沟村全部剩余贫困人口脱贫，并跟随全县一同通过“国考”验收。

在桥沟村工作的28个月，让我深深感受到，中国共产党是为中国人民谋幸福、为中华民族谋复兴的党，是全心全意为人民服务的党，坚持以人民为中心，没有自身的特殊利益。在脱贫攻坚这场伟大的战役中，中国共产党人上下一心，牢记使命，前赴后继，无私奉献，带领中国人民向着全面小康的目标奋勇前进，取得了举世瞩目的辉煌成就，创造了让世界惊叹的中国奇迹。自己作为一名普通的基层共产党员，要牢固树立“四个意识”，坚定“四个自信”，主动践行“两个维护”，深学笃用习近平新时代中国特色社会主义思想，将个人的理想、追求与国家的发展、民族的富强紧密结合在一起，在平凡的工作岗位上为祖国的建设事业贡献力量。

二、我与我的标语车队

从桥沟村扶贫归来，经学校统一安排，我到了学校“庆祝中华人民共和国成立70周年”专项工作组工作，并担任“庆祝中华人民共和国成立70周年”活动群众游行第12方阵标语车车长。标语车队是群众游行方阵里面特殊的一环，一方面要与整个方阵保持一致，服从方阵行进指挥长的指挥；另一方面出行、休息、饮食等后勤工作基本独立，且行进过程中不能像方阵内的群众一样“自由、欢愉、生动、活泼”，要分别在1分钟之内完成14辆的拼接和拆分，整齐划一地推过天安门广场。标语车每辆车重200～300千克，车长2～4米不等，有4个轮子，14辆车连接起来总长度超过36米，拼接误差不能超过1厘米，直线行进、转弯需要统一指挥、所有推车人员共同配合，难度极大。在学校和各级指挥部的指导下，经过多次合练，国庆节当天，我和37名标语车队员共同将载有“坚持‘三个代表’重要思想”标语的标语车成功推过天安门广场，并顺利完成了标语车拼接、拆分和整体转弯等关键环节，为祖国和人民交上了一份满意的答卷。在通过天安门广场中央时，全体38名标语车队员没有1人看向主席台。在中央电视台的电视转播中，群众游行第12方阵标语车获得了5个标语车之中最长时间的特写镜头，达到19秒。

参与国庆70周年庆祝活动，让我深切地感受到作为一名共产党员和一名中国人的自豪与骄傲。中国共产党自1921年成立以后，紧紧依靠人民，带领人民推翻了帝国主义、封建主义、官僚资本主义的反动统治，建立了中华人民共和国，彻底改变了近代以来中华民族积贫积弱、落后挨打的悲惨命运。改革开放以来，中国共产党带领中国人民以经济建设为中心，大力发展生产力，仅用几十年时间走完了发达国家几百年走过的工业化历程，取得国家建设和发展的重大成就，实现了从站起来到富起来的伟大飞跃，创造了让世界惊叹的“中国奇迹”。党的十八大以来，以习近平同志为核心的党中央带领人民解决了许多长期想解决而没有解决的难题，办成了许多过去想办而没有办成的大事，推动党和国家事业发生了历史性变革，取得了历史性成就，中华民族伟大复兴展现出前所未有的光明前景。作为基层党员教师，自己要进一步坚定共产主义理想信念，主动加强学习，努力提升自身理论水平，引导自己的学生拥护党的领导，树立远大理想，开拓创新，锐意进取，为社会主义现代化祖国的建设做贡献。

三、新冠肺炎疫情抗击中的我

2020年，是不平凡的一年，一场突如其来的新冠肺炎疫情，给我们的经济社会造成巨大损失，给我们的生活造成了诸多不便。本次新冠肺炎疫情暴发后，以习近平同志为核心的党中央及时果断地发出指示，强调要始终把人民群众生命安全和身体健康放在第一位，坚决遏制疫情蔓延势头，并审时度势、综合研判，集中全社会的力量，迅速制定疫情防控策略。各级党委、政府和人民在党中央的领导下全力以赴抗击疫情，坚持全国一盘棋，全面部署，快速反应，同舟共济，科学防控。在中央的领导下和全体人民共同努力下，全国疫情防控形势得到稳定，疫苗研制工作稳步推进，中国的疫情防控工作也得到世界各国的关注、赞誉和支持。本次新冠肺炎疫情防控，使我真切地体会到我国国家制度和国家治理体系的优势，中国共产党“执政为民”的理念和无比强大的领导能力。面对新时代的大学生，作为思政工作者的我要发扬螺丝钉精神，踏踏实实做好自身的本职工作，让更多的学生深刻理解中国特色社会主义的制度优势，深刻理解中国共产党的领导地位是历史和人民的选择，为他们厚植爱国情怀，引导他们听党话，跟党走，扎根人民，奉献国家。

我是一名普通人，是伟大的中国共产党让我经历了一件件不平凡的事，让我拥有了坚定的理想信念，让我明白了家国情怀的重要意义，让我明晰了未来的方向。作为基层党员的我，以“功成不必在我，功成必定有我”的信念，立足基层岗位本职，主动担当，奋勇向前，不断提升自身的政治理论修养和实践工作能力，努力做出新的更优异的成绩。

初心不改　矢志不渝

物业管理与后勤服务公司　徐贵宝

自1921年至今，中国共产党已从南湖的“一叶扁舟”成长为“一艘巨舰”。2021年是全面建成小康社会决胜阶段的开局之年，我们党也将迎来百岁生日。在这样重要的历史时刻，我们不能因为现在的辉煌而忘记走过的路，不能忘记为什么出发。面向未来,面对挑战，更要不忘初心、砥砺前行。

坚定理想信念，补足共产党人精神之钙

理想是人对超越现实并为之奋斗的未来最完美的远大目标体系的自我意识，信念是人对真理和未来美好结果一定能够实现的稳定的自我意识。坚定的理想信念是共产党人的灵魂，是共产党人前赴后继、奋斗不息的精神支柱和力量源泉。理论上清醒，政治上才能坚定。坚定的理想信念，必须建立在对马克思主义的深刻理解之上，建立在对历史规律的深刻把握之上。作为党员干部要不断加强思想政治建设，不断深入学习党的十八大以来党中央治国理政新理念新思想新战略,不断提高马克思主义思想觉悟和理论水平,保持对远大理想和奋斗目标的清醒认知和执着追求。

坚定的理想信念，是党的凝聚力、战斗力的源泉。我们要坚定共产主义远大理想，没有远大理想，就会迷失前进方向；要忠实践行中国特色社会主义共同理想，知行合一、言行一致，为实现理想而努力奋斗。在社会主义建设和改革中，因为有崇高理想和坚定信念的支撑与激励，许许多多共产党员凭着坚定的理想信念，为党和人民的事业鞠躬尽瘁、死而后已，带领全国人民坚定不移地走建设中国特色的社会主义道路，使国民经济快速发展，人民生活水平得到不断提高。新时代我们更要保持在理想追求上的政治定力，自觉做共产主义远大理想和中国特色社会主义共同理想的坚定信仰者、忠实实践者,在实现中华民族伟大复兴中国梦的历史进程中充分发挥先锋模范作用。

牢记初心使命，筑牢共产党人信仰之基

初心和使命是党的性质宗旨、理想信念、目标任务的集中体现，是党的全部工作的出发点和落脚点。初心和使命是激励中国共产党人不断前进的根本动力，是我们党全部理论和实践的逻辑起点，是推动中国特色社会主义伟大事业不断从胜利走向新的胜利的力量源泉。中国共产党从建党第一天起，就把实现共产主义作为党的最高理想和最终目标，义无反顾肩负起实现中华民族伟大复兴的历史使命，把为人民谋幸福、为民族谋复兴作为自己的初心和使命，并坚定笃行，展现出中国共产党非凡的责任担当和改写历史的非凡气魄。

初心和使命贯穿党的革命、建设、改革全过程，是中国共产党人继承和发扬优良传统，向着美好未来和最高理想前进的永恒主题和力量源泉，要时刻坚守共产党人的这一精神家园。“为中国人民谋幸福，为中华民族谋复兴”，这份初心与使命,一代又一代的中国共产党人接续践行、从未改变。初心和使命是中国共产党人身上与生俱来的优秀“基因”，在新中国建设发展改革过程中无数革命志士用鲜血和生命铸就的红色精神就是中国共产党人不忘初心、牢记使命的生动诠释，他们不仅将中国共产党人不屈不挠、开拓创新的“精气神”写入史册，也将这份初心与使命融入中国共产党的血脉，凝聚起实现中华民族伟大复兴的磅礴力量。

全面从严治党，永葆共产党人政治本色

回顾我们党的百年历史，就是一部敢于刀刃向内、刮骨疗毒，坚持从严管党治党、坚决反对腐败变质的自我革命史。从革命战争时期，我们党就始终保持对腐败的高度警惕，坚定不移惩治新生红色政权和军队内部的腐败现象，有效保证了党和军队肌体的健康，赢得了人民群众的信任和支持。党的十八大以来，以习近平同志为核心的党中央以巨大的政治勇气推进全面从严治党，以雷霆万钧之势推进正风肃纪反腐，使党风政风焕然一新，极大凝聚了党心军心民心。作为党员干部要传承弘扬我们党的光荣传统和优良作风，大力加强党的先进性和纯洁性建设，不断增强自我净化、自我完善、自我革新、自我提高的能力，永葆共产党人清正廉洁的政治本色。

全面从严治党，是全面推进中国特色社会主义发展的根本保障。坚持思想建党和制度治党，严明政治纪律和政治规矩，是全面从严治党的有机组成部分。全面从严治党，对于领导干部牢固树立纪律和规矩意识将起到有力的促进作用。作为党员干部不仅要严明纪律，严守规矩，做最忠诚的捍卫者；还要克己奉公，廉洁从政，做最坚定的践行者；更要甘于奉献，敢于担当，做最有力的执行者。

践行入党誓言，彰显共产党人使命担当

坚定理想信念,牢记入党誓言,把对党的忠诚之心转化成实干动力。把信仰植根于心中,把信仰践行到工作中。把对党的忠诚和热爱转化为做好本职工作的强大动力，以强烈的事业心和责任感做好本职工作,立足学校“双一流”建设根本要求和“十四五”规划提出的具体任务，以“一流”为目标，全面检视自身现状与目标要求之间的差距，深度聚焦自身运行过程中存在的问题，按照十九届四中全会“科学谋划、精心组织，远近结合、整体推进”的要求，实施必要的改革，提升公司现代化管理水平，增强公司服务意识和综合竞争力。

2021年党的百岁生日，作为党员干部只有不忘出发时的初心，才能形成实现初心的意志。只有不忘出发时的初心，才能以不变的初心应万变的世情、国情和党情。要坚持以不忘初心的不懈追求和奋发有为的精神状态全面提升后勤服务水平，建设一流的宿舍空间、一流的教室硬件条件、一流的食堂餐饮服务、一流的校园环境，彰显一名共产党员的担当和使命，履职尽责做好本职工作，带领北理工后勤人为学校“双一流”建设增砖添瓦。

初心不改，永远跟党走

资产经营公司　张凤蕊

2020年突如其来的疫情打乱了人们原本的工作节奏，延园招待所成为此次学校防疫工作的临时隔离区。“妈妈，我今年不能回去陪您过年了，现在疫情肆虐，单位需要留人值守。”这是我们延园招待所留守在一线的姑娘这几天和家里说得最多的一句话。原本这些姑娘春节值完班，初五、初六就要登上返乡的客车，与家人团聚。然而事发突然，责任重大，已离京的员工又不能返京，这15名一线的员工不怕被传染的危险，毅然坚守在工作岗位上。

疫情就是命令，防控就是责任。为了防止病毒传染蔓延，留守人员24小时值守在工作岗位上，以最快的速度将隔离区和观察区配置好。在岗员工每日坚持早晚两次体温检测，做好科学防疫；服务员每日对公共区域进行彻底清洁及三次消毒，并做好书面消毒记录；大家在大堂、客房做好温馨提示，提示客人正确测量体温及做好自我防护，留下24小时值班电话，如遇情况客人可随时与前台联系；在电梯间内贴心地安装了一次性电梯按钮专用纸和消毒液；维修人员孙师傅和雷师傅忙前忙后地布置隔离区域内的隔断及警戒线。时间紧、任务重、人员紧缺，但这并不能阻挠我们团结奋斗，从未有人退缩。

在防控疫情这场没有硝烟的“战斗”中，商业经营管理部党支部充分发挥战斗堡垒作用，第一时间号召全体党员投入“战斗”，成立了疫情防控工作领导小组，研究制定了防控预案，对疫情防控工作进行安排部署和疫情应急演练。学校及资产经营公司领导多次检查、指导、部署疫情防控工作，全体工作人员按照“有力、有序、有效、有度”和“早发现、早报告”的防控方针，全面加强疫情防控工作。

在新的征途上，如果说我们党是一座傲然挺立的大厦，那么我愿做一块坚实的基石；如果说我们党是一条长流不息的河流，那么我愿做一颗晶莹剔透的水珠。一切为了人民，一切服务于人民，虽然我不能做到完美，但我能努力做到优秀。

为党育人守初心，以党建引领高校红色文化建设

设计与艺术学院　张梦雯

中国共产党经历100年风雨历程，屹立在东方之巅。中国共产党从千疮百孔的旧中国，拯救万民于水火，开始越过一道道曲折和坎坷，并一直带领着中国人民昂首阔步前进，披荆斩棘，始终奋战在第一线，在重大历史节点前一次次做出英明决策，坚守为人民服务的信念，走到了今天。如今的中国，经济蓬勃发展，人民安居乐业，国际地位提高，人民正满怀喜悦和希望朝着民族复兴大业的目标不断迈步。百年光辉历程，让我们每个党员都感到骄傲自豪。作为一名专职从事高校学生思政工作的党员教师，肩负“为党育人、为国育才”的光荣使命，需要守住立德树人初心，保持对“为谁培养人”这个问题的清醒认识，用好红色文化资源，传承好红色基因，赓续红色血脉，培育能担负复兴大任的时代新人。

一、为党育人，坚持立德树人根本任务

“高校的立身之本在于立德树人”，立德树人就是要培养能够为党奋斗的人，培养能够担负民族复兴梦的践行者，他们的成长成才影响着中国的未来发展。习近平总书记在全国教育大会上的重要讲话中，强调了教育改革发展的“九个坚持”，坚持党对教育事业的全面领导居于首位。学校发展的具体路径必须遵循坚持和发展中国特色社会主义的根本要求和内在规律，全面贯彻党的教育方针，把党的领导贯穿于学校治理的各领域各环节，坚定方向、提神振气、推动发展。为党和国家培养出专业技能一流、品德一流的具有民族认同感和自信心的新中国百年建设者和接班人。

进入新发展阶段，鉴别高校人才培育成效的一个突出指标就是其培养的人才能否在社会上具有竞争力，能否担当起国家和民族赋予的时代重任。高

校在引领人才培养工作中，要注重凝聚思想共识，聚焦内涵建设，力求培养既具有丰富才识学识，又拥有宽广国际视野，更具备强烈报国使命担当的时代新人。引导学生提升大视野、大担当、大情怀，自觉将个人发展融入“两个一百年”奋斗目标，与党和国家同频共振、同向同行、同心同路。

二、党建引领，奏响校园文化建设主旋律

高校是大学生思想政治教育的前沿阵地，在办学方向上与党和国家的发展目标联系紧密，坚持党对一切的领导。高校党建工作贯穿于“三全育人”始终，发挥着重要的政治引领功能和思想保证功能。党建工作与校园文化建设相互影响，互相促进。

一方面，党建工作引领着校园文化建设的发展方向，是校园文化建设的生命线和政治保障。大学期间是人形成人生观、价值观和世界观的重要阶段，校园文化建设需要主流正向思想的引导。高校实行党委领导下的校长负责制，始终坚持社会主义办学方向，党建工作为校园文化建设保证了正确的发展方向。另一方面，校园文化建设体现着一所高校在其长期发展中的价值凝练和精神成果，是党建工作发挥育人作用的有效载体，能够潜移默化对大学生的思想产生深刻且持久的影响。创新的工作方法、丰富的实践形式能够增强党建工作的感染力和覆盖面，促进思想政治工作的针对性和有效性。坚持党的领导，加强校园文化建设的顶层设计，让党建工作与校园文化建设充分融合，使党建引领深入高校教学科研、行政管理、学生活动、服务支撑等方方面面，让校园中处处有思政，处处有文化，处处有情怀。

三、筑牢阵地，营造红色文化校园氛围

党的十八大以来，党中央高度重视红色文化教育。习近平总书记强调“用好红色资源，传承好红色基因，把红色江山世世代代传下去”，为将红色育人融入高校校园文化建设提供了方向和指引。继承和发扬红色精神，是高校服务构建新发展格局的历史使命。加强红色文化建设，在对学生们的培养中融入红色元素，让被培育的人才听得见红色声音，感受得到红色基因的力量，从而使他们自发地爱党报国，是高校加强思想政治教育工作的有效途径。

红色文化是中国共产党不同历史奋斗时期形成的精神财富和思想瑰宝。时代变迁，红色基因传承，红色精神永恒。在加强底色鲜亮、强基铸魂的思政教育阵地的建设中，抓好学生主体，以良好的校园文化来夯实学生成长成才的基础，发挥好红色文化的政治导向和思想引领作用，润物细无声地营造好红色文化校园氛围，将树立文化自信、传承优秀民族文化等思政元素全面融入育人体系，有利于学生增强政治定力、坚定理想信念、形成正确的价值观，促进高校教育蓬勃发展。我们要挖掘红色文化资源，梳理红色文化价值，融合进高校育人的各个方面，使红色文化成为校园文化建设的政治底色。

四、强基拓新，探索文化育人实践路径

开展校园文化建设工作特别是红色文化建设，要不断创新教育形式，深植高校育人理念和价值目标，走出单一形式化活动的局面，落实到实践环节中。通过多环节交叉渗透红色教育，深入引导学生将自身发展与祖国发展相结合，促使他们深度思考未来，勇于担当，主动学习，自我监督，将思政育人、文化育人、通识育人、课程育人、心理育人、实践育人培养过程融入学生自身成长中来，更好地发挥高校育人实效性。

1. 强化常态化培养机制，丰富日常思政教育工作内容

充分利用红色资源，将红色育人植入学生党建工作，运用听、看、学、论相结合的形式，有计划地围绕学生设计和组织各类日常思政教育活动、主题党日团日等，厚植爱国主义情怀，使他们对党和国家热爱拥护，增加对党的思想认同、理论认同、情感认同，提高教育效果。扎实推进党支部标准化、规范化建设，亮出党员身份，在学生宿舍划分党员联系宿舍责任区，以党员宿舍为战斗堡垒，在学生中树立起党员的先锋模范旗帜。加强毕业年级学生党员再教育，引导毕业生未来在新的岗位上继续坚定信念，为人民战斗、为祖国献身、为幸福生活奋斗，永远跟党走。

2. 夯实红色教育阵地，用追根溯源的方式感悟红色精神

积极建设传统文化、革命文化和社会主义先进文化学习和敬仰的道德高地，利用寒暑期社会实践等活动，引导学生深入红色地区，探寻红色足迹，感悟各地文化底蕴，体验当地风土人情，通过资料搜集、线下调研、微党课共学共讲、集中思想讨论等方式，深入了解党的发展历史，从全面学习领悟

党的思想中坚定理想信念，汲取奋进力量，提升历史使命感，弘扬中国共产党的精神谱系，在学习领悟中将所思、所悟、所得化作实际行动，筑牢新时代青年的初心使命。

3. 把握重要时间节点，激发时代新人使命担当

结合庆祝建党100周年等重大时间节点，开展真正“活”起来、“动”起来的红色文化活动。例如开展红色艺术作品创作和展出，让学生在提高审美情趣、文化素养的同时，深化对党和历史的认知；编排红色舞蹈，将对党的敬仰与热爱融入舞姿的举手投足间，感悟初心，用舞姿展现新时代青年奋勇争先的不屈劲头；以绘画创作、征文写作等方式，讲述红色科学家故事，传承红色基因；成立学生党史宣讲团，通过宣传宣讲教育引导更多人大力发扬红色传统；通过同过政治生日、共忆红色初心等小活动，以学生喜闻乐见的方式为师生们提供体验学习机会。在生动的现实大课堂中，引导学生更加深刻地理解中国共产党的伟大使命，让学生们充分感受到中国社会主义制度的巨大优越性，回答好“将来要成为什么样的人，要为国家和民族做什么样的贡献”这一人生课题，从而使他们更坚定地从思想上主动跟随党的领导。

4. 聚集育人合力，服务人才培养

借用时政热点开展教育引导，将增强四个自信、传承优秀民族文化等思政元素全面融入课程思政教学体系，渲染课堂中的红色文化，全力打造以课程思政为引领的高端人才培养模式；发挥教师党员的引领作用，师生党员联动创造红色文化氛围，搭建牢固党建重要阵地，培养青年学生的家国情怀。人才培养，既是国家大计，也是党建大计。作为高校人才培养者，要将红色基因传承，培养拥护党、建设党、为党奉献的高校一流人才。

百年征程波澜壮阔，百年初心历久弥坚。中国的百年巨变令人感慨万千，中国强大的战略能力、目标管理能力和执行能力，令世界刮目相看。引领学生爱党爱国，珍惜当前美好生活的来之不易，形成思想合力，筑牢根基，形成拼搏向上的精神状态。高校要推动思想政治育人工作走深、走实，思政工作者积极应对新时代下面临的新挑战，坚持党对教育事业的全面领导和把控，不断在教育实践中注入更加强烈的使命担当意识，重点展示中国共产党及共产主义精神的独特魅力，将对爱党爱国爱社会主义这份精神财富的

传播，内化为学生的精神追求，为党和国家输送有坚定理想信念的一流精英人才，让红色基因代代相传，实现高校人才培养的新作为、新贡献。回望过往的奋斗路，眺望前方的奋进路，我将在新的征程上更加坚定、更加自觉地牢记初心使命、开创美好未来。

百年风华正茂，万里扶摇直上

外国语学院　欧阳哲

百年前，浙江嘉兴的红船上，一个响亮的名字改变了一个民族的命运，百年沧桑起伏，百年山河见证，在东方广袤土地之上，它代表着光明与方向，指引着幸福与未来，深耕出一段段自强不息、奋斗不止的传奇历史，书写了一页页壮丽恢宏、底色深蕴的篇章，这个名字就是——中国共产党。

岁月如白驹过隙，须臾间，回首一望，已是一个世纪的光影流转，“十年树木，百年树人”，“百”——“十十”也，众多而庞大之意。百年是积累，是沉淀，是众志可成城，是聚沙可成塔，是物换与星移，是日新和月异，是不断破旧立新，不断革故鼎新，用开天辟地的魄力，励精图治的精益，换如今一个河清海晏、时和岁丰、蒸蒸日上，是你我如今的昂首阔步、意气风发、大步而行，是撑起一个民族自信、自豪的底气。

十八大以来，我们的党反腐倡廉、倡议“一带一路”、脱贫攻坚、乡村振兴，一个一个堡垒去打，一个一个目标去实现，中国梦、新常态、新时代这些热词代表着一个时代的主旋律，为我们为之奋斗的未来擂鼓集结。2020年，900万武汉人民封城护国，14亿国人居家隔离，4万多名医护人员写下“若有战，召必回”的请愿书，10天建好火神山，18天建好雷神山，口罩日产能从2020年1月25日的日产量800多万只猛增到2020年2月29日的日产量1.16亿只！在党的领导下抗疫之战取得阶段性胜利，我国的制度优势尽显，“保大家平安，小家才能安康”，这一刻，身为一名中国共产党党员的我为我们的党深感骄傲和自豪！

儿时听闻大人唱“没有共产党就没有新中国”，虽是孩童，但“共产党”这个词却这样第一次印入脑中。爷爷第一次来北京时，最大的心愿就是去毛主席纪念堂看一看，去天安门广场上走一走，那时的我还不知道爷爷这个心愿的由来，但我知道共产党对爷爷有恩。

高考后，我成为一名大学生，从一个小镇考进北京理工大学，当年的那份兴奋与骄傲，至今记忆犹新。随着思想的成熟，我做了一个重要的决定，向党组织提交了入党申请书，一笔一画写下了我对党的政治承诺，和对自己的信仰承诺。我加入了院学生会、校电视台、延河之星志愿者总队……我的大学时光美好、充实又令人难忘。

2008年1月9日，是个平凡的日子，但对我而言意义重大。这一天，我举起右手庄严宣誓，带着对党最初的认知和归属，带着对自己未来政治道路的憧憬和渴望，我成为一名光荣的中共预备党员。同年，我成为一名奥运志愿者，与同学们一起见证了一场无与伦比的盛会。2009年，我有幸以一名志愿者的身份在天安门广场上，见证国庆60周年阅兵盛典。2010年，我作为一名校庆志愿者，见证了母校70年的发展与辉煌……

2013年4月，我成为一名辅导员，选择与母校共奋进。从开学典礼到毕业典礼，从数字迎新到毕业派遣，从德育开题到德育答辩，从红色“1+1”到“12·9”合唱，从雪雕大赛到方山实践，从设计学院到外国语学院，从80周年校庆到北京冬奥会……数年间，母校成就了我的成长，而我也见证了她的蓬勃发展。服务国家战略、矢志科技报国，学校的发展是与祖国同呼吸共命运的，在国家有需要时，我们定会义无反顾！

我曾扪心自问，初心是什么？是发奋读书的孜孜不倦，是壮志报国的少年雄心，是匹夫有责的热血斗志，还是精益至诚的全心全意，踏实真诚的岗位职责？如今回首，我们用青春换成长，我们用奋斗换幸福，于是发现，初心本是带着悸动与领悟的，是富贵不能淫、贫贱不能移、威武不能屈的坚持，是平凡中见伟大的潜心磨砺。

三十而立，在时光的洗练、时代的铿锵中，我辈唯有努力与超越，不馁与坚信，直挂云帆，乘风破浪，才能不负时代之责，不辱使命在肩，才能对得起共产党员的初心与使命，才能报答人民的期待和信任。

延安根，军工魂，北理情，中国梦！未来已来，未来可期。喜迎建党百年之际，祝愿我们的党和国家繁荣昌盛、如日方升，祝愿我们的母校宏图更展，再谱华章！

用奉献缔造服务

资产经营公司　董玉林

祖国的强盛离不开每一位同胞的努力，自参加工作以来的33年时间里，伴随着祖国强大的步伐，我努力工作、勤奋学习，作为一名共产党员、一名餐饮工作者，见证了学校后勤餐饮服务工作的发展，并为此贡献了自己的一份力量。

1987年，我来到北京理工大学膳食科一灶职工食堂开始了我人生的第一份工作。刚参加工作时，我是一名厨工，对食堂的工作内容是一无所知，一切都需要从零做起。那时候，我们的工作条件还很艰苦，食堂的饭菜品种单一，厨具灶具也不是很先进，劳动强度很大。但是，老一辈餐饮人吃苦耐劳、无怨无悔的精神感染了我，我努力向老师傅们学习烹饪技能，每天早出晚归，脏活累活抢着干，严格要求自己，把工作当事业干。因为工作中踏实肯干、勤于学习，我也从一名厨工一步步成长为主食班长。

1996年7月，膳食科成立面包房，由于工作表现突出，我从主食班长调整为面包房班长，因任主食班长时虚心学习面点知识，自己研发花样品种，并于当年9月到南京理工大学习食堂糕点知识。我深深感受到自己的责任重大，积极主动地学习并于返岗后教给其他同事，充分利用自己的学习成果，带领员工创新丰富糕点品种，用自己的实际行动带动身边的每一位员工积极努力工作，受到学校教职工一致好评。

2003年学校承揽科工委职工食堂，由于工作经验丰富，领导决定将我调到科工委协助开餐的各项工作。面对这一新的岗位，我没有退缩。2004年4月正式调入科工委食堂，至今已工作16年。2008年7月由于工作表现突出，从科工委食堂主食班长调为副经理，次年，经过党组织考察通过，我终于举起右手面对党旗宣誓，正式成为一名为共产主义事业奋斗终身的中国共产党党员。得到党组织和单位领导的认可，让我更加坚定了全心全意为就餐者服务的决心。

从此我在自己的工作岗位上兢兢业业，每天风雨无阻，早出晚归，往返于科工委食堂和北京理工大学之间。2015年10月，科工局食堂由于设备老化、环境比较差，进行改造，改造期间要保障机关职工正常用餐，为此我积极协助经理组织员工配合供餐单位保障用餐食品安全。两个多月的装修，使食堂操作环境、就餐环境、设备都有所提升。时间紧、任务重，为了不给学校丢脸，我协助经理组织员工对食堂卫生进行彻底清理，并于规定时间保障职工用餐。

随着人们对饮食的要求不断提高，从吃得饱、吃得好，到吃出健康、吃出文化，科工局食堂于2016年通过海淀区食药局现场验收，高分取得A级三星食堂（甘家口第1家），同时开始创建中央国家机关健康食堂，我带领全体职工钻研低油、低盐、低糖食谱，通过不断努力，环境、档案、食谱等不断完善，2019年圆满通过中央国家机关第三批健康食堂验收工作，得到了服务单位的认可和好评。

2020年疫情严重时正值新春佳节之际，党员带头是最有力的动员，而我作为一名老党员，虽然不能奔赴前线，但我在工作生活中严格要求自己，深入贯彻习近平总书记重要指示精神，落实李克强总理批示要求，服从单位管理，提前返岗安排职工到校隔离14天，对一同返京的21名员工每天三次测量体温，返回工作岗位后实行全封闭式管理，带头做好身边同事的心理疏导工作，积极组织采购防疫用品，按照餐饮疫情防控要求制定各项封闭管理制度。到目前为止，全体工作人员无一人感染，有力保障了服务单位平稳供餐，也得到了科工局领导的高度赞扬。也正是在这个过程中，我愈发体会到自己的渺小，只能以身作则，以自己的力量去影响更多人，劝导身边的同事和家人不聚集、不去公共娱乐场所，不信谣、不传谣，并通过“学习强国”、党建云平台及时了解疫情最新动态，学习不同场合的防护措施，在打赢疫情防控阻击战中，发挥党员的先锋模范作用。

作为一名餐饮工作者，工作之余我也不断加强学习。8月11日，习近平总书记对制止餐饮浪费做出重要指示：“餐饮浪费现象，触目惊心、令人痛心！”通过学习深入领会了节约粮食的重要性之后，我立足本职岗位，主动服务大局、维护大局，自觉践行“光盘行动”，以高度的责任感、使命感来对待工作，把党组织的思想政治教育渗透到日常工作、生活的各个环节，把节俭新风体现在生活的点滴之间。

因为热爱，所以奉献。我爱我的集体，更爱我的岗位，在祖国飞速发展的大环境下，在中国共产党的领导和培养下，我跟随几代餐饮人，从初来北京的一名普通农民工，到如今已成长为单位的骨干。未来我将一如既往，秉承餐饮人吃苦耐劳、默默奉献的精神，不忘初心、砥砺前行，紧随时代发展脉络，适应新形势，满足新要求，依托学校整体发展建设，为新型智慧食堂建设、学校“双一流”建设贡献自己的力量！

随着祖国一起长大

资产经营公司　王燕京

雨果说过："人，有了物质才能生存；人，有了理想才谈得上生活。脚步不能达到的地方，眼光可以到达；眼光不能到达的地方，精神可以飞到。"

理想是什么？ 在时间的长河里，我们从童年一路走过，在空间的维度中，我们从一个起点到另一个起点。理想啊，总是在生活的变迁中、生命的探索里成长，与每个人休戚与共，千变万化，纠缠升华，直到像一棵直插天际的大树，共同结出耀眼的果实。

这棵大树，就是我们的家，我们的国；这个果实，就是我们共同拥有的中国梦。

我是"80后"，生在北京，长在北京。当我扎着小辫子，还在魏公村的街头欢蹦乱跳的时候，20世纪90年代的北京，就有很多新奇的玩意儿，到处都有工地，似乎修不完的楼；街头不多的金发老外，黑黑的墨镜奇怪得很；瓷瓶儿老酸奶，像突然出现的礼物，让人欲罢不能。

我的家在小巷的四合院里。院里有槐树，也就有了槐花飘香和落花如雪的季节。小院里的人们喧喧闹闹又踏踏实实地过日子。槐树下的铁丝上，也是挂着随季节变换的衣裳。槐树下的皮筋上，是一代又一代唱着童谣的小姑娘。

这时的北京一到春天就黄沙漫天，人们出门骑自行车带孩子都在后座上插一个竹子做的座椅，我妈经常这样带着我去姥姥家。坐在后座上，出门就要戴个纱巾系在我头上；不喜欢系纱巾啊，调皮的我经常张大嘴巴，再闭上时，发觉唇齿间就有了"咯吱咯吱"的声响，这就是北京特有的味道，借用姥爷经常说的一句话："哎，天一黄，北京就更像北平了。"

于是小小的我，突然就有了理想：我不想系纱巾，我不要刮风，我不要这样的天气！

我的理想实现了，在多年以后。直到长大才知道，这是政府有力进行组织协调，社会各界多少力量依靠科技进步，通力合作，大规模植树造林，治理黄土高原的水土流失等有效手段辛苦换来的环境变化。

原来啊，我那小小的理想，是很多人的理想。大家的理想，中国的理想：更好的环境，更宜居的城市。

在6岁那年，爸妈用外汇券买了一台日本进口的 14 英寸索尼彩色电视机，记得只有 10 个频道，要用手换台。邻居们为了看电视，家家户户都在房顶架起用易拉罐自制的电视天线，电视一换台就特别不清楚，当时管这个叫“雪花”。一出“雪花”，我就要跑出去晃天线，一听见爸爸在屋里喊：清楚了！别晃啦！我就跑回屋里搬个小板凳坐下看。我爸经常夸我，晃得一手好天线。

《美猴王》《阿童木》《聪明的一休》，不多的动画片，让我的童年过得快乐充实，可是时不时地摇晃天线真让人伤透脑筋。

于是小小的我，突然就有了理想：我不要摇天线啦！我要看更多的动画片，要看更多丰富多彩的电视节目！

我的理想实现了，很快很快。因为电视变成了彩电，手换台变成了遥控器；为了配合电视，我们还用上了电视柜，哦，为了电视柜我们还要更大的房子呢。看着现在电视上数不清的电视剧、资讯类节目、综艺，生活中随处可见、如此方便的移动支付，我知道，经济变革、文化变革已经如此深入地改变了我的生活。而变革永远不是一蹴而就，点点滴滴的闪耀，积跬步而越千里，这是国人的努力奉献，是国家的运筹帷幄。

原来啊，我那小小的理想，是很多人的理想。大家的理想，中国的理想：繁荣的文化，发达的经济，富裕稳定的人民生活。

上初中啦，海淀图书大厦楼下开了一家麦当劳店。记得大姨夫带着我和妹妹排了好长好久的队才吃上，我第一次吃这么奇怪味道的食品，我至今都记得，第一次点的是麦香鸡和麦香鱼，没错，我吃了两个汉堡。随着汉堡走进我的生活的，还有嘉陵摩托车、桑塔纳轿车，各式各样的杂志书籍；还有邻居高年级的大哥哥用上了小霸王学习机，穿得稀奇古怪的哥哥姐姐在街上旁若无人听耳机里的磁带歌曲。还有，爸爸腰上突然就蹦出一个会响的BP机，只要那机子一响，就能见着他小跑着找电话去。我也在这会叫的“机叫”声中，走进了我的高中，开始了我的青春时代。

小小的我，好似突然没有了理想。因为，我的生活变化太不可思议，每一月，每一年，每一个回忆，都有太多太多的新奇事物出现。

年纪渐长，我才逐渐明白，不是我的生活不可思议，而是我们国家正在以不可思议的速度快速发展着。我也逐渐明白，这种发展是所有中国人的理想，正升华在一处、凝聚在一起。

我，一个普通的“80后”北京姑娘，体会着新北京生活方式的改变，享受着改革开放的福祉，伴随着中国日新月异的成长。幸运，充满憧憬，而又觉得美好。

我又有了新的理想：我能不能为我的北京、我的中国，做一些什么？能够在这气吞山河的中国速度面前，在这激情澎湃的改革浪潮前，在这波澜壮阔的无垠美卷前，能够添上一笔，用尽我的全力？

幸运的我，成为北京理工大学资产经营公司一名普通的党务工作者，运用自己的知识，为党贡献自己的力量。每每去回想，那个顽皮、不听话的北京小妞儿，在不经意间，就成了一个党委办公室专职党务干事。而这个转变，充斥内心的只有“感谢”两个字。感谢那些教我为人、教我知识的老师；感谢那些以身作则、勇往直前的领导、前辈；感谢那些或激情或沉稳，都在事业上努力拼搏的优秀榜样；感谢这个富于激情、充满理想、生机勃勃、兼容并包的北京理工大学；感谢这条正在抖擞苏醒、与日俱进、展翅腾飞的中国巨龙。梦想和道路需要精神的支撑，我小小的理想，正在中国梦的指引下，丰满充实。

习近平总书记说过：“青年一代有理想、有担当，国家就有前途，民族就有希望。”我，一个平凡普通的“80后”，正在中国梦的指引下，学会使命、责任、担当、实干。褪去青涩的懵懂，我要随着我的祖国，一起成长！

此生无悔入华夏，躬身入局新时代

化学与化工学院　张　锋

20世纪80年代，我出生在皖西北的一个农民家庭。2006年12月12日晚，在北京理工大学中关村校区中心教学楼622室（原理学院会议室），我非常光荣地成为一名中国共产党预备党员。2021年，中国共产党将迎来建党百年华诞，我也迎来入党后的第15个年头。多年以来，我一直都想说的一句话是：此生无悔入华夏，躬身入局新时代。

一、此生无悔入华夏，来生愿在种花家

虽然我入党时间还不足15年，但从出生到现在的30多年时间里，我一直都在亲身感受着中国共产党为老百姓带来的翻天覆地的变化，亲眼见证着老百姓的日子一天比一天好：新农村改造，家家都住进了新瓦房，还有不少新楼房；村头的泥土路，一条一条地变成了柏油路、水泥路；邻居家的自行车被一辆辆小轿车所取代；家里的餐桌上，红烧肉早已成为家常便饭，但乡亲们现如今又开始回归多吃蔬菜、健康饮食的状态……

我从小爱学习。随着时间的推移，我从村里到镇上，再到城里求学，最后来到北京学习、工作并定居于此。我认为这来之不易的一切，除了我个人的努力之外，更大程度上是得益于国家对教育的重视，而且给了所有人公平竞争的机会，不管城市农村，不论家庭贫富。

中国共产党领导下的改革开放和全面脱贫工作，使广大老百姓一步一步地富了起来，并在刚刚过去的2020年，打赢了全面脱贫攻坚战，而在这整个过程中，扶贫必先扶智、扶志的理念和政策使得无数像我一样的孩子有了彻底改变命运的机会。

二、加入中国共产党，躬身入局新时代

2005年9月12日凌晨5点，我第一次来到北京，来到北京理工大学，当天下午完成报到手续后，便正式成为一名北理工人。之后不久，我便提交了入党申请书。通过校院两级党课培训，加强理论学习和思考，强化政治素养；通过专业课程学习实践，训练专业知识和技能，掌握专业本领；通过学生组织工作历练，提升综合素质和能力，服务身边同学。最终，我顺利通过了党组织的考验，并于2006年12月12日成为一名光荣的中国共产党预备党员。

近15年来，我一直用党员的标准严格要求自己，争取在学习、工作、生活等各方面都能起到一名党员应有的先锋模范作用。时至今日，中国特色社会主义已经进入新时代，而我个人也已经成长为一名分管北理工化学与化工学院学生教育管理工作的领导干部。今后，我将一如既往地守初心、担使命、找差距、抓落实，努力成为一名合格的党员领导干部，在自己的工作岗位上，以建党百年为契机，持续推进“三全育人”大思政格局的建设，做好理想信念教育“全局化”，思政工作体系建设“专业化”，服务支撑体系“系统化”，为党育人，为国育才，培养德智体美劳全面发展、能担当中华民族复兴大任的社会主义合格建设者和可靠接班人。我努力的方向有以下三个方面：

（1）全局化把舵定向，将价值认同转化为内生动力。结合党和国家重大政治任务、重大决策部署广泛开展爱国主义教育，依托现有思政教育品牌并坚持开拓创新，持续推动并完善“德育答辩”工作制度，广泛开展“担复兴大任·做时代新人”等主题党团日活动，教育引导青年学生不断强化“四个意识”，坚定“四个自信”，做到“两个维护”，并将价值认同转化为个人成长成才的内生动力。

（2）系统化协同推进，用全面发展带动成长成才。坚持以学生为中心，在学校党委学生工作部、校团委等部门的指导下，在做好学生安全稳定工作的基础上，着重在帮助学生增强创新创业意识及能力、提升综合素质等工作上下功夫，依托各类创新创业赛事，以及文化、艺术、体育、志愿、劳动、实践等活动载体，把素质提升融入育人全过程，全面助力学生成长成才。

（3）专业化队伍建设，把“三全育人”制度落实落细。在现有的“三

全育人”体系基础上，确保专兼职辅导员队伍高质量发展，吸纳优秀青年教师及杰出校友加入，进一步优化队伍结构，通过完善制度、强化协同、搭建平台，不断强化“三全育人”队伍建设，以更好地落实落细“三全育人”制度，进而助力广大青年学生坚定理想信念、厚植爱国主义情怀、加强品德修养、增长知识见识、培养奋斗精神、增强综合素质。

2021年，中国共产党将迎来建党百年华诞，胸怀千秋伟业，恰是风华正茂。作为一名中国人，我是幸运的，我有幸在中国共产党这个优秀的组织里，我庆幸能在这个新时代为党的教育事业贡献一份力量。

坚持科技创新，勇担时代使命

机械与车辆学院　侯佳倩

“德以明理、学以精工”，一句朴实无华的校训激励着一代代以探索客观真理为己任、以掌握精深学术为信仰的北理工人，历经星移斗转，走过了81年的时光。从延安时期为抗战救国培育科技人才，到瞄准世界科技发展前沿和国家工业化、信息化、国防现代化需求，建设世界一流大学，一代代北理工人坚定投身于国家需要的关键领域，坚持科技创新、勇担时代使命、不忘初心、砥砺求索。

以创新凝聚磅礴力量。新一轮科技革命和产业变革正在重构全球创新版图、重塑全球经济结构。科学技术从来没有像今天这样深刻影响着国家前途命运，从来没有像今天这样深刻影响着人民生活福祉。推动“十四五”时期经济社会发展，要坚持创新在我国现代化建设全局中的核心地位，进一步加快建设科技强国；我们要加快发展现代产业体系，推动经济体系优化升级；要形成强大国内市场，构建新发展格局；要全面深化改革，构建高水平社会主义市场经济体制；宏伟蓝图已绘就，砥砺奋进正当时。

以创新突破基础科研短板。正如习近平总书记所强调的：“我们比历史上任何时期都更接近中华民族伟大复兴的目标，我们比历史上任何时期都更需要建设世界科技强国！”目前，我国科技领域仍然存在一些亟待解决的突出问题，基础研究和应用基础研究短板突出，工业母机、高端芯片、基础软硬件、开发平台、基本算法、基础元器件、基础材料等瓶颈仍然突出，关键核心技术受制于人的局面没有得到根本性改变。我们必须在关键领域“卡脖子”的地方下大功夫，提高我们国家科技创新能力的底蕴和后劲，在瞄准世界科技前沿、抓住大趋势的同时，加大应用基础研究力度，以推动重大科技突破。

“明者因时而变，知者随事而制。”作为一名党员，我们要与时俱进，提升自身理论素养和专业知识水平，深刻认识和科学把握我国经济发展客观规律，脚踏实地、锐意进取，以创新开创未来，以实干成就梦想。

四十载赤子之心，一百年红色记忆

资产经营公司　张国强

从1981年开始，我有幸进入北京理工大学，先后在北京理工大学膳食科、总务处接待科、学生公寓管理中心、接待服务中心、资产经营公司工作。在迎接建党百年的光辉时刻，也是我工作进入40载的日子。1999年9月，我光荣加入了中国共产党，如今，已经是一名21年党龄的老党员。回顾在北京理工大学40年来的这一路，心中感慨万千。

靡不有初，鲜克有终；不忘初心，方得始终。中国共产党人的初心是党旗下庄严许下的铮铮誓言，是融入血脉的全心全意为人民服务的不变宗旨。我仍然不忘起点时心怀对岗位的承诺与信念，困境时履行的职责与担当。正是这份初心，让我从基层开始，一点一滴地把工作做扎实、做到位，陪伴和激励着我不断学习和感悟，增强了守初心、担使命的思想自觉和行动自觉。

不忘党的光荣历史，在历史的齿轮上不断学习磨炼，加速前进。100年来，我们党从小到大、由弱变强，领导全国各族人民，历经千锤百炼，以实际行动和辉煌业绩赢得群众拥护和信赖。党员干部一定要牢记党的历史，以史为鉴，并不断加强学习，只有学习才能提升自我，才能更好地为人民群众排忧解难，推动历史的车轮不断前进。我深知学习能给予人丰富的知识和强大的力量，把学习融入工作和生活中的方方面面，严格要求自己，不断提升专业技术和管理服务能力，以更优秀的自己立足于本职工作，致力于后勤工作的发展。工作期间，我先后参加了国管局主办的中、高级工学习培训班，并通过有关考核获得了相应的证书；在1999年9月至2004年7月期间参加了中央党校市委机关分院经管专业的学习，并取得了相应学历证书；取得了高级职业资格证书及汽车驾驶员国家职业资格二级（技师）。

不忘党的根本宗旨，全心全意为全校师生做好服务。共产党员要始终把“万事民为先”作为自身的行为准则，廉洁从政、艰苦奋斗、尽职尽责、鞠躬尽瘁、真心诚意地为人民谋利益，时刻不忘党的根本宗旨，以实际行动为党的伟大事业奋斗终身。在多年的高校后勤工作中，我始终听从党的领导，服从工作安排，团结同事，勤恳工作，甘愿当好螺丝钉。工作中，师生在哪里有需要，我就和团队在哪儿做好保障和服务；在生活中，身边的群众有困难，我则尽我所能伸出援手，希望以自己的言行展现北京理工大学的师德师风，体现高校后勤人的精神风貌。我先后获得过机械电子工业部先进工作者、海淀区先进驾驶员、总务处先进工作者、校工会积极分子、校社会治安综合治理先进个人、紫竹院地区安全保卫先进个人、北京市高校学生公寓先进个人、海淀区交通安全优秀管理干部、海淀区“孝星”、北京理工大学后勤集团优秀共产党员，2019年在中共北京理工大学委员会关于表彰北京理工大学先进党组织、优秀共产党员、优秀党务工作者的活动中，获得优秀共产党员的殊荣。荣誉代表的是过去，而给予的更多是对我未来工作的激励。

不忘党的传统本色，保持艰苦奋斗的工作作风。艰苦奋斗是中国共产党在长期革命斗争中形成的优良传统。特别是在今天全面建成小康社会的关键时期，更需要我们坚持不懈地艰苦奋斗，清醒认识肩上的历史重任，继承和发扬党的优良传统和作风，做好长期艰苦奋斗的思想准备，以对党和人民高度负责的态度，不图虚名、干出实绩、做出实效。基层工作需要真干实干，长期的一线工作给予了我丰富的实践经验，在脚踏实地和积极进取中，懂业务、熟流程助力我取得工作成效。任职后勤中心主任期间，培养了我科学判断形势、应对复杂局面、协调总揽的能力。我在岗位上致力于安全保障、硬件改善、菜品改进等实事和重点；不断创新工作机制，深化服务职能，推陈出新，关注细节，近年来，逐步提升了师生满意度。在全面抓队伍培训、抓管理提升、抓服务品质的过程中，带领团队一步一个脚印地克服工作中出现的问题，让团队和个人都在这一过程中获得了提升，业务上也取得了良好的经济效益和社会效益。任职期间，我带领中心团队获得了以下荣誉：延园招待所有限责任公司被北京市海淀饮食服务行业协会授予2009年“企业管理创新奖”、2010年度“金钥匙”奖、2011年海淀区住宿业“诚信服务优秀企业”。客运部在2009年、2010年连续被北京市海淀区高校安委会评为“海淀区高校系统交通安全先进车队”；其中，客运部部分驾驶员被北京市海淀高校安委会评为“年度优秀驾驶员”。

在北京理工大学事业为先、责任为重、奉献为荣的教育事业氛围中，40年的工作历程让我深刻体会到什么叫把工作当事业，为党和人民的事业奋斗终身；光荣而神圣的党员身份让我深刻领悟到如何践行牢记职责使命，坚定理想信念，加强党性锤炼，提高责任自觉。

人间正道是沧桑。中国共产党100年的风雨历程铸就了100年的光辉业绩。蓦然回首，岁月如歌，我怎能不心潮澎湃、热血沸腾？新时代，我仍要把学习贯彻党的创新理论作为思想武装重中之重，下功夫学通、弄懂、做实，继续从思想上和行动上落实高校后勤保障和服务工作。我将牢记入党誓词，保持初心不改的政治品格，强化“四个意识”，牢固树立“四个自信”，坚决做到“两个维护”，以忠诚之心跟党走，以赤子之心为人民，以奉献之心报祖国！

让榜样走进心中

——在体育课中根植爱国情怀

附属小学直属党支部　翟宏杰

山河破碎似浮萍，南湖红船大道生。工农团结筑长城，不惧，二万五千里长征。

驱逐倭寇今不见，两岸一统何时成。不忘初心砥砺行，回首，建党百年谋复兴。

中国革命的航船从南湖扬帆起航，历经百年风霜，经历无数血与火的洗礼，中国共产党团结带领人民前仆后继、顽强奋斗，把贫穷落后的旧中国变成日益走向繁荣富强的新中国，党在人民这片“热土”中根越扎越深。历史证明，中国有了中国共产党执政，是中国人民、中华民族的一大幸事，各民族像石榴籽一样紧紧拥抱在了一起。

“不忘初心、牢记使命”，作为一名小学体育教师，如何立足课堂，根植爱国主义教育，真正发挥以体育人的功能，帮助学生扣好人生的第一粒扣子，是我们面临的重大课题。习近平总书记在会见第四届全国文明城市、文明村镇、文明单位和未成年人思想道德建设工作先进代表时讲道：人民有信仰，民族有希望，国家有力量。

体育课是学生喜爱的课程之一，既要达到学生强身健体的目的，也不能忽视“以体育人”的作用。作为老师要关注学生每节课的发展，更要看到学生一生的发展，而在学生幼小的心中播下什么种子，决定了他将成为什么样的人！而用“爱国情怀”来滋养这些“幼苗”，将来他们才能成为“心中有祖国”“心中有英雄”“心中有榜样”的好公民。

2020年10月25日是中国人民志愿军抗美援朝70周年纪念日。这么好的教育契机必须抓住，在体育课中我向同学们介绍了抗美援朝保家卫国的意义，以及志愿军战士英勇顽强、不怕牺牲的大无畏精神和感人的英雄故事，例如：1950年11月6日，志愿军在朝鲜东线长津湖地区进行了一次非常惨烈的战役。这一年，朝鲜半岛遭遇50年不遇的极寒天气，气温已是零下30多摄氏度，志愿军第一天行军就有多名士兵严重冻伤。在长津湖战役中，志愿军20军59师177团6连，受命埋伏阻击美军陆战一师，为了不暴露目标，他们在冰雪阵地中一动不动，当后续部队到达阵地时，发现125名官兵全部冻死在阵地上，他们就那样趴在地上，手里握着步枪，眼睛盯着山下，还保持着战斗的姿势。在为他们整理遗物的时候，人们发现来自上海的战士宋阿毛的绝笔：“我爱亲人和祖国，更爱我的荣誉，我是一名光荣的志愿军战士，冰雪啊，我决不屈服于你，哪怕是冻死，我也要高傲地耸立在我的阵地上。”孩子们听后眼眶湿润了，深受鼓舞。10月份课中正好安排了走和跑的练习，我就把志愿军黑夜行军的场景再现出来，志愿军的英雄形象已在学生们心中扎下了根，学生在跑的过程中始终能保持安静，队形整齐，专注力高，警惕性强，精神饱满，没有一个同学落后，没有一个同学退缩，他们不仅克服了身体上的疲劳，而且也克服了心里的恐惧，很好地完成了教学任务。在教学当中，学生们的自信心增强了，意志品质得到了很好的锻炼。在英雄事迹的感召下，学生们爱祖国、敬英雄的心理长城初具雏形。

一年级各班，由于向志愿军学习有出色表现，每班都被命名为“尖刀连”。在这种荣誉的感召下，不管在升旗仪式、课间操或集会中，学生们从不迟到，站姿挺拔，精神饱满，各方面表现非常突出，真是虎虎生威不甘示弱。让学生心中有榜样，才会让他们有力量；爱国教育要结合实际生活，与时俱进，不断有生发点产生，这样才有实效性！而高尚的精神品质的引领是学生学习的马达，我希望志愿军的英雄形象能够永驻孩子心中。

伟大的祖国是中华儿女共有的锦绣河山，民族复兴的梦想是56个民族共同的奋斗追求。今天，站在新的历史起点，带着对实现中华民族伟大复兴中国梦的坚定信念，亿万中华儿女在以习近平同志为核心的党中央坚强领导下，必将肝胆相照、携手并进，唱响同心筑梦的时代乐章，向着新的伟大征程阔步前进。

延安寻根守初心

自动化学院　张　婷

2000年，当我第一次踏进北京理工大学的校园，就深深感受到了北京理工大学“延安根、军工魂”的红色基因，严谨求实的学风、报效国家的使命感无时无刻不激励我、感染我，能够在中国共产党创办的第一所理工科大学担任一名教师，我始终感到无比自豪。

2020年10月，在学院党委的组织下，我来到了心驰神往的延安，进行了不忘初心寻根之旅。至今回想起来，依旧心潮澎湃。

黄昏，飞机降落到延安南泥湾机场，走出机场大厅，便有一个石墙，上面刻着《南泥湾》歌谱，我们一行人便情不自禁地哼唱起来，“花篮的花儿香啊，听我来唱一唱啊”，歌声悦耳轻快，然而这轻快的歌唱却是在中国最艰苦的岁月中产生的，这种革命乐观主义的积极人生态度值得我们后辈学习。

在延安，有时跟着专家一字一字学习理论，有时也会进行现场教学学习。我们先后来到了延安革命纪念馆、王家坪革命旧址、中央西北局纪念馆、枣园革命旧址、杨家岭革命旧址等地进行现场教学学习。一张张弥足珍贵的历史照片、一段段感人肺腑的历史故事，随着讲解员激情的讲解，我的思绪又回到了那个峥嵘岁月，再次感受到延安时期那惊心动魄、艰苦卓绝的革命历程，深刻领略了延安精神和老一辈革命家的风采。

第二天，我们来到北京理工大学的前身延安自然科学院旧址。普普通通的几间房子安安静静地坐落在一个山脚下，如果不是讲解员把我们带到这里，我真的无法想到这里就是为革命培育了一大批科技干部和管理干部的延安自然科学院。延安自然科学院是在抗日战争最艰苦、最困难的年代创办和发展的，它的建立对推动边区科学技术的进步和发展，发挥了重要作用。

中国共产党在最困难的时候创办大学，承担起了培养肩负拯救祖国命运的重大使命。延安自然科学院取得了丰富的科研成果和教学成果，为抗战的胜利、为祖国的解放事业以及新中国的建设事业做出了不可磨灭的贡献。

这才是真正的大学！一所大学办得好不好，不是看它的条件何等优越、规模如何庞大，而是要以长远的眼光、历史的视野看它培养出了什么样的人才，看它对国家对民族做出的贡献。

党的十八大以来，习近平总书记围绕“培养社会主义建设者和接班人”做出一系列重要论述，深刻回答了“培养什么人、怎样培养人、为谁培养人”这一根本性问题，以习近平同志为核心的党中央丰富、发展了党的教育方针，把立德树人作为教育的根本任务，为中国特色社会主义教育事业发展指明了方向。习近平总书记指出：“高校立身之本在于立德树人。只有培养出一流人才的高校，才能够成为世界一流大学。”

在延安自然科学院旧址，全体教师合影留念。面对着青山下那几座普普通通又极不平凡的校舍，我们庄严宣誓，作为一名高校教师，一定要时刻不忘初心、牢记使命，继续传承延安精神，做一名好老师，把立德树人、培养德智体美劳全面发展的人才作为自己的神圣使命。

只问初心 无问西东

材料学院 金海波

百年中国，百年沧桑。人之渺小，恰如沧海之一粟。试问芸芸众生，谁能拯救天下苍生？谁又能拨开云雾，找寻到普照人间的一线光明？末代皇族奈若何，溥仪只做得一世傀儡。三民主义势昭昭，可奈民智未开、民生凋敝，一代天骄孙逸仙亦不免英雄末途，半生事业终虚化。故而中华大地时时演奏着一曲又一曲屡败屡战、前仆后继的英雄悲歌。直到有了中国共产党，中国革命的面貌才焕然一新。百年奋斗，不再困惑。无问西东，从此中国只此一种选择：历史和人民共同选择了中国共产党，而中国共产党人的初心和使命就是要为中国人民谋幸福、为中华民族谋复兴！

一、不忘初心，深刻感悟习近平总书记之赤子初心路

看过太多知青路，各有不同又颇能见高低，唯有来到梁家河方能感悟习近平总书记的赤子初心路。念兹在兹，萦绕习近平总书记心中的，乃是为国为民的一片赤子之心。既是为民初心，当源自人民，复还人民。特殊时代的那一段特殊经历，使青葱岁月期间离亲别友南下黄土地的习近平身上带着一种一般北京子弟中难得的平民情怀。不深入民间，无法体会民之疾苦。在梁家河，习近平真正明白了什么才是百姓需要。

从来只吃精面小米的肚子逐渐被黄土高原的窝窝头填饱，从没见过跳蚤的身体还能在恶劣的环境下睡个囫囵觉，体力远不及农村妇女的北京子弟也能成长为青壮年劳动力。无数个孤独寂寞的日子里，是热情无私的陕北人民给予了习近平至今仍感温暖的浓浓乡情。梁家河的每一座山、每一条沟的名字，谁住在哪一口窑洞，谁的大名小名，他都记得清清楚楚。七年已逝，习近平在北上求学和扎根黄土地之间，果断地选择了“成为一个农民”，却又在村民们的极力劝说下，情非得已走出梁家河，用他自己的话说去北京读

书就是一定要从政，要为老百姓做实事做好事。

几十年过去了，习近平已经成长为党和国家领导人。他步伐坚毅，目光如炬，走过了河北正定县，南下发展了厦门和福州，又主政浙江省，如今已成为中共中央总书记，无论官儿大官儿小，他真的做到了一片赤子之心只为老百姓。极端贫穷，是习近平总书记对于边远山区最直接和深刻的印象。这是违背共产党人初心的严重问题，也是我们共产党人涉险滩、啃硬骨头、下军令状都必须拿下的碉堡。脱贫攻坚战在全国各地正式打响，产业扶贫、精准扶贫等扶贫战略也因地制宜地发挥其作用。在他的亲切关怀下，彝族地区爬天梯上学的孩子们有了便捷的交通方式，该地区移民搬迁工作也成果显著，老百姓踏踏实实住进了政府盖的新宅子里。井冈山、延安等革命老区也纷纷摘掉贫穷落后的帽子，百姓过上了比较富足的生活。习近平总书记永远是指引我不断克服困难前进的人生灯塔。

二、笃实践行，用生命书写的初心华章

人生中有太多选择，每个人有不同选择，因此每个人的人生都截然不同。如果早知道今日之自己，还会无悔以往的人生吗？

黄文秀同志，不满30岁就将满腔热血奉献给了扶贫攻坚仗的第一线，令人痛惜的事故终结了一个家庭的幸福。她真正诠释了什么叫共产党人用生命在坚守初心。习近平总书记对黄文秀同志遇难事件做出重要指示：黄文秀同志研究生毕业后，放弃大城市的工作机会，毅然回到家乡，在脱贫攻坚第一线倾情投入、奉献自我，用美好青春诠释了共产党人的初心使命，谱写了新时代的青春之歌。广大党员干部和青年同志要以黄文秀同志为榜样，不忘初心、牢记使命，勇于担当、甘于奉献，在新时代的长征路上做出新的更大贡献。以黄文秀为代表的新时代新青年，深入基层贫困之地，用实际行动践行自己的入党誓词，真正无愧于祖国和人民。

山水有情，生生不息。“即使是两个足球场大的孤岛，哪怕我一个人也要坚守下去。”这是来自一位守岛卫士的执念。守岛卫士王继才夫妇，克服自然环境的恶劣，远离充满烟火气的人间，在极端邪恶势力面前展现出保疆护国的决心和恒心，不愧于共产党人的光荣称号。看着亲朋好友下海经商，打工赚钱，当初生活困难的王继才是否也后悔他守孤岛的选择呢？浪的执

着、礁的顽强、民的本分、兵的责任。岛再小也是国土，家未立也要国先安。若有生命的轮回，他始终会坚持守卫边疆、守护百姓的初心，生生世世。

三、坚守初心，用实际行动践行入党誓词

身为一名党员，我始终坚信，只要每一位党员在各自平凡的岗位上坚守初心、砥砺奋进，所有艰难险阻就能不攻自破。

抓住农民阶层的心，帮扶好山区的困难项目，就是所有岗位应该考虑到的最切实际的初心问题。2020年，我在吕梁方山对口扶贫工作中负责解决企业的技术难点，通过一系列革新，使企业仅原材料方面的成本就降低了50%，同时帮助企业申请发明专利，助力企业从粗放型向技术内涵型发展。

就任材料学院党委书记以来，我始终将全院师生的切身利益放在首位，围绕立德树人根本任务，坚持和加强党对学院工作的全面领导，推动学院内涵式和创新性发展。调整绩效分配办法，将年底绩效70%用于人才培养专项工作，人才引进工作有了抓手和助力；统筹兼顾疫情防控下的学生在校管理和教育工作，发挥基层支部作用，组织建立三级防控体系，平稳顺利完成了疫情下的学生返校、毕业季打包寄送等各项工作；发动党员齐上阵，定点帮扶，落实“六稳、六保”，保障了学生疫情下的就业工作，2020届毕业生就业率达到98.7%，居全校第二；坚决执行全年无休止的招生服务化和常态化政策，上海招生组和河北招生组均获学校2020年招生工作先进集体（一等奖）。

我心匪石，不可转也。我心匪席，不可卷也。初心易得，始终难守。若忘初心，幻湮迷灭。不忘初心，方得始终。我始终把理想和信念锁定在“为共产主义奋斗终身”的崇高誓言上，落实在组织工作、立德树人的一言一行之中，时刻以一名优秀党员干部的标准要求自己，不忘初心、牢记使命，为党的教育事业奋斗终身。

谈谈“自找苦吃”

精工书院　方　蕾

今天想和大家分享的是《习近平与大学生朋友们》这本书中的一段故事。1985年，时任厦门市委常委、副市长的习近平同志与当时正在厦门大学读书的张宏樑交流时提到，年轻人要“自找苦吃”，要利用一切机会锻炼自己。读到这里，我想起前些天和一个挂科超30个学分的同学的谈话，学生跟我说他不想退学，因为退学后父母就会要他去工地打工，打工很辛苦，他不想那么辛苦。我问他：“学习难道不辛苦吗？”他无言以对。对于这位同学来说，学习确实不辛苦，因为他没有早起上课，没有深夜学习晚归，考试不去，作业不交，对他来说，学习比在工地打工容易多了。但事实是这样吗？任何一个成绩优异的学生，有几个不早起，有几个不晚睡，有几个没有因为学习熬过夜，没有苦哪来的甜？

我们大多数同学是出生在经济高速发展时期的“95后”和“00后”，丰富的物质资源和便捷的现代化生活为大家提供了茁壮成长的土壤。来自家庭的呵护与社会的关注，从小就滋润着你们，这种关怀可以帮助你们心无旁骛地读书学习，在考试中取得优异的成绩，但在面对现实中的困难和挑战时，还是会觉得束手无策。在大学时期，年轻人主动找些苦吃就显得尤为重要。

“吃苦”始终是中华民族伟大精神的鲜亮底色，我们曾学习过的“长征精神”“载人航天精神”都将“吃苦”作为其重要的精神内涵。敢于吃苦、乐于吃苦、善于吃苦是我们党带领人民取得一个又一个伟大胜利的宝贵精神财富。对于当代大学生，“吃苦”并非是“劳其筋骨，饿其体肤”，而是要广泛接受学习和生活的锻炼，让意志接受打磨。面对机遇，主动把握；面对挑战，迎难而上，是新时代大学生“自找苦吃”的现实意义。

甘于奋斗，牢记使命在肩

现在很多同学在进行选择时多少都带有一些目的性，做一件事是否会带来荣誉，是否会有奖励，哪怕是否会有综测加分都成了判断参考的必要条件。“无利不起早”似乎成了一种普遍现象，很多时候大家并不是不敢吃苦，而是不愿主动担当。有没有比奖励和荣誉更有价值的东西呢？有！那就是在吃苦中得到的锻炼和提升。相比于荣誉的短期回报，成长中的不断提升是长线投资。在人一生的发展当中，这种投资所带来的收益更有意义。甘于吃苦，需要“不畏浮云遮望眼”的格局，主动担当则需要耐住寂寞的定力。

百年党史就是一部奋斗史。靠着不怕牺牲的精神，无数革命先烈为新中国的诞生献出生命；靠着自力更生的决心，多少科学工作者为国家的科技事业发展隐姓埋名。在同学们身边也许多学长学姐，他们在学校里主动接受锻炼，毕业后选择到最基层、到科研一线、到祖国建设最需要的地方扎根工作。甘于吃苦奋斗、主动担当作为，才能接过社会主义现代化建设的接力棒。

勤于思考，小我融入大我

青年时期是个人苦练本领、增长才干的黄金期。新时代下，知识更新加快，新技术新模式新业态层出不穷，对于同学们的能力素质提出了更高更新的要求。无论是成就自己的人生理想，还是担当时代的崇高使命，同学们都需要珍惜韶华，不负青春，勤于思考，提升内在素质，锤炼过硬本领。

古人说，温故而知新。我们读书切忌生搬硬套，学成书呆子。思考的过程也是对事物进一步认识的过程。勤思考可以达到透过现象看本质的目的。勤思考还可以开动脑筋，活跃思维，历练自己分析问题、研究问题、解决问题的能力，使自己的思维视野、思想观念、认识水平跟上越来越快的时代步伐，在学习中增长知识，在工作中增长才干。大家不妨每天找一点时间，把所学的内容在脑海里过一遍，经常回过头来想一想，坚持下去，会有很大的益处。

“十四五”时期正是各位同学面临人生发展的选择期，社会进步为同学们提供了充足的机遇，融小我于大我，把个人理想追求融入党和国家事业之中!

勇于实践，真金不怕火炼

“纸上得来终觉浅，绝知此事要躬行”，同学们既要学习课堂上的有字之书，又要学习社会实践的无字之书，通过实践获取人生经验和社会知识。广泛参与实践能够帮助同学们认识国情、了解社会，更好地将个人理想与中国特色社会主义的发展道路结合在一起。习近平总书记曾提到过自己在梁家河下乡时候的往事，下乡要过五关：跳蚤关、饮食关、生活关、劳动关、思想关。跨过了劳动关，树立了“自找苦吃”的想法，才能砥砺思想。不接触实践就无法深入群众，不亲身经历实践就无法了解人民的向往、时代的需要，不体验实践的过程就无法实现创新和发展。

“路漫漫其修远兮，吾将上下而求索”，实践的意义就在于此。如何将个人理想同共产主义崇高理想与中国特色社会主义远大理想紧密结合，就得靠实践得来的“求索”。书本上的知识难免存在“水分”，只有和实践紧密结合才能挤出“水分”，留下干货。无论是在学习工作中还是科研创新中，都应抓住实践的机会，面对未知和挑战需要有迎难而上的勇气、敢于试错的锐气、决心成功的志气。

“自找苦吃”是对当代大学生提出的更高要求，也是时代和人民给予新时代青年的殷切期望。幸运的同学们，你们的年龄与“两个一百年”奋斗目标具有高度的契合度，实现中华民族伟大复兴的历史进程为各位同学实现自己人生目标明确了方向。投身中华民族伟大复兴的过程中，要能经受住学习的苦、实践的苦、劳动的苦和探索的苦，更要主动担当、主动思考、主动探索、主动追求，这才无愧于青春年华!

月球表面的五星红旗

机械与车辆学院　胡晨星

“可上九天揽月，可下五洋捉鳖。”还记得毛主席在党最艰难的时刻，发出的豪言壮语。如今百年时光已然过去，我党依然岿然屹立，比以往任何时候都充满生机与活力。如果主席他老人家还在，或会发问可有“上九天，下五洋”啊？这次我们终于可以自豪地回答：“已上九天揽月，已下五洋捉鳖！”

2020年11月10日，中国“奋斗者号”载人潜水器于马里亚纳海沟成功坐底，刷新了中国载人深潜的新纪录。2020年12月17日，“嫦娥五号”历经23天，成功携月壤返回地球，更为标志性的是，五星红旗首次飘扬在月球表面。距离“太阳神阿波罗”驾着黄金马车拂过Luna表面已经数十载，21世纪第二个10年的尾页，嫦娥仙子带着我们流传几千年的梦想与执念，回到了广寒宫，去帮我们看看玉兔、吴刚，还有月球上到底能不能种菜。这些举世瞩目的成就自然让我们振奋与欣喜，作为一名从事航空航天领域科研工作的高校教师，更是深知其中的艰辛与不易。但更为重要的意义是，我们看到了中华民族在中国共产党领导的风雨百年中，一步步迈向了富强，历史的车轮又一次被我党摆正了方向。

风雨之年的绝地反击

除了“揽月”与“捉鳖”，2020年可谓是颇具戏剧性的一年。新冠疫情席卷全球，作为一个目睹了近10年网络舆论场群魔乱舞的网上冲浪小能手，我很欣慰地看到2019年以来，舆论局势的惊天反转。疫情之下我党英明领导，以壮士断腕的果断和显著的制度优势，风雷般控制住了新冠病毒的扩散，宁愿短暂牺牲经济发展增速，也要保障人民的生命安全。反观国外各国疫情防控首鼠两端，进退失据，既舍不得放缓经济发展，又担心疫情失控影响选举。更何况，尽管我们忍痛放缓经济发展，但站在2020年年末这个节点往回看，形势依然喜人。一个数据：我国2020年前11个月，进出口实现正增长，贸易顺差增长更是达到了23%。所以说，四个自信在一次次被事实强化与印证，我们年轻一辈或许曾有过的彷徨与犹豫，都已被坚定的信念所替代。

最具革命浪漫主义情怀的“彩蛋”

探月工程副总指挥吴艳华说：“月球土壤还将在湖南韶山毛主席的故乡进行异地灾备，他提出的‘可上九天揽月’的夙愿实现了。”月壤入韶山，这让我想到，好莱坞电影最经典的手法之一便是回响，也就是在片头埋下伏笔，在高潮或结尾一幕进行呼应。谁曾想，我们用时长近一个世纪的故事，与井冈山上伟人的畅想遥相呼应。大概这是我们独有的跨越世代的视野，也是愚公移山精神的一次现实主义写照。于我个人而言，我更愿意称之为：最具革命浪漫主义情怀的“彩蛋”。鲁迅先生在《热风》中说过，“我又愿中国青年都只是向上走，不必理会这冷笑和暗箭”。是啊，因为已有火炬燃烧百年，年轻人又何愁不向上生长。

献给党的百年和五星红旗的诗

曾几何时，大卫·鲍威的一首*Space Oddity*道尽了美、苏航空先行者的浪漫与勇气。如今，五星红旗已在月面飘扬，党也即将走过百年时光，是时候谱写我们自己的太空奥德赛了。

月球表面的红旗

曾经的我
攥指成拳愿为你
把誓词刻在心坎里
像孩子一般依偎
赤诚却不吐露心迹

如今的你
九天揽月成火炬

太空漫步与天齐
真空之中身不飘动
依然高高扬起

迷茫时
忍不住抬头望向你
那座环形山有你的足迹

奋斗中
燃烧的热血辉映你
让我投身新时代的接力

嘿！
我想我依然爱你
但不会把你轻易比拟
不是梦想或远方
那些太过抽象的东西

现在的你
像一款太空中的精酿
醇香而充满诗意
让人沉醉却不会迷离

因为你
我也想成为一支火炬

回眸百年路，坚守我初心

机械与车辆学院　田　冉

一条不避风雨的游船，一群意气风发的青年，一次充满曲折的会议，中国共产党就这样在祖国风雨飘摇之际诞生了。然而其作始也简，其将毕也必巨。在中国共产党成立后的100年里，她带领广大人民从山河破碎走向国家统一，从贫穷落后走向繁荣富强，以堪称奇迹的速度不断发展壮大，不断创造纪录。从站起来、富起来，再到强起来，我们的祖国在中国特色社会主义这条大道上走出了一片崭新的天地，让“没有共产党就没有新中国”的赞歌响彻中华大地。

展开党近百年来的奋斗答卷，每一步都是那样的艰难却坚定。100年来，我们的党筚路蓝缕、披荆斩棘，用实际行动兑现对广大人民的承诺，同时也让世界看到中国这头沉睡的东方雄狮正在觉醒。70多年前，中华人民共和国成立，祖国迎来了百年硝烟后久违的和平；40多年前，改革开放，国门打开，为中国经济注入新的生机和活力；今年，全面建成小康社会，使贫困和饥饿成为永远不会重演的历史。从当初的一穷二白，所有东西都要加个“洋”字：洋车，洋火，洋灰；到今天的独立自主，太湖之光大放异彩，蛟龙下潜一展雄姿，嫦娥奔月翱翔九天。这些人人都能看到的变化让我们清楚地认识到，中国共产党无论何时何地，无论在何种境况下，都始终秉承着为中国人民谋幸福、为中华民族谋复兴的不变初心而砥砺前行，即使道阻且长，依旧初心不改。

在党的100岁生日之际，我不由得回想起自己入党的那个高光时刻。10年前还是大一新生的我，写下了一份对我以后的人生具有重要意义的入党申请书，辅导员问我为什么要入党，我说“党员代表了光荣”，那时的我想法很简单。后来经过系列培训学习，加深了对党建理论的认识，也更加坚定了我成为一名共产党员的信念。2012年4月10日，我成为一名预备党员，经过一年的预备期后我通过组织的考察，顺利转正，向着光荣又迈出了一步。在以后的学习工作中，我逐渐明白，党员这个身份，更多的是责任和担当。我的内心始终牢记共产党人的使命和担当，尽我所能发挥党员的带头示范作用：在校园里，组建学生社团，为大一新生提供帮助和指导；走出校园，去陕西蓝田小学支教；做世园会志愿者，向世界展示我国的风采；重走延安路，领悟延安精神。成为党员后经历的这所有的一切，都在我心中生根发芽，指引着我前行。

每个人都有一颗初心的种子，都应当寻找初心、牢记初心、保持初心，为实现自己的小目标努力奋斗，为实现中国梦添砖加瓦。习近平总书记在党的十九大报告中为我们指明了“中国共产党人的初心和使命就是为中国人民谋幸福，为中华民族谋复兴”。如今，我已踏上工作岗位，在继续从事科研工作的道路上，又有了一个新的身份——大学教师。我时刻告诉自己要结合自身情况，不断思考和践行“不忘初心、牢记使命”。师者，传道授业解惑也。作为一名基层教育工作者，要把立德树人贯穿于人才培养的全过程，不断明确使命，强化担当。明确培养什么样的人、怎样培养人、为谁培养人。要扎根中国大地办教育，同生产劳动和社会实践相结合；培养德智体美劳全面发展的社会主义建设者和接班人；做到教育为人民服务，为中国共产党治国理政服务，为巩固和发展中国特色社会主义制度服务，为改革开放和社会主义现代化建设服务。同时，作为一名科研工作者，在攀登科学高峰的路上摔得头破血流是家常便饭，但无论前方是荆棘密布还是柳暗花明，回头望一望来时的路，当时刻铭记当初为祖国而战、为民族复兴而学的赤子初心。我相信有奋斗就有希望，我将一往无前。

赤诚心语篇

“清清延河水，抚育你茁壮成长。悠悠岁月长，磨炼你意志如钢……”红色基因早已镌刻进北理工的文化内核，矢志报国早已流淌在北理工人的精神血脉。一代代北理工人与党和国家同呼吸共命运，以强烈的责任感和使命感服务社会发展和国家重大战略需求。

向党吐心声

离退休处　陈熙蓉

我是北京理工大学五专业（炮用发射药的性能与制造）的毕业生，于1955年毕业留校分配到七专业（炮弹装药、火工品、烟火）任教师。如今我已步入高龄老人的行列。我的很多优秀同学、同志有的离世，有的有病或远走他乡，我庆幸如今还能健康地来迎接庆祝党的百岁生日，心情十分激动。

2020年疫情期间，我特别仔细观看了许多中国革命的历史剧《绝境铸剑》《伟大的历史转折》《特赦1959》《东风破》《跨过鸭绿江》，以及现代剧《追梦》，使我更深刻地体会到百年来，我们伟大的共产党，以毛主席为代表的革命先辈们，以崇高的革命信仰挽救中华民族的危亡，与国内外强大的反动势力做不屈不挠的斗争，历尽千辛万苦、历经曲折、历经无数革命志士前仆后继的光荣牺牲、历经奋发图强改革创新，带领全中国人民，团结一切可以团结的力量，不屈不挠地英勇奋斗，使一个苦难的、饱经沧桑的中华民族站立起来，强起来；特别是今天以习近平同志为核心的党中央，继承革命遗志和光荣传统，不忘初心，团结全国人民走向当今的辉煌时代，在强军战线上，在经济战线上，在科技战线上，在抗击疫情战线上，赢得了空前的战果，全国人民万众一心、团结向党，为世人所瞩目和羡慕。

我的家庭在苦难的旧中国经历艰辛，走向了党指引的光明道路。回顾我个人在党的教育下成长，不由得要以感恩的心情向党倾诉从未细说的衷情。

父亲陈先觉，黄埔军校第五期毕业生，湖北黄陂人，佃农家庭，在私塾读过四书五经，学书法。青年时他到武昌谋生，正值大革命时期黄埔招生，他参加了黄埔军校设在武昌考场的招生考试，正式被录取进入黄埔军校。他参加过叶挺领导的北伐，攻打过武昌的军阀。抗日战争时期，他为上校团长军衔，领导国民党军队抗日，据说他打仗很勇敢。父亲后来因肺结核病的困扰，离队休养，另谋生路。此后父亲因肺病严重不能呼吸，1944年5月21日逝世于湖南湘潭南大膳乡镇。在家里我是最不受重视和娇惯的老二，但我学习听话，他写书法时要我在旁边评说。他身体有病，精神紧张，从不抱怨。抗日战争时期，他坚持送我们上小学、中学，住校读书，教育我们女孩子要朴素，不要涂脂抹粉，要做一个自立的人。我上中学时，他送我一个铜盒，上面题词是“人当自立，不可依赖”。他亲自送我们到离家数百里的教会中学学习，认为安全保险，分开时从不儿女情长。

我母亲是一个在水务局工作的职员的独生女，经媒人介绍与我父亲成婚，略识几个字，能写简短的书信。他随父亲，衣着朴素，不讲打扮，不说家长里短的话，也不骂人。她给人印象最深的是仗义勇敢。在日本侵略时期，有一次她与一伙伴同行在阳光明媚无遮挡的路上，遇日本飞机低飞用机枪扫射行路的群众，她当时穿的是黑色大褂，毫不顾及自己安危将穿着白大衫的伙伴压在自己身下，免得暴露目标，免遭机枪扫射，幸好躲过一难，但她从不宣扬自己，认为是理所当然的。在抗战时期，我的亲舅舅、亲表叔牺牲在日本士兵枪口下，我的堂叔和表叔也在抗日战争中受了枪伤，他们都是穷苦农民出身，跟父亲参加了抗日部队。我和哥哥在父亲病重时，远离家乡读书，遇日本士兵侵略长沙时，我们随亲朋好友逃难。后来父亲去世，我们盲目地在亲朋好友建议下投奔亲戚，每天走80里路，历经10多天。那时我才13岁、哥哥15岁，我们饱受远离父母的痛苦，前途一片渺茫。幸亏母亲以坚强的意志，请原来父亲的卫兵老徐，远途跋涉接我们兄妹回家。

这就是抗战时期的苦难中国，受日本士兵欺凌，他们肆意枪杀、掠夺和轰炸，中国人任人宰割。后来我也亲眼看到了国民党的腐败，对进步势力的镇压，看到了共产党向人民指出光明的前程！

我姐是一名中共党员。在抗日战争时期，父亲送她到湖南国立八中住校读书，后来她离家到昆明西南联大学习。此时她在地下党组织的引导下，参加过反饥饿反内战学生运动，她勇敢地拿着大旗走在最前面，相比地下党组织的同学，她认为自己被捕还可以借父亲的名义得以保护。1946年北上北平，在北大外语系继续学习。1947年，在地下组织的帮助下到达解放区，投身革命队伍，后入党。北平解放后，她在中央人民广播电台任政治时事组记者与编辑，曾经随周总理接见国宾。

我哥哥也是一名中共党员。1947年上高中时，他未告诉母亲和家人，跟随地下党组织从武汉经上海，北上北平，通过封锁线到解放区参加革命。天津解放时，组织分配他当派出所所长。在天津工作期间，他身患重疾，中耳炎血管化脓，高烧不止。由于党组织精心关照，他在著名的天津总医院由专家会诊治疗，经过两次手术，打开耳后脆骨取出化脓的血管得到根治。这样的病在旧社会肯定死于非命，但由于党组织的关怀，我哥哥在专家的治疗下获得新生。我之所以提起，那时我正上大学三年级，特请10天假去天津护理他。他的治病经历使我感动不已，党组织就是我们的父母。

我妹妹也是一名中共党员，于1949年前高中读书时，参加地下民主青年组织。1949年武汉刚解放，她未告知母亲和我，毅然参加中国人民解放军，随军南下。后来当地政府还给我母亲住地送了一块“光荣家属”的牌子挂在门口，以示慰问。后来，妹妹转业时，经过业务学习分配到武汉《湖北日报》当摄影记者，参加重大时事报道，后任交通部主办的某杂志的副总编。

武汉刚解放时，我将进入高三学习，在哥姐妹革命行动的影响下，再加上我亲身经历过旧社会的种种苦难和遭遇，我也要追求进步，跟着共产党走向光明。1950年2月组织上批准我的申请，我加入了党的后备军——新民主主义青年团，是一个唯一没有候补期的团员。除了业务学习外，我积极参加政治活动，学校规定学生写周记，有一次我写的迎接武汉解放的文章，由接管学校的解放军同志推荐送到汉口人民广播电台向全市人民广播，表扬青年学生对党对革命对解放军的拥护和真挚的感情。1950年高中毕业，我离开母亲上北京找姐姐，后来参加华北大学工学院的考试，被录取为化工系学生，在后续的统考中我又考取今天津大学的电机系。我当然选择了具有革命传统的华北大学工学院。

我于1950年8月下旬到位于北京东黄城根的华北大学工学院报到。承载着革命先辈的嘱托，我努力学习，成为有坚定正确的政治方向、为新中国建设需要的技术人才。学校是由参加革命多年的校长为首的革命干部队伍领导，他们朴实无华，全面关心老师教学和学生们的学习情况。我们通过课程，系统学习马列主义理论，听政治时事报告，听抗美援朝英雄事迹，写慰问信，向志愿军学习，下农村向贫下中农学习，到工厂向工人师傅学习，了解他们的疾苦，了解他们吃苦耐劳、忠于事业的高尚品质。我们去实习的工厂就是为志愿军生产各种类型的炮弹，有57穿甲弹、空心反坦克破甲弹、82120迫击炮弹、122榴弹、152加农炮弹，以及舰弹。学校始终教育学生为革命事业树立正确的革命人生观。

在大学二年级，由于受苏联卫国英雄及咱们国内革命英雄人物的影响，我第一次递交了入党申请书。那天，高年级一位有地下工作经验的学员书记（化工系大师兄）接待了我，我用颤抖的语言讲述我的入党决心，表示我将在敌人酷刑面前、在与敌人的战斗中保持革命信念，决不叛党，向英雄烈士们学习，以此表达我的入党志愿。以后在党组织关心下，成立专门的小组，组织我们学习党的性质、奋斗目标、党纲党章，使我们从理性上认识中国共产党。

在我学习、工作的经历中，最值得回忆的是在1958年进行科研工作时受伤。此科研项目是新型微秒雷管测试，一个同事请我去帮忙完成当天任务，赶在第二天汇报。我已完成自己的任务，便毫不犹豫地答应帮忙。因我视力好，主动负责在外场地接雷管管线工作，以减少辅助接线时间。我站在测试雷管中间地带，交替进行测试，测试数发之后，同事因疲劳误将我手中接好线的雷管引爆，我的手掌被炸伤。这时天已渐黑，我当时很镇定，没有喊痛，学校派车送我到当时北京最有名的积水潭医院（原来是协和医院的外科），系领导钱晋先生亲自向医院请求让著名专家英国大夫洪乐斯来急诊救治，要保证我的右手不会截肢。因是半夜，医院不愿叫醒他。经再三恳请，洪大夫半夜来进行急诊，主刀动手术。他首先清除手掌心上密布如麻的物碎破片，然后不等我麻醉有效，便在我左大腿右侧切去约12厘米×6厘米的外皮替代消毒纱布，确保我的伤口不会感染。经过治疗，我的手掌伤口一个月后得到恢复，又由北大第二附属医院整形专家在我大腿取全层皮种植，并剖开了弯曲的手指，最终手掌功能得以恢复。直到今天我右手掌尽管留下少许碎片，但我做任何工作都没问题。手掌功能恢复半年后，我重新回到工作岗位，一如既往与同事们一道完成教学科研任务。事后我没有胆怯，也没有详细告诉我的母亲和其他家人，这件事丝毫没有动摇从事专业工作的信心。如果不是党组织的重视与关怀，我也许会手掌残疾。这件事情深深印在我心里，我更要好好报答党对我的恩情。

几十年来，我在党的教育培养下入了党，成为一名有革命理想信仰的党员教师。我热爱我的兵工专业，虽然它有爆炸危险性的一面，但我们能驾驭它、研究它，更好地深入创新，为强军强国服务。我们可以为解放军提供最大威力的对付各种目标的炸药装药；我们可以为工厂提供更安全的生产与管理科学依据；我们可以走在前沿，以体现不断创新的知识与技术的最新教材与实验培育我们的专业学生，使他们拥有较深的理论与实践经验，走向工作岗位后，能够作为专业技术骨干引领众人。

每件工作都是在挑战，我与我的同志们在学术带头人丁敬先生指导下，不断学习钻研，很辛苦，很充实，很快乐！我们党支部的同志都爱学习、负责任，一起奋斗，一起担当，非常团结向上。

我已是老龄的退休老师，至今我脑力没有明显的衰老退化。我愿意永远跟着以习近平同志为核心的党中央，与同志们一起，与党的脉搏一起跳动，迎接我们祖国更璀璨的明天！

共产党在我心中的力量

离退休处　陈坤林

1949年10月14日，广州解放。国民党余汉谋、刘安琪兵团残敌从14日至17日，沿着广州至湛江公路，经过我家所在的鹤山沙坪圩，向海南撤退，一连三天败军过境，军纪败坏，百姓叫苦连天。

一天傍晚，一队败军到我家强行抢去门板点篝火烧饭。我家本是中山路林家庄巷口用木板搭起的瓜棚式破房，下雨天漏雨本无处可安卧，门板被抢后更是无法遮风。我当时只有5岁，一片茫然，是后来母亲告诉我的，我当时只是害怕，几次因梦见国民党兵来抢掠而被吓醒。

1949年10月18日，镇上的国民党县保安营的士兵也仓皇撤走了，住在我家后面林家庄巷子里的县保安营营长的小儿子过去老欺负我，我父母屡屡被吓得让我不要作声，现在他们跑没人影了。国民党兵撤走后，巷子里一片狼藉，有篝火余烬，更有钢盔和水壶，我母亲则捡起一个军用水壶回家。20日晨，得知解放军昨天下午已经进城了，今天大清早，两位和蔼可亲的叫“同志”的青年人来到巷子里，热情向老乡们宣传解放军入城政策，要大家安居乐业，街上不时传来宣传队“解放区的天是晴朗的天”的歌声。

后来我上学了，逐渐懂得了许多道理，在向雷锋同志学习的高潮中，我也开始了学习毛泽东著作，视野更加开阔，更加坚定了跟党走的决心。在中学阶段，我努力学习，积极工作，有幸代表鹤山参加了广东省少先队员代表大会和共青团广东省代表大会，最后又考上中国共产党创办的第一所理工大学——北京工业学院，1965年成为光荣的共产党员，一生无悔在党旗下奋斗。

2020年，我国面临国内外多重严峻挑战，新冠疫情施虐全球，在以习近平总书记为核心的党中央坚强领导下，中国人民众志成城，控制住疫情，社会安定，经济在逆境中上扬，人民的获得感和幸福感大大提高，让全世界刮目相看。在迎来中国共产党成立100周年华诞之际，抚今追昔，我们坚信在新征程中，党的事业将更加灿烂辉煌。

红色熔炼之路

离退休处　陈树旺

我出生在河北省交河县，在我七八岁上小学时正值日本侵略中国，看到了日本士兵进我们村时的暴行和八路军游击队摧毁鬼子车辆的场景，因此从小心灵中就热爱共产党。为了保卫村庄我也参加了党组织的儿童团，在村口手握红缨枪站岗放哨查路条。

1950年，我来到北京上高小，开始参加每年的劳动节、国庆节游行，积极响应党的号召支持父亲参加公私合营，1956年加入当时的青年团也就是中国共产主义青年团，决心做革命事业的接班人，立志为共产主义奋斗终生。初中毕业时响应党的尽快培养人才、鼓励优秀初中毕业生上中专的号召，我报名上中专后被保送上了中专，分配到北京机械制造学校热处理专业学习4年。在校时积极参加修建十三陵大坝的艰苦劳动，并向党组织递交了入党申请书，决心永远跟党走，为社会主义建设贡献力量，做革命事业接班人。

1960年毕业后，我服从组织分配留在本校工作，努力做好本职工作，又向组织递交了入党申请书。20世纪70年代服从组织安排去“五七”干校学习，去首钢参加850厂房建设和到校工厂参加热处理车间劳动，为防滑帽的生产做出了贡献。1972年回到教研室实验室工作岗位后，我参加了材料专业的创建工作，出色完成了专业教材的编写和热处理原理、热处理工艺两门专业核心课的试验项目的开发与教材编写工作；又带队指导本专业学生的实习，为专业的创办尽力尽责，同时又向组织递交了入党申请书。从20世纪80年代开始，我承接了渗硼科研项目，指导了多批学生的毕业论文工作。

1985年4月27日经党支部通过，我正式加入了日盼夜想的党组织，实现了自己的梦想。退休后，我不忘初心继续为社会服务，先后担任了居委会楼组长，义务为居民办事，老干部处聘请我为材料学院退休组组长，为大家服务了7年；又被选为党支部委员为支部党员同志服务，2011年党的90华诞之际被老干部处评为优秀党员。我是生在旧社会长在红旗下，一生受到党的教育培养，我也将一生奉献给了党和人民的教育事业。

我认识了党

离退休处　董国耀

1964年4月9日，支部大会接受我为共产党员！当时我27岁半。

是党培育我长大、成熟，我一步步认识了党的伟大、光荣、正确，懂得了革命、理想、共产主义。

一、初步认识了党的高大

读初小时，我是儿童团员，一天，十几个八路军来我家，说皇协军的汽车要从我们村自西向东穿过，决定截击。他们准备着武器，让我到村西头去放哨。等了好久，没见踪影，听说皇协军闻讯脱逃了。

因我家在一个胡同的最里边，比较安全，所以八路军几次来我家。他们进门亲热地喊着大爷大妈，打扫院子，挑水，总是把水缸灌得满满的，还给我讲故事，教我认字。

儿童团几次参加土改群运大会，聆听村干部和乡亲们的心酸诉苦和对翻身解放的赞颂，我带领儿童团高呼口号。

这就是我最初获得的党的教育。这些经历在我的脑海里树立了党的高大形象，在我心中埋下了母子般的深情。

二、中国共产党是我敬重的人

我所上的高小离家12里，所以就住校了。学校是在旧城（镇），宿舍在临街门洞旁，我们住在门洞西侧，木板通铺，冬天铺着麦秸和从家带来的褥子。门洞东侧是一家书店，后来知道书店老板是地下党员，是来开展党的工作的。靠我睡的是程穆清同学，他比我大几岁，对我像弟弟一样地爱护，我把他视为哥哥。一天他亲切地对我说，你现在年纪小，等过几年你大了就可参加我们的活动了。他可能看出了我的心思才这样说的。后来得知他当时是中国共产党党员，担任了县公安局局长。

1949年10月2日晨，早操列队时，刘桂林老师向我们传达了中华人民共和国成立的喜讯，同时宣布我们都是新民主主义青年团团员了，大家欢欣鼓舞。我推测，刘老师也是地下党。

中国共产党，是我敬重的组织。

三、树立共产主义人生观

我所上的初中在运河西边十二里庄天主教堂里，当时称十二里庄中学，现在称运河中学了，她是在抗日烽火中诞生的。

当时的学习、生活是半军事化管理，早6点起床晨练，中午全体列队在教导处前，听领导讲话。领导教育我们热爱祖国、听党的话、努力学习、艰苦奋斗、尊敬师长、团结友爱等，是生动有效的素质教育。而后，高唱歌曲去食堂用餐。

为了丰富业余生活，我们班排演了话剧《战斗里成长》，话剧中讲的是父子参加同一支八路军部队，最终全家团聚的故事。我扮演了小石头，受到了深刻教育。

有一次在教堂里放映了无声电影《钢铁战士》，小战士拿起钢笔刺向日本军官的眼睛，这种大无畏的英雄行为一直鼓舞着我。

初中期间，中国共产党身份可以公开了，我们班竟有六七位党员同学，他们都是大哥哥大姐姐，都是班干部，听话守纪律，学习刻苦努力，积极热情，先人后己，方方面面冲在前头，都是我学习的榜样，“三反”“五反”看守“老虎”的也是他们。我和其中的两位现在还密切联系着。

潘冠三校长亲自给我们讲政治课，亲切地教导我们没有共产党就没有新中国，要跟党走，听党话，学好本领，保卫祖国。

初中的学习，进一步培养了我对党的感情和认识，奠定了共产主义人生观的基础。

四、加深了对党的理性认识

我高中上的是南宫中学，这所中学以教师水平高和藏书丰富闻名。我们班读书风气很浓，我也就把主要精力放在学习上。

我们班有4位党员，都任干部。我曾任班委和团支部委员，是党的积极分子。团支部组织我们学习《共产党宣言》和《论共产党员的修养》，加深了对党的性质、奋斗目标等理性认识。

党员王存礼同学，任校团总支副书记，社会工作忙碌，为了集体，他花费了许多精力，和班干部们自然更知心。记得在汽车站分别时，大家围在王存礼身旁，泪流满面。但他冷静地安慰着我们，他是硬汉子，没流泪。遗憾的是他在中年时就倒在了河北师院的讲台上。他在我脑海里深深刻下了党员高尚可敬的形象。

五、社会主义好，坚定跟党走

1956年暑期，我走进了来自革命圣地延安的北京工业学院，心潮澎湃。国防事业需要就是我的志愿！

当时毛泽东著作对我的影响很深，我反复学习了《实践论》《矛盾论》《正确处理人民内部矛盾》等文章，更加坚定了政治方向。

党要求我们要德智体全面发展，要做有社会主义觉悟有文化的劳动者，教育要为无产阶级政治服务，与生产劳动相结合。

1960年4月6日上午，在一堂课的课间，党总支书记宣布，国家需要我们提前毕业，我就毫不犹豫地做了教师。

六、入党

苏联撤走了专家，我们必须自力更生，我被分配到新建的“传感器专业”。由邹异松教授带领二十几位提前毕业的年轻人，白手起家，完成了火箭传感器科研项目，建起了专业和实验室，承担了学生的培养。

自然灾害也造成了极大困难，我四处搜集资料，开设传感器课程。

艰苦奋斗、自力更生指引着方向，鼓舞着干劲。《共产党宣言》《论共产党员的修养》和毛泽东著作是指路明灯，赋予了大家无尽的力量。共产主义目标在我们的心里扎根深藏。

境遇越困难，越能感受到党的伟大和亲切。我是团支部书记，必须紧紧围绕在党组织周围，用党章的要求指导自己的行动。我写了入党申请，得到了江先进同志的直接帮助，他是党支部书记，是我的入党介绍人，是知心朋友，是我尊重的挚友。

不久，传感器专业撤销了，我完成了1958级学生的专业课和带领学生实习的任务。

1963年，我转入军用光学仪器专业。

1964年4月9日，支部大会接收我入党。

七、永不褪色

牢记入党誓词，永葆党员本色。

回首几十年党员之路，我遵循了如下准则：

工作准绳：为国为民，勤奋严谨，倾心钻研，追求创新。热爱教学，热爱学生，热爱年轻人。

退休生活座右铭：力所能及，不求名利，知足常乐，不攀不比；与人为善，顺其自然，享受生活。

谨以此回忆献给党的百岁寿辰，感谢党的养育之恩！我将永远做合格的党员，永不褪色！

共产党培育我成长

离退休处　范琼英

全国解放后，我们经常唱的一首歌是《没有共产党就没有新中国》，至今我还能背诵。内容是："共产党辛劳为民族，共产党他一心救中国，他指给了人民解放的道路，他领导中国走向光明，他坚持了抗战八年多，他改善了人民生活，他建立了敌后根据地，他实行了民主好处多。没有共产党就没有新中国，没有共产党就没有新中国……"

这首歌我们一直唱到今天，我们永远不忘共产党的恩情。

我出生在广西南宁市，父亲是店员出身，没有稳定的工作，母亲没有适合的工作。母亲是广西都安瑶族自治县人，她家是壮族。我读小学时因为家境贫穷，交学费都有困难，还要靠亲戚帮助。当时，都安和马山两个相邻的县，申请在南宁市建立都安、马山同乡会，目的是让这两个县的学生在南宁读中学时有人照顾，同时南宁市的都安、马山老乡也有个聚会场所。同乡会成立之初，在南宁市买了一栋3层楼的房子，即南环路97号。同乡会的管理者了解到我们家的情况，主动让我母亲到同乡会打工，给这栋楼看门和打扫卫生，帮助来南宁读书的学生做饭和洗衣服。报酬是同乡会让我们家住在一层的一间房子里，不收房费，也便于母亲看门和打扫卫生。给学生服务的费用由学生的家长负担，每月付给母亲适当的大米。这样，我们的生活相对稳定下来。然而让我们痛心的是，我的父亲因贫病交迫，于1948年的冬天不幸去世。

长住在同乡会的人，多数是在南宁有工作的中年人和家属。经常出入同乡会的人，除了中学生外，不少是在南宁有工作或上大学的青年人。在这些人中，有一位男青年，私下请我母亲帮助他收藏一些保密资料，我母亲看到此人经常来往同乡会，对人热情诚恳，是个知书达理的人，同意协助他做点事情。听人说他是中国共产党的外围组织成员，后来加入了中国共产党。

（一）共产党来了，穷人读书不用愁了

我们有一家经常来往的老乡，我的母亲让我称那位中年妇女为姨娘，叫她的女儿为表姐。这家人住在同乡会附近的平房里，我们常在一起活动。表姐有一个哥哥已经成家，他们不住在一起。后来我才知道，她的哥哥是地下党员。在南宁解放前夕，表姐对我说，“共产党来了，穷人读书不用发愁了”，我当时还不明白这些道理。1949年11月，中国人民解放军四野部队进驻南宁，一个早上我们住在同乡会里的人打开大门，看到对门有很多解放军战士穿着军装和衣睡在地上，整整齐齐，纪律严明，听到有人高喊“南宁解放了”。我的中学也号召学生返校，我这个初中一年级的学生开始学习了。学校根据我的家庭困难情况，批准我申请甲等人民助学金，使我的学习和生活有了保障，我的母亲不再为我读书发愁了，我和党的故事也就从此开始。

（二）加入新民主主义青年团

我在读初中时，学校离家较近，但由于父亲去世后，同乡会给我母亲调换了一间较小的房子，我和母亲住在一起，显得很挤，学校批准我住校，我只能和母亲分开住。当时学校的范围不大，除了有教室和学生宿舍外，教工宿舍很少，也没有操场和礼堂。学校决定把校园内的池塘改造成为操场后，在操场里再建礼堂，因此动员我们全校师生员工都参加劳动。我们边上课边劳动，大家热情很高。我在学习方面，成绩优良；劳动方面，积极肯干；和同学之间能够互相帮助。经团组织的培养和考核，我于1950年8月加入了新民主主义青年团，后被选为团支部书记。对我来说，这既是鼓励也是鞭策，在后来的学习和工作中，我更加努力，团结班上的同学共同进步。

（三）加入中国共产党

我考上高中时，南宁中学已改名为“南宁三中”，是广西的重点中学，搬迁到南宁市郊区的青秀山附近（即现在的校址）。这个地方当时是空旷的田野，从搞基建开始，条件比较艰苦。我们这个年级共招收八个班的学生，理所当然我们是搬迁的主力之一，学习和生活都很紧张。我们这些年轻人也逐渐适应了这个环境。我记得当时我们喜欢唱的一首歌《青年团员之歌》，歌词是：年轻人，火热的心，跟着毛泽东前进，紧紧跟着毛泽东前进。挺起胸来，年轻的兄弟姐妹们，新中国的一切靠我们安排，新中国的一切，靠我们当家做主人……

当时中学党支部有一位党员老师，主动和我联系，约我谈话，给我讲党的奋斗目标、党的基本知识和入党的条件等，使我对党的认识逐步加深，思想觉悟有所提高，开始按照党员标准严格要求自己。1953年10月我光荣地加入了中国共产党，成为一名预备党员，1954年按期转正。我先后被选为学校的团总支委员和学生会主席。作为学生代表，参加了南宁市和广西壮族自治区的一些大会和会议。在高中学习阶段，我努力学习，认真做好社会工作，争取做到学习和社会工作两不误，不辜负党和国家对自己的培养。

（四）上大学的经历

我于1955年高中毕业后考入北京工业学院化工系学习，当时化工系设有3个专业，我们年级招了5个班，其中五专业2个班，六专业1个班，七专业2个班，我学的是五专业。在本年级的学生中，开始上学时共产党员较少，后来逐步发展增多。我们年级成立了一个党支部，我们班开始是2名党员，分别被选为党小组长和党支部委员，我是支部委员。

1958年，我校设立了半脱产的学生指导员岗位，此项工作不属于学校正式编制，没有薪酬。化工系党总支确定我为我们年级的学生指导员，可以随本班学习。我服从组织安排，既做本年级5个班的指导员工作又跟原班学习。从当年年初开始直到年底，我努力做到工作和学习两不误，自己经常加班加点。在同学们的支持和帮助下，我还能跟上大家的学习进度。后经过系领导审批，让我继续跟原来的班级学习。

在大学学习的5年中，前2年和后2年我都做党支部的工作，后来被选为本系党总支委员。

（五）参加工作开始和退休以后

我于1960年8月大学毕业，留校到学校党委政研室工作。在学校的党委书记和院长的领导下，我们刚参加工作的成员既有分工又有合作，互相帮助。例如我参加了魏思文院长亲自主持的一个调研组，到化工系七专业调查教学、科研、生产劳动以及教师和学生的情况，最后的调研报告也是和其他同志合作完成的，对学校工作起了重要作用，对我很有启示。政研室2年后撤销，工作人员做了调整，我到了学校科研处工作，最后又调到学校科技管理研究中心工作。该研究中心后与学校的管理与经济学院合并，1997年3月我在管理与经济学院退休。

综上所述，概括了我从中学到大学的学习阶段、大学毕业以后留校工作阶段以及退休至今的经历，这几个阶段都有我和党的故事。这些故事说明了党组织对我的培养教育，以及我作为一名共产党员为党工作应尽的义务和责任。希望我和党的故事再延续下去。

我这一生永远属于党

离退休处　刘继华

我出生于一个贫苦农民家庭，出生在抗日战争时期，我的一生中经历了抗日战争、解放战争，同时也经历了解放后的各个时期。

抗日期间在村里断断续续念了2年私塾。抗战胜利后，跳级念了4年小学，直至1949年秋小学毕业，没考上中学，在家务农一个学期。

我们村不是日本长年占领区，因为靠大山很近，日本人不敢长住，但时不时前来抢物资、粮食，抓青壮年当挑夫，抓十几岁小孩儿送回日本。我们那儿当时没有游击队，所以日本人一来，我们就跑到山上躲起来，他们每来一次就把粮食、物资、禽畜抢光，抓民夫挑走，逃跑的就枪杀。我父亲就被抓当了挑夫，好在半道想办法逃了回来。所以我年龄虽小，但很恨日本人。

抗战胜利后，国民党打内战，我们村及周围村驻了国民党的三十七军，成天抓壮丁、抢粮食、祸害老百姓，直到1949年在中华人民共和国成立前将他们打跑。白崇禧的军队就是被解放军追着从我们那儿逃到广西的。

1949年秋，我的家乡解放了，并很快迎来了中华人民共和国的成立，贫苦农民翻身做主，并经过土改分得了田地。1950年春，我考上了常宁县中初中，在中学里我们每天下午课后就去附近农村宣传党和国家的政策，宣传“三反”“五反”，斗地主分田地，教农民识字。1951年上半年我们学校成立了社会主义青年团（后改为共青团），我也加入了青年团，并担任支部的宣传委员。

1952年国家将每年春秋两季的招生改为每年只秋季招生，我提前半年毕业报考高中。我当时因家庭经济困难报考了省立三师，不用交学费，想着将来毕业后当一名光荣的小学教师，结果却被衡阳市第一中学录取，它是一所省重点中学。我到高中后，除了积极参加各项政治活动外，把学习放到重要位置，因此，每学期的成绩不断提高，都在4分以上，大部分为5分（学习苏联执行四级积分制，即：2分、3分、4分、5分），因此，几乎每个学期都被评为“优等生”。除自己学好外，我还帮助几个学习成绩较差的同学把成绩提上来，在老师和同学中有较好的口碑。

1955年前，我们学校只有校长是党员，还没有党组织，因此，中共衡阳市委决定在学校建立党组织，发展党员。首先将我们学校的团总支书记和学生会主席发展为党员并成立了第一个党支部。我知道这个消息后找校长申请要求加入中国共产党，党支部及时组织我们几个要求入党的同志进行党课学习。我们当时学习内容有党章、刘少奇同志的《论共产党员的修养》和江西省委宣传部编写的《怎样做一个共产党员》。经过党课学习，我对党的认识有了很大提高，从感性认识上升到理性认识，即将单纯对党的感恩提高到认识到中国共产党是中国工人阶级的先锋队，是中国革命的组织者、领导者，只有中国共产党才能领导中国革命走向胜利，建立社会主义，最终建立共产主义。在党课学习后，我向党支部正式提交了入党申请书。由于面临高中毕业，党支部及时讨论了我们几个同学的申请，经校长谭月笙同志和衡阳市文教党总支干部尹定福同志的介绍，支部讨论通过，报衡阳市文教党总支批准，我成为中国共产党的预备党员，预备期一年。

1955年高中毕业前夕，学校通知我，经湖南省公安厅和衡阳市公安局的审查，同意推荐我报考留苏预备生和国防院校。同时，在填报升学志愿的时候，将第一和第二志愿空着从第三志愿填起。因为如果没被留苏录取，就推荐去北京工业学院和北京航空学院。结果我被北京工业录取了，成为一名炸药专业的学生。

我1955年秋进入北京工业学院，从本科、研究生到留校任教，几十年再也没有离开过学校，直到退休。在这几十年中，都是做一些基层的工作，但我始终没有忘记自己是一名共产党员。共产党员这个称号是我工作的动力，在这几十年虽然有这样那样的错误和缺点，但任何时候我都相信党，跟党走。“不忘初心、牢记使命”，这是一个共产党员永远的座右铭。现在人老了，只要能为党做一些力所能及的事情，就没有辜负共产党员这个神圣的称号。

坚定信念　执着追求

离退休处　刘玉萍

2021年是中国共产党成立100周年，也是我入党50周年。学习中国共产党百年历程，回忆自己50年前为争取入党而努力奋斗的青春岁月，心情无比激动。

一、学习刘胡兰，立志入党

我从小受父辈的影响，从心里热爱共产党，敬仰毛主席。母亲常说的一句话是：共产党、毛主席来了，天下太平了，老百姓才过上了安稳的日子。

上小学后，学习的第一课就学到了“毛主席”，唱的第一首歌就是《东方红》。革命先烈的英雄事迹，尤其是刘胡兰烈士对我影响特别大。她年仅14岁就加入了中国共产党，面对敌人的铡刀，毫不畏惧，视死如归，不出卖党的组织和同志。毛主席为刘胡兰题词：“生的伟大，死的光荣”。因此，我立志要向刘胡兰学习，成为像她那样的共产党员。

我是1956年入小学的，在四年级时，我就在作文中写道：我的理想是听毛主席的话，好好学习，天天向上，争取早日加入少先队——共青团——共产党。

1962年小学毕业，我考入了河南省襄城县第六中学，进入我人生中的重要阶段。

二、学习雷锋，参加共青团

1962年，虽说三年自然灾害已经过去，但在我们家乡，仍然非常困难。我上的初中距离学校约30里，需要住校，一周回家一次，往返步行，自带干粮。所谓干粮，就是红薯面饼子，里面加上辣椒和盐，烙好后晾晾，放在竹篮子里，上面盖一块布。吃的时候，用开水泡一下。

我们的生活虽然艰苦，但学习的兴趣极浓。当时受的教育就是，为革命而学习，为祖国而学习，苦中有乐。1962年雷锋同志不幸因公殉职。1963年3月，毛主席题词："向雷锋同志学习"。雷锋精神对青少年的影响不可估量。我本人受雷锋精神的鼓舞极大，并且受益终身。

记得是1963年冬天，我周日下午去学校，刚走出家门就飘起了雪花。那时也没有伞和雨衣，更没有雨鞋，走到邻村时，我在场地里抓了一把麦秸把馍篮盖了一下（现在看来毫无用处）又继续走。雪越下越大，我在风雪中艰难地行走。走到学校时已经很晚，身上的雪结成了冰，篮子里的饼子也都冻上了，衣服鞋袜也全湿了。学校领导和老师给予我多次表扬。我也更加严格要求自己，觉得自己和雷锋同志比起来还差得远。

在雷锋精神鼓舞下，在学校领导、老师的教育和关心下，我于1964年6月光荣地加入了共青团，成为中国共产党的后备军，离入党的崇高理想又近了一步。

三、学习焦裕禄，第一次递交入党申请书

1965年9月，我考入河南省襄城高中。接到录取通知书，我们全家人又喜又愁。当时，在我们附近的三个大队（八个自然村）中，我是自中华人民共和国成立以来，第一个考上县高中的女孩，乡里乡亲都为我高兴，然而，报到时要交10元钱（其中5元学杂费、5元书本费），愁坏了我的父母亲。最后，父亲把我家自留地里收的麦茬，拉了满满一大架子车（两轮人力车），跑了100多里地，去到平顶山卖了10元钱，我才得以按时去学校报到，最终圆了求学梦。

县高中距我家约50里路，来回完全是步行。按照当时对高中学生的优惠政策，可以把粮食卖到公社粮店，然后转到学校食堂。但这样粮食折扣很大，也需要补贴更多的钱。由于家里条件的限制，我还是以自带干粮为主。有时学校还允许学生带点红薯或干面，交给食堂代为加工，收取少量的加工费，也是为了照顾困难学生。

学校学习气氛很浓。当年考上县高中不易。同学们非常珍惜难得的学习机会。因此，生活虽然艰苦，能够学习知识也感到其乐无穷。

学校非常重视对学生进行思想政治教育。结合政治形势，学校开展向焦

裕禄同志学习的活动。焦裕禄是河南兰考县的县委书记，全心全意为人民服务，成为县委书记的好榜样。焦书记的模范事迹令我深受感动。我下决心学习焦裕禄，忠于党，忠于人民，不仅刻苦学习文化知识，而且在劳动等方面严格要求自己，努力成为一名优秀的共青团员，争取早日入党。于是，在1965年年底，我鼓足勇气，向学校党组织递交了第一份入党申请书，表达了自己多年的入党愿望。不久，即1966年年初，学校党支部有关老师通知我上党课，说是入党积极分子培训。到会的有老师，有学生。看来看去，我们班里就我一个人，我心里想，怎么回事呢，班长和团支部书记都没有参加。多年后我才知道，入党积极分子培训是针对递交过入党申请书的，而不一定是表现最好的。通过上党课，我对中国共产党的性质有了初步的认识。

四、努力工作，光荣入党

1969年，国家的教育大普及大发展。原来我们附近三个大队才有一所小学，而1969年要求每个大队都要办学校，而且要普及初中。学制也有变化，小学5年，初中2年，高中2年。当时的校舍和师资力量极为缺乏。

1969年8月份，大队决定让我去公社师训班学习。1970年1月，学习期满，我正式成为一名民办教师，担任五年级和初一年级数学课的教学工作。

我到学校任教时，校舍还是一片空地。学生还分散在各个村里，临时找了一间房子做教室。后来，在大队的支持下，很快开始了建校工作。这期间，老师们上课之余，都参加建校劳动，成了工地上的壮工和小工，备课和批改作业都是在自己家的小煤油灯下进行。民办教师不发工资，每月每人有4元钱的津贴；另外，计工分，男的每天10分，女的8分，同工不同酬。对此我毫无怨言。

经过一年多的辛勤工作，学校基本建设取得成效。到1971年上半年，学校三、四、五年级和初一、初二年级的教室建成，可以集中在一起上课了，还在校园外开了一片地作为操场，学生可以上体育课了。但是一、二年级仍然分散在各自然村进行复式教学。

在忙碌的工作中，我时时想起自己入党的志向。由于从学校回到大队时，没有任何档案材料，仅有一张毕业证。于是，我于1971年春，再次向大队党组织递交入党申请书，谈了自己对党的认识，表明了入党的强烈愿望和决心。1971年9月，大队党支部通过了我的入党申请，按照中共九大党章规定，从通过当日起我成为中国共产党正式党员。

我入党了？我入党了！激动的心情无法言表。多少个日日夜夜，我都沉浸在梦幻般的感受之中。冷静之后，我告诫自己，要成为一个像刘胡兰那样的共产党员，不仅要从组织上入党，还要从思想上入党，要像雷锋、焦裕禄那样全心全意为人民服务，为共产主义事业奋斗终身！

1972年5月，我幸运地来到北京理工大学上学，1975年12月，我又幸运地留校工作，直到2008年12月在党委宣传部退休。在几十年的学习工作中，我牢记党的恩情，不忘初心，全心全意为党工作，没有辜负共产党员的光荣称号。在迎接我们党百年华诞之际，我衷心祝愿中国共产党生日快乐！

共产党的恩情永记心间

离退休处　陆叔云

我是一个普通穷苦农民的儿子，1938年出生在江苏省武进县（今为常州市武进区）的一个农村。我家人口多，劳力少，生活困难，我从小就要一边上学一边干各种力所能及的农活：割草， 放牛，插秧，除草，割稻。解放前，民不聊生，社会乱象丛生。

1949年4月20日晚上和21日，中国人民解放军第二、第三野战军根据中央的指示，在西起湖口，东至靖江的千里战线上强渡长江，占领了贵池、铜陵、芜湖、常州、江阴和镇江等城市，彻底摧毁了国民党的长江防线。由于当时老百姓对共产党和解放军不了解，在解放军南下路过我们村庄时，不少人家都紧闭大门不敢外出。后来听给解放军带路的乡亲说，解放军不打人，不骂人，态度和气，临别时还给带路的乡亲送了衣服。我幼小的心灵里对共产党和解放军留下了良好的印象。

解放后，家乡开展了土地改革，我家也分到了土地。由于1950年我父亲患肺结核病多年后去世，家里缺衣少食，吃了上顿没下顿，生活极其贫困，又负债累累，此时幸有我哥的工作单位给了困难补助，不仅解了燃眉之急，还帮我们偿还了部分债务。我再次感受到共产党对穷苦百姓好，一心一意为穷人着想。在我幼小的心灵中，认识到共产党真是为穷苦百姓翻身求解放的。

在我小学毕业时，因家庭经济困难，放弃了升学考试的机会，准备在家务农。好心的邻居见此情景感到非常惋惜，告诉我说，在中学有人民助学金资助家庭困难的学生，并鼓励我参加第二次中学入学考试。在第二次招生时，我参加了中学入学考试并被江苏武进法古中学录取。是共产党把我从辍学边缘拉回到了继续求学之路。从初中到高中再到大学，我都是享受人民助学金才完成了各阶段的学业。

1956年，我在苏州铁路中学读书，临近高中毕业时被选拔为留苏预备生。当听到班主任在全班带着深情宣布这一喜讯后，我激动，我欣喜！是中国共产党在帮助我、教育我、培养我，没有中国共产党就没有我的一切。我要把自己的一切交给党，听从党的安排，为党的事业奋斗终身。1956年5月22日，通过党支部讨论，我入了党，成为一名预备党员，预备期一年后按期转正。奥斯特洛夫斯基有句名言："人最宝贵的是生命。生命对于每个人只有一次。人的一生应当这样度过：当他回忆往事的时候，不会因虚度年华而悔恨，也不会因碌碌无为而羞愧；在临死的时候，他就能够说：我的整个生命和全部精力，都已经献给了世界上最壮丽的事业——为人类的解放而斗争。"这也成为我的座右铭。

1956年我参加高等教育统一考试，成绩合格，前往北京俄语学院（现北京外国语大学）留苏预备部学习。后因形势和国家政策的变化，留苏预备生全部重新填写志愿，留在国内各高等院校上大学。1957年，受到北京工业学院电子对抗专业招生宣传的影响，我填报志愿到北京工业学院无线电工程系学习。1960年，我提前毕业留校当人民教师直至1999年退休。几十年来，我为党的国防教育事业尽自己所能做了一点点工作，自认为没有虚度年华。

回顾我的成长过程，从一个上不起学的农村苦孩子到能够在大学承担教书育人的重任，从一个懵懂少年成长为一名光荣的中国共产党党员，这离不开共产党的教育和培养。中国共产党是我的引路人、指路明灯，党的恩情将永记我心！

党员是桂冠，是荣耀，我自豪

离退休处　吕广庶

我于1966年3月加入中国共产党，到现在已经是一个有55年党龄的老党员了，时逢建党百年，乃人生幸事一件。党员要有组织观念，要服从领导，听党指挥，按党的指示把事情做好；党员是责任，要把为人民服务作为目标；党员要奉献，把最广大人民群众的利益看得最高；党员要当先锋，要起模范带头作用，把联系群众当作法宝。这些不能是空话。几十年来，我谨记党的教导。我长期在教学一线工作，一直尽自己最大的能力教学，我认为这是为党奉献自己力量的最好去处，并引以为骄傲。

我从事教学科研以及基层管理工作多年，发表论文、译著、专著等150余种，当了博导和二级教授，每取得一点成绩，心里感到很充实。多年来曾获校级优秀教师、“三育人”先进、科技工作先进称号，获“兴华”奖教金1项、部级科技进步奖5项、北京市精品教材奖1项，获校级教学成果奖3项，获校级、全国学会优秀论文奖多项。

党员要起先锋模范作用，在业务上也是要努力的。从1974年为《冶金文摘》提供译稿开始，直到1993年，我先后为兵器情报所、推广所、标准化所提供多篇译校文稿。1979年主持了“模具材料与热处理文献索引”情报课题，并主译了《兵器材料与力学》杂志社的《模具钢的热处理》，特别是1982年承担了机械工业出版社出版的《金属机械性能》一书10万字的翻译工作，使外语水平大有提高。

我的一篇论文《40CrNiMo钢等效回火方程式与计算图》发表在《钢铁》1985年20卷7期上，同年美国金属学会（ASM）函索英译全文。1993年12月北理工图书馆通知我，这篇论文 “已被国际著名检索工具美国《工程索引》（EI）和英国《科学文摘》（SA）所收录”。EI出版公司在1992年开始收录中国期刊，应当说，我这篇论文是在国内较早就被收入EI的文献之一，这篇论文的被检量很大。该文对1940年Hollomon发表的公式进行了修正，按照化学反应速度论，导出了具有相变物理意义的物理方程，而不是纯数学拟合，给出了参量的物理意义，首次提出了淬火激活能的概念；揭示了钢铁材料回火过程的物理本质，为使钢铁材料回火工艺过程的研究向着材料科学的模型化方向发展提出了一种思路，所提出的观点明显是材料科学中的一种创新见解。这使我树立了信心，先后发表了150多篇论文，其中为三大检索工具收录30余篇。

我还有几项科研项目获得省部级成果奖。特别是1986年1月“定向雷预制破片研究”项目，短短一年就解决了该兵器在对越反击战中暴露出封锁不住前沿阵地的要害问题。鉴定后军定委即刻组织生产，用于对越作战，具有明显的现实意义和重大的军事意义。

安心搞业务工作，努力搞好业务工作，我感到是一个普通党员的本分。我除了做好业务工作之外，还参与一些社会评审鉴定工作。同时关心国家大事，参与了“十三五”技术发展建议。2003年6月国家科协下文，针对2020年中国科学和技术发展，向各一级学会常务理事以上人员征稿，当时我任中国体视学会常务理事。接到通知后，我撰写了一篇建议稿，被《科技和产业》（2004年第1期，国家科协主办）在《专家讨论·2020年中国科学和技术发展研究》栏目中全文刊登。2005年3月我收到文章被中国管理科学研究院重庆分院举办的优秀论文选评暨“知识经济与可持续发展战略”学术研讨会评为特等奖的通知。这篇文章为重庆管理科学研究分院为论证2020科技发展建议所采用。对于我来讲这属于跨学科问题，还得了奖。有意思的是我在建议中针对当时有人35岁就评上了教授，还有5个五年规划的拼搏机会，认为应该充分调动科研人员的积极性，教授还应分级。2006年中央下文，教授分为四级，结果我赶上了，被评为二级教授。

退休后，我还在专业领域做了很多工作。主要是所主编的高教出版社出版的《工程材料及成形技术基础》2版和3版的修订工作，化工出版社出版的《再制造工程特种修复技术》的副主编工作。另外还做了热处理技术讲座与报告、失效分析讲座，写了企业标准、化学镀镍、铝工业发展等多篇文稿，还对知识产权、期刊和学位论文进行了评审与审阅。从65岁退休到75岁，经常有材料业务工作可做。

身虽退休，还要“老有所学，老有所为”。

我爱好格律诗词，退休后在离退休处的大力支持下组织了春韵诗社。在起草诗社章程中我写道：诗社的宗旨除了与普通社团一样，老年人自娱自乐之外，尤其要奏响主旋律，要坚持歌颂祖国歌颂党；身在理工大学，要歌颂理工大学的一草一木，要抒发自己的正能量，要为理工大学的中心工作和宣传工作出把力。

在迎接建党百年之时总结自己，我可以无愧地说，我始终没有忘记自己是一个党员。

从苦难的童年到进入革命大家庭

离退休处　任光瑞

今年7月1日是我们党的百岁生日，每当回想起1953年年初我能成为党组织的一员，就由衷地感谢党对我们的培养和教育。

一、童年的记忆，深深的烙印

记得在日本投降后，我的家乡（山西省祁县）在党的领导下，老百姓摆脱了日寇统治时期非人的生活，过上了积极向上、安居乐业的日子。我们小孩子也沐浴在党的阳光雨露下健康成长，我们读油印的《新三字经》，有些段落至今还能背诵："陕甘宁，边区好。共产党，来领导。咱领袖，毛主席。领导咱，打东洋……"唱的歌是革命歌曲，有的歌词记忆犹新："青年同志，青年弟兄，参加了八路军多光荣，离别了家乡，走上了战场真正英勇，为了保卫家乡父母不怕牺牲……"许多青年就是在这种背景下踊跃参军参政。我们家的一些亲戚也投身到革命队伍中，最触动我心灵的是我的一个舅舅参加革命后要撤往山里的故事。当时，阎锡山的队伍占领了我们那儿，八路军有组织地撤往山里，我舅到我家，让我父亲到他家，谎称他要到归绥（现呼和浩特）做买卖，找我姥姥把他穿的衣服等用品取出来。可我母亲怕舅舅万一有个三长两短无法向老太太交代，不让我父亲说假话，于是我父亲对我姥姥实话实说，什么也没取出来，我舅舅听了很生气，临走撂下一句"你要保我妈红瓢黑籽"，就是要我父亲保证他妈健康，就上山走了。姥姥家成了共产党家属，勾子军（百姓对阎锡山军队的称呼）和敌特可任意欺凌，无法在家乡生存，我父亲求人把我姥姥送到归绥（现呼和浩特）另一个舅舅那儿。好在时间不长，八路军又打回来了，我姥姥也安然无恙返回老家，我舅舅也回到家乡，大家重聚一起，甚是高兴。我父亲也没忘了对我舅舅说："我把你妈红瓢黑籽地交给你了。"

话说回来，时间不长，阎锡山的队伍开过来，有短暂的拉锯时间，因为我记得有一段时间，我们上学也是游击式的，当听到有勾子军进村的消息，我们就把课本往老爷（我们的小学在一座大庙中，指庙中神像）屁股后面一放而跑回家，勾子军一走，我们再回到学校。隔三岔五地还能听到八路军游击队或民兵和勾子军交火的枪声。再后来，勾子军建立了据点，修建了炮楼等工事，加强了统治，老百姓吃尽了苦头，名目繁多的苛捐杂税，什么军购粮、布购粮、赊购粮，永远没有完，声称“什么时候烟筒不冒烟了，就不再要了”。常以莫须有的罪名任意关押吊打老百姓。一次，我家从邻村酒坊里借了二斗高粱，磨成面晾晒在房顶上，被进村的勾子军上房放哨时发现，把我母亲抓到村公所逼交粮食。我母亲交不出就被关进了钟楼（村公所设在一座庙里），整夜不许回家。当时我父亲躲在外面不在家，我的一个妹妹还发着高烧。

不仅如此，我们那儿还是阎锡山实现了“兵农合一”的地方。所谓“兵农合一”就是把一定年龄的人分成6个人一组，一人为常备兵，一人为预备兵，四人为国民兵，常备兵是为其扛枪杆的，预备兵是常备兵死后去补充的，国民兵是为其种地的，其他还能劳动的为助耕，即协助国民兵种地的，全村的耕地，不管是谁家的，统统分给各组耕种。当时许多人都跑掉了，有的参加了八路军，有的投亲靠友或自谋生路。像我家老的老，小的小，地也没有了，我父亲充其量也就算个助耕。这样的日子实在看不出有什么活路。于是家里大人们觉得不能就这样在家等死，要想法留个“根”，决定由我父亲带着我到归绥找我另一个舅舅，于是又有了下面的故事。

父亲领着我到邻村酒坊找到掌柜的，恳求人家借给五石小麦的钱，并说“只要我活着，钱就一定会还”。听到这种话，我还小，但心里也很不是滋味。借到钱后，父亲带着我，改名换姓，离别了亲人和家乡，踏上了求生之路。先到了太原，准备乘火车到归绥，可因张家口一带八路军和傅作义的部队战事犹酣，火车中断，只能乘飞机，但机票难求，在太原城外，绝无希望。可进太原城需有两个上校的担保才行。幸好有一个在勾子军里当上尉军医的老乡住在太原城外，他是可以自由进出城的，于是托他找到另一个老乡，在勾子军中是中校军衔，终于把我们保进了城。没想到在城里也一样，排队买机票的号基本不动，眼看着五石小麦的钱就要用完，无奈，我父亲找到那位中校说明了情况。他很帮忙，第二天，他到航空公司联系后告诉我父亲说，明天就可以走。我听后，夜里在被子里偷偷哭了，我父亲听见了，但没有说话，一定是同样受着生离死别的煎熬。第二天，我们没有买飞机票，而是买了返家的火车票，父亲说，要死就死在一起吧！

很庆幸，返家仅两三个月，八路军就像天兵天将那样，突然出现在我们面前。那天，我们再次到邻村酒坊借粮，刚进村就见到村里的十字路口站岗的八路军，询问我们的情况后，让我们赶快回家，此时村里早上到地里劳动的人还不知道村里发生了什么。

就是在这种残酷的恐怖统治下，共产党、八路军依然秘密地活跃在老百姓中，山上的士兵有时夜里回来了解情况，联系群众。时不时地听说哪个勾子军的据点被游击队端了，哪个汉奸被除掉了，等等。

亲耳所闻，亲眼所见，亲身经历，鲜明对比，哪个好，哪个坏，明明白白。解放区的天，是明朗的天，人民幸福；阎锡山统治下的天，暗无天日，民不聊生，在我心中，留下深深的烙印。

二、在党的教育下锻炼成长

奋斗中学是傅作义的私立学校，据说原先在北京和现内蒙古的陕坝各有一处，和平解放后，两处合并，并迁入归绥。以前是专招傅部下的子弟的，本届是首次招收平民百姓的子弟。该校的师资力量和教学水平还是不错的，就在我们入校后不久，傅作义先生来到学校视察工作，并对学校师生发表了讲话。当听到傅先生要来学校，我们天真地提出请求，让傅先生给学校买几辆卡车，便于外出活动和旅游。傅先生不愧是大能人，在他给全校师生讲话中就“回答”了这个问题。他说，他的钱多数都丢在美国了，国内只有少量的工商业，约值40亿元（旧币，约合现在的40万元人民币），希望大家节俭办学。不久，他干脆就交给政府了，于是奋斗中学更名为归绥二中。

由于该校的特殊性，上级领导非常重视学校的发展建设，几方商定把调往电台任领导的江同志先借归绥二中两年。江校长是杭大毕业的，工作能力很强，经验也很丰富，直接受市委的领导。市委抓住这个机会，决定在二中进行建党的试点工作，很快组成了党支部，接着由江校长主讲党课，发现培养积极分子，同时又抓紧少先队和青年团的工作，整个学校政治空气积极向上。学校组织多种形式的思想教育活动，如组织抗美援朝大游行、形势报告会、团课、党课、政治课等。有些活动我至今印象深刻。如一次到团市委参加形势报告会，一位起义人员谈到他们参观起义部队整编的观感时说，毛主席说群众的力量是伟大的，在我看来，群众的力量是“巨大”的。由此我们可想到当时起义部队整编时的状况，这对党的群众路线是生动又深刻的写实。还有在一次政治课上，政治老师给我们讲了一个绥远起义部队起义前夜的故事：一批师级干部在地窖中激辩是起义还是集体自杀，解放军突然出现在大家面前，一名参加辩论的军官起来立正敬礼，向来的解放军报告：“我完成了党交给的任务。”这是我们打入敌人内部的同志，冒着生命危险，阻止那些顽固分子破坏和平起义。

通过这些教育，我们的思想觉悟不断提高，不同年龄段的同学要求入少先队的、入青年团的甚众。我于1951年10月入团，在随后的党课教育中，对党的认识由感性认识逐步上升到理性认识，开始有入党的要求，但顾虑自己条件不够，年龄也不足18岁，没有勇气申请。校长几次找我谈话启发教育，我终于鼓起勇气，向党组织提出了入党要求。在给我入党志愿书的那次谈话时，校长问我，能把自己的一切包括生命交给党吗？我给予肯定的答复后，激动地从校长手中接过了入党志愿书。1953年1月，学校第一次发展了6名党员，我是其中之一。入党后，更是直接接受党的教育，除努力学习外，积极完成党交给的各项工作，如参加分析研究学校的情况、节假日组织同学整夜巡逻、参加初一招生考试的口试等，还有幸以特邀代表的身份出席了首届内蒙古政协会议。总而言之，党的教育与帮助、信任与鼓励、关怀与厚爱，以及所寄予的希望，始终是我前进的动力。

1954年3月，党支部为江校长履新召开了欢送会。当时党支部包括江校长在内共15名党员，那时我刚转正，被指定为党支部临时负责人，直到上级派来新的领导。此时的二中已完全不是原来的奋斗中学，而完全是一所党领导下的公立中学。

在党的阳光下茁壮成长

离退休处　苏广川

我1941年出生在旧社会，长在红旗下。解放后，我才上了小学。1954年考入当地的初级中学，经介绍加入了少年先锋队。1957年考进了苏州第四中学，又在那里加入共青团，之后还担任了班上的团支委。1960年我考入北京工业学院无线电系遥控遥测专业，毕业后留校工作。我是党一手培养、在党的阳光下成长起来的一名人民教师，党的恩情深似海。为报答党的恩情，产生了入党的愿望。我始终认为，中国共产党是工人阶级的先锋队，聚集了全国最优秀的人才，是中国人民革命事业的核心力量，她有着为中国人民谋幸福、为中华民族谋复兴的崇高理想。人一生应该有自己的理想信念，并为此而奋斗终身。于是我下定决心，严格要求自己，处处起模范带头作用，克己奉公，努力创造条件加入共产党。1976年，我到大兴“五七”干校锻炼，在那里我种过水稻，还曾担任过“五七”干校的炊事班班长，常常天不亮就起床，为“五七”干校学员准备早餐，想方设法为学员们改善伙食，得到了大家的一致好评。同年，我被“五七”干校党委批准加入了中国共产党，我在党旗下宣誓，把一切献给党，永远忠诚党的教育事业，全心全意为人民服务。我从最初抱着为报党恩的目的入党，而后成长为忠诚于党的信仰的战士。

现今我国又进入了一个新的历史发展时期，习主席、党中央绘制了一份中国特色社会主义事业发展的宏伟蓝图，以“人类命运共同体”的崇高理念，带领全国人民开始了新的伟大历史征程。我们要深入学习习近平新时代中国特色社会主义思想，永葆初心，将立德树人作为根本，努力为国家培养更多的创新人才，以优异成绩迎接中国共产党的百年华诞，为实现中华民族伟大复兴而努力奋斗！

践行党旗下的誓词

离退休处　唐凌岩

在庆祝中国共产党成立100周年之际，我想讲讲我的入党故事。我出生在20世纪50年代末，父亲是1949年参加工作入党的党员，他经常给我讲在旧社会讨饭、给地主家做长工受压迫，以及参军入党的经历，并从图书馆给我借了小说《董存瑞的故事》《刘胡兰的故事》，带我看《南征北战》《烈火中永生》等红色电影。在父亲言传身教的影响下，我对中国共产党有了初步了解，从此，向往长大后能成为一名中国共产党党员，像父亲那样为党工作，为社会主义建设做贡献。

1980年1月我参加了工作，来到了北京工业学院也就是现在的北京理工大学，第二年我加入了共青团。1986年我从实验室调到了系机关工作，当时的系党委组织委员王顺华老师跟我谈了一次话："小唐啊，你思想上要求进步，工作也认真负责，今后有没有对自己提出更高的要求啊？"我说："有啊，我要争取早日入党。"王老师从党的性质、党员的标准等方面耐心细致地给我做了讲解。她的话也使我更加清楚了自己的奋斗目标。在我的记忆里，共产党员就是要时时事事带头，走在群众的前头，为了维护党和人民的利益，随时准备挺身而出。于是在1989年我30岁的时候，郑重地向党组织交上了入党申请书。从递交入党申请书这一天起，我就把自己的一切交给了党，"为共产主义奋斗终身"也成为我的人生目标。我坚信没有共产党就没有新中国，没有共产党就没有中国今日之成就。面对党组织的考验和群众的监督，我用实际行动履行着自己的诺言，对入党的追求一丝一毫没有改变。我知道，入党意味着比群众要多挑重担，多做贡献；我也知道人生不会一帆风顺，无论是身处顺境还是逆境，作为共产党员都应该是广大群众的楷模和榜样。在递交入党申请书后，我更加努力地工作，即使怀有身孕并患有妊娠高血压也没有请假休息过。工作是忙碌的，也是快乐的。

终于经过5年的不懈努力，1994年12月3日那一天，我光荣地加入了中国共产党，那是我永远也不会忘记的日子。至今我依然保存着学院党委接收新党员通知书。每每想起那一天，我都会格外激动，因为它是我人生中的又一个新起点。“我志愿加入中国共产党……永不叛党”，如今这慷慨激昂的誓言仍不时在我耳边回响，我要用自己的一生去践行曾在党旗下许下的誓言。我从事学生干事工作28年，虽然没有做出值得夸耀的骄人业绩，但却能常年如一日，始终坚持理想信念，默默地尽服务育人的职责，爱岗敬业，恪尽职守。在日常的学生管理工作中，坚持全心全意为人民服务的宗旨，本着热心负责的原则，处处以身作则，事事严格要求自己，时时注意自身的党员形象。在担任班主任期间，自觉用良好的师德风范影响教育学生，经常深入学生宿舍，和学生交流谈心，及时了解学生的思想动态，解决他们学习和生活中的困难，师生关系非常和谐。特别是在学生生病住院手术时，我代表学校前去探望，带去营养品及温暖和鼓励，受到了学生的爱戴。

我对自己负责的国家助学贷款工作认真负责，经常耐心细致地向学生宣传国家助学贷款政策，教育学生诚实守信，尽力帮助学生解决贷款中的困难。2007级新生入学后，学习、生活全部在良乡校区，自己经常为了学生的日常管理工作往返于两校区。有时工作没有完成，我就克服困难，住在良乡校区，直到把工作完成。为了帮助家庭生活困难的学生，经常帮助他们寻找勤工助学的机会，帮助贫困生自立自强。在学期末，为学生预订火车票时，经常为了能给学生订到合适的车票，打电话跟他们沟通，寻找适合他们的车次。对于领导交给自己的工作，从不分分内分外，从不计较名利和个人得失，认真努力地完成好，毫无怨言。在党组织的培养、同志们的帮助和自己的努力下，2009年我被学校评为“优秀共产党员”，2011年被学校评为“三育人”先进个人。

从入党那天算起，已经过去了26个年头，我深深地感到：我的人生路上一点一滴的进步，都离不开党组织的亲切关怀和精心培养。我认为作为一名共产党员就必须立足岗位、勇挑重担，在工作中任劳任怨、埋头苦干、默默奉献，吃亏多一些，付出多一些，索取少一些，这样才能真正做到不辜负人民的重托，无愧于鲜红的党旗，无愧于神圣的选择。今天的我，虽然已经从工作岗位退休，但还返聘在学校学生事务中心资助办公室，继续做国家助学贷款工作。作为一名已经过退休生活的老党员，我还是不断地进一步学习好党章党规和习近平总书记的系列讲话精神，弘扬我党光荣的革命传统，进一步锤炼自己的党性修养，履行全心全意为人民服务的宗旨，做一个对党忠诚、服务人民的有用之人，做到人退休，党员的责任使命不能退休。要坚持以习近平新时代中国特色社会主义思想武装头脑，面对新形势新挑战，要更加坚定政治信仰、更加坚守政治本色，担责任、展旗帜、争先进、做表率。要始终保持昂扬向上的精神状态，为实现中华民族伟大复兴的中国梦贡献力量，同时更要不忘初心，继续前行。

时间荏苒，岁月如梭，时间的流逝总能冲淡我们脑海中的一些记忆，但有些事情却历久弥新，永远也不能忘怀，正如我的入党故事……

延安心军工魂哺育我成长

离退休处　文仲辉

听党安排献身国防

1954年高考时，我刚填好志愿表的第二天，团市委书记找我个别谈话，要求我报考特种工业专业，让我选择北京工业学院或北京航空学院。当团市委书记讲完要求之后，我很痛快地表了决心，“服从革命需要，听党的安排”，并且当即向团市委书记表示：“北京工业学院有更多的国防专业，我就报考北京工业学院吧。”

就这样，1954年8月23日，我们一批考上东北、华北的大学的新生，由西南空军司令部的一辆汽车连护送，翻越秦岭，经宝鸡、郑州换乘火车后，于1954年9月3日抵达北京。当天，北京工业学院用三辆大轿车把我们考上“京工”的新生从前门火车站接回学校，到了车道沟的延安大楼。停了不一会儿，一位校领导给我们介绍了学校的情况后，各系的领导就来向大家宣布了各自分配的专业，并领着大家去各自的班级。一时间新生们议论纷纷，相互询问专业，有学火炮专业的、有学轻武器专业的、有学炮弹专业的、有学引信专业的、有学坦克专业的……诉说长短。我独自在一边欣赏延安大楼，领悟校领导讲的延安精神，暗中想“都是国防需要的，差不多，听党安排就是”。所幸我被分配到炮弹设计与制造专业，我觉得学习机械类的学科还挺不错的。

进入大学后，经过3年的学习，到大学四年级的上学期，我们班去西安某厂完成工程师训练的生产实习后，刚回到学校的第三天，我们的党支部书记找我个别谈话说：为了适应国防建设需要，我们学校要发展建设新专业，准备调你去火箭导弹专业学习，你看怎么样？是不是同意？我没等书记说完，就高兴地回答：我非常愿意，这是我盼望已久的事。书记接着又讲了一些严格要求和保密规定。我都满口答应，并保证按照要求和规定严格认真地执行。

到新专业后遇到的新情况是，多数教师都很年轻，教材、设备也很缺乏，我们还得跟老师们一同搞科学研究。因此，我们经常要到各处去查文献、找资料、进行调研等，还得随时参与老师的设计计算和实验。我们这一群刚刚从各专业调出来的年轻人，包括老师也是刚从各专业调出来不久的年轻人，在一起很投缘。我们常在一起学习、讨论、实验、画图、计算，有时还一起讨论科研方案，研究学科内容，干得挺欢的。经过一年多一点时间，专业课刚刚学完，正要准备结合科学研究进行毕业设计的时候，也就是1959年春节后，大学五年级刚刚开学，我们的党支部书记，也是专业教研室副主任，找我谈话说：随着学校发展、新专业建设需要教师，经过研究决定让你提前毕业做教师，你愿意不愿意？我稍加思考之后，表示“国防建设需要人才，我服从分配，听党安排”。等我的话音刚完，支部书记兼教研室领导马上就给我布置任务：你准备一下就搬到教研室上班。第一，指导你们班三个同学做毕业设计；第二，准备写讲义、备课，给三年级同学主讲火箭技术概论课；第三，给周伦岐教授辅导火箭导弹总体设计原理课；第四，还准备做青年团支部书记……以后还跟苏联专家学习、参加新的型号研究、主讲导弹总体设计原理；等等。就这样，我从一个不太懂事的孩子变成了祖国国防战线上的一名干将，以后还被培养成了导弹专家。

适应需要勇攀尖端

我们北京工业学院（现北京理工大学）的广大师生，在老院长（即校长）魏思文的领导下，干劲十足，各个专业的师生都干得热火朝天。我们新专业的师生更是一马当先，在魏院长亲自带领下，提出要为祖国研制第一枚导弹。经过我们系（当时的第四机械系）的广大师生反复讨论研究，决定首先研制反坦克导弹，并经魏院长同意，定名为“265-1”号。

研制导弹这是当时世界的尖端新技术，只有少数国家有这种技术水平和能力。在全国也只有当时国防部第五研究院（即航天部）在钱学森的领导下，刚刚起步开始研究。反坦克导弹虽然个小，可是它也是导弹呀，“麻雀虽小，五脏俱全”。所以，我们当时动员了导弹总体、发动机、制导系统、推进剂、发射系统、导弹制造等专业，联合了战斗部、引信、光电、遥控、遥测、控制元件及材料等学科的有关专业的系、室。全院（校）都投入了人员，在院（校）领导的直接领导下就热火朝天地干起来了。我当时还是一个尚待毕业的学生，跟着专业老师参加导弹总体设计，并参加发动机试验。有时还跟专业老师一同去靶场联系安排飞行试验。

经过系统分析与总体设计，各主要分系统分别进行试验研究后，再进行联合试验及飞行试验。而飞行试验首先要进行无控飞行试验，无控飞行试验的前提是发动机系统必须地面试验成功。因此，一开始就狠抓发动机系统的试验研究。

发动机系统的设计与试验研究，是在极困难的条件下开始的，没有资料、没有文献可参考，更没有材料数据可利用。因此发动机专业、总体专业的师生几乎全部投入。我们到处找参考书、查文献、查资料、收集原始数据和材料，跑遍了北京（甚至外地）的图书馆、资料室与相关单位。经过一段时间的调查研究、设计计算，绘制出发动机和试验装置的图纸，经工厂加工出产品后，我们就开始在实验室的试验台上进行试验。由于我们缺乏经验，估计不足，出了很多问题，也走了不少弯路。第一次试验就把试验台推倒并烧坏了不少东西。经过分析，是原来的试验台结构强度满足不了发动机的大推力要求。将试验台重新设计加工后再试，又出现发动机喷出的火焰会烧毁其他装置。再将发动机的立式试验台改为卧式试验台，再重新设计、加工、安装后继续进行试验。在以后的试验中，还出现过点火失灵、喷管烧损等问题，但在大家日夜奋战与刻苦努力中都逐个予以解决。广大师生在“革命加拼命”精神鼓舞下，不分白天黑夜，苦战了两个月多的时间，发动机地面试验成功。

某型号反坦克导弹研制取得放线无控飞行试验的进展，时逢学校1958年8月向国家汇报活动，该项目成为重大项目之一。由于导弹是当代的尖端新技术，在国内首次展出，引起了中央领导人的高度重视。当时中央领导人除了毛主席以外，周恩来、刘少奇、朱德、邓小平等都去参观了。国防部长彭德怀还专门举行宴会招待北京工业学院的校领导和专家教师代表。我们北京工业学院也因某型号反坦克导弹名扬全国。从此国内有关反坦克导弹的科学研究、科技会议、科研任务等都邀请北京工业学院参加。北京工业学院（北京理工大学）后来研制的J–201反坦克导弹、红箭–73反坦克导弹、红箭–8反坦克导弹、红箭–10反坦克导弹成功装备部队，为国家做出了重大贡献。

在我进入导弹行业之后，还先后研究和研制了不少导弹（火箭）项目，在攻克尖端新技术方面贡献了微薄之力。

不畏艰险努力奠基

1971年年底，当时飞行器工程系的领导召集我们一批人布置任务，要求我们对从国外弄到的反坦克导弹进行测绘分析。我们接受任务后，通过对该导弹进一步观察发现，原来是一枚有线制导的第一代反坦克导弹，我们经过分析讨论，提出建议：将参与工作的人员按照导弹的组成分为若干组，即战斗部组、制导系统组、弹上控制部件组、地面控制箱组、发动机组、导弹总体与弹体组等，各组分别开展工作，由导弹总体组进行协调。

我们测绘分析的目的，是为国家组织生产的工厂提供生产产品的图纸和技术资料，所以对工作要求非常严格。可是提供测绘分析的产品数量有限，而且危险性很大，精密度很高。再加上我们第一次接受这样的任务，国家当时的科技水平还不太高，很多测量工具、测量仪器、设备都不具备或不完善，困难是可想而知的。有的测量仪器、设备要从研制试验开始，例如发动机及推进剂的许多参数测量，多数是从设备、装置的设计、加工、试验开始，有的还要从国外进口。火工品危险性大，连测试场地都难以解决，要从选择和建设分解、测绘、测试、试验场地开始。例如引信的分解、测试开始是在野外建设的地坑里，人员冒着生命危险进行的。测绘、测试工作要求人们高度精心细致，一点都不能马虎。尽管工作很艰苦，困难多，危险大，但是我们知道它是为了给国家解决从无到有的问题，为了给我们解放军提供新装备的问题，也是为国防事业做奠基石，大家都非常积极热心，加班加点，奋不顾身。为了做测试、试验，有的同志连续在实验室待几天几夜，有的甚至搬到实验室住下不回家。参与工作的每一个同志都是高度紧张、夜以继日地工作，有时为了完成一个试验，取得数据，连续几天几夜甚至一个星期都无法休息。在这样的情况下，大家仍然是快乐、积极、热情、紧张地抓紧时间工作。

经过大约2年的时间，我们各组先后向导弹生产厂家提供了大批设计图纸、技术资料、试验报告、产品性能分析说明书、产品技术数据等。兵器工业部于1973年正式立项研制。

勇敢探索为国争光

为了赶上世界先进技术水平，为国家争光，我们可以做一些探索。于是我们决定：首先从激光半主动制导反坦克导弹的两个关键分系统开始研究，即首先研究激光照射器（激光指示器）和弹上激光制导导引头，并且分别由两个单位同时进行研究，经过4年时间，我们两个单位都研制成功了激光照射器样机，一个单位研制成功了弹上激光制导导引头样机。通过室内试验和外场试验考核，均已达到原定的战术技术指标要求，并且通过技术鉴定和审查，获得1982年兵器工业部技术革新四等奖。

随着改革开放深入发展，我们国家的工业生产和科学技术都有很大的进步，我们的科学研究水平也有很大的提高。很多人都在考虑如何更快地赶上世界先进技术水平，为国家做出更大的贡献。到20世纪80年代中期制定科研规划时，我根据当时了解的国外科技发展情况，提出了将人工智能技术用于导弹技术中的新课题——人工智能反坦克导弹系统概念研究。

在20世纪90年代初期，我通过查阅科技文献和调查研究，发现国外技术先进的国家在发展反弹道式导弹方面的一个新动向，就是探索利用超高速导弹拦截弹道式导弹。我想，未来国际竞争中，这是很重要的方面。于是，在90年代中期，我结合研究反坦克导弹的需要，在制定规划时，提出了一个新的预研课题——超高速动能导弹总体技术研究。我们不仅在学校组织了几个系的多个专业学科大协作，还组织了研究所、工厂的大协作。我们不仅进行了系统分析、方案设计、仿真试验，还进行了外场试验。经过各单位一批师生和科技人员的努力，在4年多时间里取得了显著的进展，获得了一批阶段性成果，通过技术鉴定，获得专家好评，一致认为达到了国际、国内先进技术水平，并且通过审查。

我在党的指引下成长

离退休处　姚仲鹏

我出生在湖南省一个农民的家庭。1949年10月，中国人民解放军解放了我的老家；1950年2月，我考入湖南省邵阳市县立中学（现邵阳市第二中学）初中班学习；大约是1951年上半年，学校成立了共青团组织（当时名为新民主主义青年团）；在党的指引下，1952年5月，我加入了共青团，次年，被选为学校团总支宣传委员，后又兼任班上团支部书记。学校所在中共邵阳市地区（国家行政专区）委员会（简称"党地委"），十分重视中学青年团干部的培养，责令共青团邵阳市地区委员会（简称"团地委"），每年暑假都要组织各中学团支书以上团干部进行培训。进入高中阶段后，我一直担任学校团委组织部部长；每年寒假三天、暑假一周，参加地区团地委组织的团干部培训；还组织团干部参加地方上各种政治运动，如土地改革、抗美援朝运动等。此外，每年学校放暑假期间，要求共青团干部拿着介绍信，回乡参加当地农村工作。我印象最深刻的就是参加村里土地改革复查工作，我和村干部一起，实地丈量全村的耕地面积和宅基地等，原来错了的，立即予以改正。这种实事求是的作风我今日仍记忆犹新。我老家解放前夕，国民党军队败退经过湖南时留下的军政人员中，不少人变成了无恶不作的土匪。因此，大约是1950年2月至1951年下半年，我所在读的中学，凡住校的领导、老师和学生，都须轮流参加保卫学校安全的夜间值勤站岗和巡察，与土匪做斗争。所有这些，对我的教育、锻炼和影响很大，使我较快地由一个不懂事的少年，逐渐成为一名热爱中国共产党、热爱社会主义祖国的有志青年。在政治思想上，我积极要求进步，历年被选为团组织基层干部；在学习上，一直保持优良的学习成绩，是学校的优秀学生。1955年7月，经学校推荐和参加高考，我考入了梦寐以求的北京工业学院（今北京理工大学）。

进入北京工业学院后， 我所学的专业是自己喜欢的坦克专业，立志要成为一名合格的国防工程师。我发奋学习，学习成绩优秀；政治上积极要求进步，靠拢党组织，努力完成各项社会工作；团结同学，群众关系良好。因此，进入大学的第二年上学期，即1956年5月，我被党组织接纳成为一名共产党员。大学前三年，我一直是“三好学生”，并被选为系里的团总支书记。大约是1958年7月，学校党委决定从学生中抽调一批优秀学生，担任各系团总支（后改为团委）专职书记。自那时起，至1966年6月，我一直供职在这个岗位上。

1979年，邓小平同志在一次会议上提出：那些有条件的年轻党政干部，可以自愿归队，从事技术业务工作。我积极响应这个号召，并经过审核，于1979年年底，归入我校教师队伍任教；5年后，被提升为副教授；几年之后，又升为教授，并兼任所在教研室主任14年，同时兼任所在系（老三系）的教学专家组组长，直至1998年8月退休；退休后被返聘，从事新技术研发，至2010年2月，离开工作岗位。

10余年来，我一直被选为所在单位退休党支部书记，努力为我校发展建设贡献自己的余热。

我今年已86岁，回顾自己的成长过程，万分感谢党的教育培养，没有党就没有我的一切。值此庆祝建党100周年之际，我衷心祝愿我们伟大的党万古长青！

党的光辉照我心

离退休处　恽雪如

翻开尘封的记忆，没有轰轰烈烈的故事，却有平平常常的生活，点点滴滴的小事，还依然清晰，历历在目，难以忘怀，不会被岁月的流逝抹去，而将永远存储在记忆的深处。

1950年美帝国主义把战火烧到了我们的家门口。

1951年7月，我从常州淹城初中毕业，时年14岁。我们一批初高中的热血知识青年，满怀抗美援朝保家卫国的热情，积极响应国家号召，毅然弃学从军，参加了军事干部学校。我来不及向父母告别就随队伍出发了。

我在军械学校学习预科时，每人领到了军帽、军衣（女同志一条连衣裙，一身列宁装）、帽徽、胸章、布鞋，供给制每月津贴费1元5角，女同志卫生费5角。每天由军号声安排作息时间，起床就寝，出操训练，学习政治，过着团结紧张严肃活泼的军旅生活。

当时12人一个班，住的是木板床通铺，吃的是大锅饭，每个班围立着一张饭桌，共同分食一大脸盆菜，主食不限。每天早操后集体分工整理内务，被子用模板打叠得有棱有角，洗漱用具和鞋子排列得整整齐齐，桌椅门窗擦得洁净明亮。

我们饭前饭后都要集体整队，唱军歌，最常唱的是《中国人民志愿军战歌》：“雄赳赳，气昂昂，跨过鸭绿江……”；《中国人民解放军军歌》：“向前向前向前，我们的队伍向太阳……”；《三大纪律八项注意》：“革命军人个个要牢记……”。

入伍后的教育首先是端正入伍动机，开展批评与自我批评，检查入伍动机中夹杂的私心杂念， 树立正确的革命人生观。政治学习主要形式是听首长报告，内容是关于党的基本知识、革命历史、国内外形势、时事政策。每个人必须认真记笔记，写出学习汇报，各个班在宿舍里或者在场地上围坐在一起，进行复习讨论。指导员和连排长经常深入各个班检查学习情况。我那时年纪小，胆子也小，不敢举手发言，班长陈爱梅就找我个别谈话，问我为什么不发言。我说了我的活思想：开始讨论时不敢发言，后来别人都说完了，没的内容说了。班长就让我以后先举手发言，慢慢地我就敢于第一个发言了，讲完了再仔细听其他同志发言，我还能继续补充。1951年12月学习结业，我被评为进步学员，受到了上级表扬。

学习结业后，战友同学们被分配到抗美援朝前线和各个部队工作。那时候，人人都争先恐后真心诚意地要求上抗美援朝前线保家卫国，一点也不考虑什么个人利益、环境艰苦甚至牺牲的问题。因为我年纪小，上级让我留在军校机关当会计、打字员，并且告诉我留在后方也是革命需要，一切服从革命利益。于是我就安心留在后方工作，虚心地向老同志学习新的工作技能。

1953年3月，我被调入中国人民解放军长春机要干部学校学习，除了政治课，主要是学习党的机要工作基本业务。根据保密要求，每个人的信件来往都要经过组织政治审查，虽然我们不知道将来做什么具体工作，但是都知道这一切都是革命的需要。

经过一段时间的军旅生活锻炼，我这个农村的孩子对中国共产党有了一个基本的认识，逐步建立起革命的人生观和世界观。在机要干校学习期间，我写了入党申请书，表示决心要为共产主义事业奋斗终身。党组织分配班长张润文作为我的联系人，负责培养我作为入党积极分子。她经常找我谈心，鼓励我进步，同时指出我的缺点和努力方向。班长说，在后方虽然不能像朝鲜战场上的战士那样轰轰烈烈为国家做出贡献，但是在日常的工作学习和劳动中，也应该严格要求自己，团结周围群众，勇于克服困难，处处起到党员的模范带头作用。从此，我有了前进的引路人，各方面进步很快，不久，党支部讨论了我的入党申请。但是，由于我当时年龄只有17岁，没有通过，支部建议在调入新的工作岗位时把材料存入档案。

1953年3月学习毕业时，我的学习考核成绩为全连第一，并且创建了一套提高译电效率的新工作方法，荣立三等功一次。

1954年3月，我被调到上海华东防空军司令部当机要员，1955年3月转业到第二机械工业部办公厅。单位党组织对我十分关心，联系人余玉如经常找我谈心，鼓励我进步并指出努力方向。1956年我被评为二机部部机关社会主义建设青年积极分子。6月份，党组织讨论并且通过了我的入党申请，上级批准我为一名光荣的中国共产党党员，预备期一年，实现了我多年的理想。

1956年毛主席号召全国青年向科学进军，全国掀起了社会主义建设高潮。我作为一名预备党员，决心响应党的号召，努力学习科学知识，利用工作业余时间，在一年内刻苦自学完了高中课程。1957年我以第一志愿顺利考上了北京工业学院无线电工程系，实现了我上大学的梦想，并且享受调干助学金，每个月可以领取原工作岗位的一半工资。

1962年大学毕业后被分配到国防科委总字930部队从事国防科研技术工作。后来组织上照顾我的困难，调回北京理工大学任教。

我深深懂得是伟大的党、伟大的中国人民解放军教育了我，使我懂得了基本的革命道理，初步树立起革命的人生观和世界观；正是有了党的培养，我才能从一个农村孩子成长为一名大学教师。

母亲只生了我的身，党的光辉照我心！值此中国共产党诞生100周年之际，我要真心地喊出：没有共产党就没有新中国！没有共产党就没有我的今天！

永远忠于中国共产党

离退休处　张锦云

拥护共产党

我出身于四川省成都市一个贫困的家庭，8岁丧父。父亲生前全靠工薪养家，无任何产业。母亲没有文化，身体弱小，没有养家能力。我有两个姐姐，一兄一弟。大的姐姐午云，比我大12岁，我们都称她为午姐。她很聪明，17岁高中毕业，自学了会计，并考上了四川省银行的练习生。父亲去世后，她就担起了养家的责任，并供养我们姐弟3人读书。哥哥在外地做事，自谋生计。午姐只是一个小职员，薪资不高，我的家境自然贫寒，衣、食、住条件都很差。

1949年年底成都解放时，我和六姐正就读于成都市女中，我读初二，六姐差一学期高中毕业。但她怀着革命热情，和几个同班好友当即报名参加了西康人民干部学校。毕业后被分配到康定县公安局工作。当时她们实行津贴制，每月除了伙食费由国家供给外，只发少量津贴。她每月都省下自己微薄的津贴和出差补助供养母亲、我和十弟生活，代替因孩子多已无力继续供养我们的午姐。

苦难中的我见到了光明，本能地满腔热情地拥护为天下老百姓谋幸福的共产党，积极学习和宣传党的各项方针政策。我也得到了党组织的关爱与培养，很快加入了少年儿童队（后来改为少先队）。

升入高中后，我继续得到党组织的关爱与培养。暑假时让我参加团市委在全市组织的团训班，发展我为宣传网的宣传员。我很快加入了新民主主义青年团（后来改名为共产主义青年团）。

党组织还让我听党课，我由此加深了对党的认识，并在高三时递交了入党申请书。

接到北京工业学院的录取通知书时，我高兴得跳了起来，随后又因没有来京的路费而着急起来，只好到原中学申请补助，得到了到北京所需的全部路费补助30元钱。

入党成长路

1954年还是“蜀道难”的时代，我们一群考上北京地区高校的川娃子坐着大卡车，经过三天的颠簸，翻过秦岭，到达宝鸡，才转乘火车到达北京。一踏进北工校门就看见“热烈欢迎未来的红色国防工程师”的标语，心中顿时充满温暖和激情。

国家非常重视人才的培养，那时所有的大学生都由国家供给伙食费，北京地区是每月12.5元，学费也是全免。只有这样的条件我才得以上大学，所以特别珍惜这个党给予我的上大学的机会。

来到新的环境使我更容易接近党的组织，我们大一学生党支部里有很多调干生，其中很多是资深的老党员。和他们在一起使我能够更多地得到党员的帮助。

1956年全国发出向科学进军的号召，更加激起了我们的学习热情。就在这种形势下，经过安志兰、周殿宝二位同志的介绍，我于2月被吸收为中共预备党员，成为我们系、我们年级首批发展的党员之一。

中国共产党的领导是实现中华民族伟大复兴的强大保证，我决心永远做一个忠诚的共产党员。

1958年学校的专业设置由常规武器系统转为火箭导弹系统。同时学校大搞科研，攀登科技高峰。全院教职工和四、五年级的学生都热火朝天地投入各个科研项目。学校还抽调了100名四年级学生提前毕业充实教师队伍（当时我校是五年制，一般高校是四年制），我是其中之一。在学校专业设置的几次调整中，我多次服从组织的调动，任教过几个专业，最后在83专业工作至1997年退休。

我上大学期间，寒暑假时同学们都回到全国各地的家探亲，我却因没有路费，从未回过家。我工作后立即分担母亲的生活费用。在四川大学上学的十弟也再未依靠国家的任何补助，而是由我和六姐共同供养。因此我每月积蓄很少，直到1961年暑假才攒足路费去康定探望随六姐生活的母亲和六姐一家。这是我来京7年后第一次回家探亲。

那次探亲，路经一些红军长征时战斗过的地方，又一次受到深刻的教育。经过大渡河时，亲眼看见汹涌奔流的河水激起滔天巨浪，深切感受到红军飞渡大渡河的艰险；也在途中遥望到泸定铁索桥，感受到十八勇士强夺泸定铁索桥的壮烈；当我坐汽车沿着险要的盘山公路翻过雄伟的二郎山时，心中升起对修路的解放军的无限敬意。在修筑这条路的过程中，平均每公里要牺牲几个解放军战士。党领导下的英雄部队真是无坚不摧。

2020年是极其不平凡的一年。除夕之夜，我们全家正和往年一样其乐融融地聚在一起准备年夜饭时，电视里突然传来因爆发新冠肺炎疫情，中央决定武汉封城的消息，令我们十分震惊。吃完年夜饭之后，大家一起商议，决定取消原定于初五的家庭聚会，后又取消了我堂侄每年初四来我家的探访聚会。从此我的心每天都在为武汉牵挂，揪心，心里全是“武汉，武汉”。每天早饭后就和老伴一起拿起各自的手机，搜索有关疫情的消息。10点半开始就守着央视四频道，11点转至十三频道收看有关疫情的情况，并拿着笔和本子记录过去24小时全国、北京、湖北、武汉新增的确诊、疑似、重症、死亡、出院人数。怕自己听写不准，还用晚报登载的数字进行核对。每天晚上收看“新闻联播”“新闻1+1”关于疫情的报道。心情也随着新增病例数量增加而焦急，随着新增数量减少、出院病例增加而高兴。我记录至3月中旬武汉清零、湖北清零，4月11日北京也清零为止。

在此期间，我们老两口按照防控要求一直居家未外出。子女每个周末都给我们送来牛奶、蔬菜、水果等物品。他们还注意和我们不接触，东西放到门口就走了，再发微信让我们开门拿取。我们也通过网络购买鱼、蛋、肉、菜等食品和一些生活必需品。

但是在我们伟大的中国共产党领导下，全国人民空前地团结一致，解放军和各地政府纷纷派出医疗队支援武汉、支援湖北，送去医疗和生活物资。医务工作者是抗疫的先锋。社区工作者、各级防控组织的工作人员以及各行各业的人万众一心，仅用了两个来月的时间就取得了武汉保卫战、湖北保卫战的决定性胜利，为实现复工复产创造了条件，使我国成为2020年世界上唯一一个实现经济正增长的国家。反观甩锅我国的美国及一些随从国如今疫情却越来越不可收拾。现在世界绝大多数国家的疫情严重扩散，经济也遭受重创。相比之下，凸显出我国制度的优越。事实再次证明中国共产党经得起任何考验。

2020年在党的领导下，我们还取得了脱贫攻坚的伟大胜利，全面建成了小康社会。

在党的十八大习近平同志当选为总书记之初他就明确提出，“人民对美好生活的向往就是我们的奋斗目标”。这既是我们的初心，也是当代共产党人的历史使命。

十九大制定了两个百年目标，第一个已经顺利实现。当下我们正在为实现中华民族伟大复兴的中国梦而奋斗。可是以美国为首的国际保守势力惧怕中国的崛起，他们纠结在一起，对我国实行政治、经济、科技、军事、外交全方位的打压。但我相信久经考验的党一定能够一如既往地迎着一切惊涛骇浪，稳稳地把握住航行的方向，将中国这艘大船胜利地驶向伟大复兴的彼岸。如毛主席所说，我们的目的一定要达到，我们的目的一定能达到。中华民族必将以更加昂扬的姿态屹立于世界民族之林。

作为一名共产党员，我决心永永远远忠诚于我们的党，认真贯彻执行党的方针政策。具体到当前就是要提高防疫意识，戴口罩、勤洗手、不扎堆、不乱串，维护好自身健康，不浪费社会的医疗资源、生活资源、环境资源。无论面对什么样的国际形势，坚决维护民族的尊严、国家的尊严。坚持对制度的自信，对国家发展道路的自信，对理论和文化的自信。做好身边的每一件小事，为党的伟大事业添砖加瓦，贡献自己的力量。

生在旧社会　长在红旗下

离退休处　张培琤

我是一名退休干部，名叫张培琤，今年88岁。1952年7月，在江苏常州协源布厂加入中国共产党。

我生在旧社会，因家境贫寒，14岁就进布厂当了筒子工，每天干活12小时，出厂门天天要被搜身，童工生活苦不堪言。

1949年4月23日，中国人民解放军浩浩荡荡开进了我的家乡，常州解放了，步入新社会，迎来共产党的领导。党派工作组进驻我厂，使我和党有了近距离接触。

工作组一进厂就宣布了几件大事：一是废除“抄身制”，规定女工出厂门不准再被搜身；二是改变工作制，将每天12小时的两班制，改为8小时的三班制；三是成立劳资协商会，厂里出现劳资纠纷，由双方派代表协商解决。

这几件事都是关系我们工人切身利益的大事。“抄身制”是多年来侮辱人格、束缚妇女的枷锁，工作组的新规定砸烂了旧制度，使女工们翻身得解放。实行三班制，缩短了工时，减轻了劳动负担，是解放劳苦大众的大好事。劳资协商，提高了工人地位，使得工人在工厂管理中有了话语权，有利于保护工人的合法利益。我曾作为劳方代表，参与一次筒子纱事件的谈判。由于资方采购棉纱不力，使筒子车女工停工失业。为弥补不正常停工造成的生活困难，经劳资协商，资方同意在歇工期间，发给55%工资补贴，这种好事是过去从未有过的。能为工人争得应得的福利，使我有了工人当家做主人的感受。通过几件大事，我对党有了一定认识：共产党是来解放老百姓的，是为人民谋福利的，是人民的大救星。我欢迎共产党来领导，凡事听党的召唤，自觉向党组织靠拢。

工作组进厂后，既抓复工复产，发动工人为建设祖国努力生产，又抓建党团、建工会，开夜校扫文盲，开展各种文体活动。

青年团是先进青年组织，1950年1月12日，我加入了新民主主义青年团。通过上团课、过团日，我学到了许多新的革命知识，认识到青年团是共产党的助手、后备军，入了团，就要做一名好团员，带领青年向前进。

当年，我被选为厂工会干部，年底到无锡参加了苏南工人干部学校的培训，学习了《共同纲领》和《工会法》，使我了解了国家的一些方针政策，懂得了工会的性质、任务，和怎样为全体工人服务，当一名工会的好干部。

1951年年底，我又有幸参加了中共常州市委宣传员培训班（党校），学习了马克思列宁主义理论和共产党的基本知识，了解到共产党的性质、任务、党员条件，等等。这时，我才从理论上认识到共产党是我们工人阶级自己的政党，是代表全体劳动人民利益的党，她的最终目的是实现共产主义，解放全人类，能成为一名共产党员是无上光荣的。我逐渐认识到共产党的光荣、伟大、正确，志愿加入中国共产党并愿意为党的事业奋斗终身！我对照党员八项条件，觉得自己条件还差，但我认为，如能早日入党，在党组织的教育下，进步会更快，于是就大胆向党递交了入党申请书。经吴良佐和施亚民二人介绍，1952年7月27日，我被批准为中国共产党预备党员。

1952年8月，党组织把我送到江苏师范学院附设工农速成中学读书，1953年1月27日，经班级党支部讨论，校党总支批准，我转为正式党员。

1955年8月，经高考和保送，来到北京工业学院上大学，1959年提前毕业，留校当了教师。

我生在旧社会，长在红旗下，是共产党的教育和培养，使我从一名普通女工成为一名人民教师。当年标志着我成长的几个证件，至今我还保存作为纪念。不忘初心、牢记使命，我将牢记入党时的誓词，永葆共产党员的本色不变！

党在我心中

离退休处　郑凤芝

2021年是中国共产党建党100周年，也是我加入中国共产党66周年。亲爱的党啊，在这几十年里无论您在顺境还是逆境，我都紧紧地跟随您，从幼年坚定地走到耄耋之年，因为您永远在我心里。

1936年，我生于河北省正定县城北一个农村里，经历了抗日战争和解放战争的艰难和抗争的年代，目睹了日本侵略者对我的家乡进行的血腥的烧、杀、抢和抓（壮丁）的种种滔天罪行。在国破家亡之时，上级党组织秘密来到正定县发展党员，建立基层党的组织。这时，正定县北部20世纪20年代参加过党团组织的10余名同志开始积极活动，互相串联，参加抗日活动，加入中国共产党，其中包括我校前党委副书记黄庆祺同志和我的父亲郑建春同志。在地下党的领导下，各村都建立了救国会、妇女抗日救国会、青年抗日先锋队和儿童团，我参加了儿童团。同时，还建了区武装大队、村武装中队，发动和带领广大群众开展对敌斗争，如坚壁清野、地道战、破坏敌人交通线、扒铁轨、剪电线，为边区筹集和输送物资和公粮，等等。我当时上村抗日小学，参加了儿童团霸王鞭队，除站岗放哨、发传单贴标语外，霸王鞭队的主要任务是在老师带领下，参加县委、区委、村委组织的抗日宣传活动。抗日宣传活动采取文艺形式：在锣鼓敲响后，小队员穿着统一衣服，头上扎着羊肚手巾，跑着出场，不断变换队形，边跳边唱边摆字，很是好看。老百姓听到锣鼓声后，男女老少奔向会场，中间插入领导讲话，宣传抗日政策，布置抗日任务等，这项活动从抗日后期延续到解放战争初期。

经过14年浴血奋战，抗日战争取得了胜利，老蒋又来抢占大中小城市和铁路沿线的村庄，敌、伪、顽、汉奸、特务、逃亡地主纷纷合流，对革命的地方干部和群众进行反攻倒算、暗杀活动。这时，县、区武装力量有效开展对敌斗争，我记得在1946年我村霸王鞭队在老师带领下跟随区委干部去正定县吴兴村县大队驻地宣传“清算复仇运动”，我们乘三辆马车，打着三面红旗浩浩荡荡向吴兴村进发。进村后，布置好场地，摆放锣鼓，正准备开场，忽然听到枪响，有人说那是枪走火了，话音刚落，枪声大作，知道村外警戒部队与来敌接上火了。老师带领我们迅速向村西头县大队驻地撤退，武装人员迅速抢占沿街屋顶，同街中部队联合阻击敌人。区干部命令我们从后院越墙撤退，墙不算太高，可我们小孩上不去，领导把我们托举上墙，自己跳下去，跟随老师在田地里一路向西边撤，三辆马车快速冲出村庄，我们上车后很快离开了战场。之后，敌人占领了吴兴村。回村后区长看到我们问：“怕不怕？”“不怕！”“还敢去不？”“敢！”再后来，敌人占领了我们村。

在参加儿童团三四年里，天天受到党的宣传教育，唱着革命歌曲《没有共产党就没有新中国》，我幼小的心灵印上了“共产党辛劳为民族，共产党一心救中国”的烙印，决心向父辈学习，跟着共产党走，做共产党的人！

石家庄解放后，1949年夏初我跟父亲来石就读于回民小学。该小学安排地方党政机关和驻军部队十几名孩子住校读书。1949年我加入中国少年先锋队，曾担任中队长、大队长，1950年1月加入中国共产主义青年团。在校期间我印象深刻的有两件大事：一是在党的领导下，石家庄飞速发展，工业从解放前只有一座大型棉纺厂，到相继建设国棉一、二、三厂，铁路机械制造厂，白求恩医院，商业建立石家庄零售总公司，下设100多个零售公司，等等；二是1950年下半年国家号召报名参军，支援抗美援朝，同学们纷纷报名参加，部队来的子弟都回部队参军走了，我也积极报名参军，因年龄小，只有四年级文化（要五、六年级学生）未获批准，只能做些后勤服务工作。1952年暑假我考入石家庄女子中学，曾担任团支部书记和校团总支委员，仍积极参加和组织同学听回国志愿军报告会，给志愿军写慰问信，交赴朝慰问团带给志愿军。他们收到国内慰问信备受鼓舞，纷纷给我们回信，信中说，感谢祖国亲人，决心多杀敌立功。我曾接到2名志愿军寄来的照片和炮弹制的筷子，至今还保留着。

自小学入团后直至初中这段时间，我大量阅读歌颂英雄的文章和书籍，例如，苏联的《钢铁是怎样炼成的》中主人翁保尔·柯察金的故事，卓亚与舒拉的故事，赵一曼、刘胡兰、江姐的英雄故事，还有董存瑞、黄继光、邱少云等战斗英雄的事迹，更了解了很多我身边亲人和同学不怕流血牺牲的事迹。我每学习一名英雄的事迹，就感动一次、思想升华一次，久而久之，我的“三观”逐步形成和建立，加入共产党的愿望更加强烈。1955年初三时，我写了入党申请书，其中有一句话至今我还清楚地记得：我要向刘胡兰学习，做刘胡兰那样的人，为了党的事业我可以献出我的一切，包括我的生命。党支部接受了我的申请，委托一名老师和我班一名老党员帮助培养我，并做我的入党介绍人，党支部让我列席支部会议，学习党章，接受党的教育和考察。1955年6月27日，经上级党组织批准，我成为一名预备党员，预备期1年。当年7月1日石家庄召开了全市新党员入党宣誓大会，我和其他新党员站在主席台上，举起紧握的右手庄严宣誓，会上我代表新党员上台发言表决心。

入党后，在升学、毕业分配、工作安排上，我都无条件服从党的安排。来到北京工业学院（北理工前身）工作三番五次调动，领导都是“先斩后奏”，使我所学非所用。我思想上也曾有斗争、有纠结，但领导说是工作需要，我就选择服从，这是党的规矩。那个年代，缺少人才，党员调动工作是正常的，服从也是应该的。有一首歌唱道：毛主席的战士最听党的话，哪里需要哪里去啊，哪里需要哪安家！我和我这一代就是这个样子。

再回首，审视我一路走来，始终没有忘记初心——入党誓词，我仍然是原来的我，堂堂正正做事，清清白白做人，党永远在我心里。

我入党动机的升华

离退休处　周本相

我是一个生在旧社会、长在红旗下，靠人民助学金完成学业，并在1956年入党的老党员。回忆我的入党动机和对党的认识大体分为三个阶段。

第一阶段是对党的向往。那是20世纪40年代，即我家乡解放前夕，因为家贫在少年时就辍学去劳动，补贴一家生计。我常感到老天不公、社会不平，使我不能像其他孩子那样能上学读书。有一次，我到天堂寺的大山里挑煤，那是一个极寒冷的冬天，我在那里看见了惊人的情景：一个年龄和我差不多的孩子赤身裸体，从一个仅容一人进出的山洞里爬出并拖出一竹筐煤炭。他枯瘦如柴，背脊由于在小山洞爬行被岩洞顶板擦得血肉模糊。原来他是因家太穷而卖身到小煤窑当了童工和奴隶。这对我的震动太大了！原来我以为我有最不幸的童年，现在比起他来我多么幸运！这里叫“天堂寺”，这真是人间地狱啊！从此我更加深了对旧社会的不满和仇恨。后来我又上高小了，我幸运地遇到进步的、年轻的邱老师。他看见上晚自习时别人点的煤油灯，而我点的是最差的桐油灯，浓黑的油烟熏黑了我的鼻眼，很同情我，经常找我谈天，他说：孩子，别着急，很快就要变天了。于是我带头办了一个叫“晨光”的墙报，盼着共产党来救穷苦老百姓，对党的向往燃烧在心中。

第二阶段是感恩。解放后，我积极参加各种政治社会活动，参加土改，在抗美援朝战争中积极报名。我参加土改城区工作队时，县农会的赖民秘书长和我谈话，问我为什么要参加共产党。我回答是党救了我和我的全家，我必须报答党的恩情，当时的认识水平和政治觉悟就是如此。

第三阶段是入党，为了献身共产主义事业，为这个目标而奋斗。1954年秋，我考入北京工业学院第二机械系学习。我积极靠拢党组织，多次要求入党。当时班上的党员李跃青同志是工农调干生，他原是石景山发电厂的工人，多次找我谈话，端正我的入党动机，帮我学习党章，让我又去听党课。

尤其是在读了艾思奇的《大众哲学》和中国革命史、中共党史后，我明确了入党不仅是为了个人的政治进步和报恩，而且要树立为全人类的彻底解放、为实现共产主义的崇高理想而奋斗献身。我用一个通宵一口气读完了《钢铁是怎样炼成的》。我将保尔·柯察金的名言抄在我的日记本扉页上："人生最宝贵的是生命，生命对于人只有一次。一个人的一生应该这样度过：当回忆往事的时候，他不会因为虚度年华而悔恨，也不会因为碌碌无为而羞耻。这样，在临死的时候，他能够说，我的整个生命和全部精力，都献给了世界上最壮丽的事业——为人类的解放事业而斗争！"几十年的工作生涯中我曾经担任附小的校外辅导员，做本科生德育辅导教师，在保持共产党员先进性教育活动中担任研究生党支部辅导员。我先后担任机关党总支委员、专业分总支书记。多年来坚持为"母亲水窖"、希望工程、地震灾区捐款。我多次被评为校优秀共产党员。现在我已经85岁了，只要我活着一天，我就要为党工作一天，不虚度年华，直到我生命的终点！

我的入党故事

离退休处　周木兰

我是1955年4月在湖北黄冈中学上高中二年级时入的党，快66年了，回想入党前后的人和事，还历历在目。是党把我这个被旧社会抛在一边的农村小女孩，培养成为一名国防高等学校的老师、一名中国共产党党员。

共产党是好人

我是湖北黄安县人（黄安县的土地是被革命先烈的鲜血染红的，于1952年改名为红安县）。黄安县在共产党的领导下，1927年举行了有名的黄（安）麻（城）起义，革命的风暴造就了一大批工农革命骨干，解放后都成为党政军的重要领导人。

我出生于湖北汉口，父亲是小学老师，母亲管家务，还有一个妹妹。1937年日寇全面发动侵华战争。1938年10月25日，武汉三镇相继沦陷，我们全家四口逃难回黄安。身患肺结核的父亲不久就离开了人世，留下我们母女三人无依无靠，在农村到处漂泊。有一天，听说日本军队要到我们的居住地大扫荡，村上的人都成了惊弓之鸟，我们母女三人也逃离稻屋冲，去投靠远方亲属。当到达那里后，只见也是一副凄凉的场面，在那里实在是没法生活下去。无可奈何，母亲只好带着我们姊妹俩又去投奔八畈的姨姥姥家。七拐八弯的羊肠小道，从上午走到下午，母亲背个大行李，有时还要抱着妹妹，天都快黑了，累得走不动，又害怕。正在这时，恰巧身后来了三位大哥哥，问我们到哪里去，并说："正好，我们也顺路，让我们带你们去。"开始母亲还不放心，但看他们那和蔼可亲的态度根本不像坏人。他们接着又说："我们是共产党、新四军，是从大山里出来办事的。"其中有一位帮母亲背行李，另两位背着我和妹妹，一直把我们送到目的地。我们还没说完"谢谢"，他们就闪电般地离开了。多好的新四军战士，让我们深受感动。此后，母亲常常说他们是共产党，是好人。于是在我幼小的心灵里深深刻上了“共产党是好人”的烙印。从此，我内心深处就埋下了热爱中国共产党的种子。

再次入学　感恩共产党

1948年春，我上黄安中学初中一年级，因家境贫寒失学。1949年湖北解放，我们那里消息闭塞，直到1951年春，母亲遇上了一位久未见面的心地善良的好友，当她听说我仍失学在家，便说对贫困生有党的助学政策，还不赶紧让孩子上学去。随后，我到区政府开具了贫苦证，回到了黄安中学，并被评上了甲等助学金，这完全是托共产党的福，是党和人民政府的关怀，使我有了重新学习的机会。我怀着感恩的心，废寝忘食刻苦学习，成绩优秀，被评上学习模范。此外，我还积极参加各项活动，凡是学校需要的，我都发自内心地去干。寒假留校时，我帮食堂招待借我校校舍开会的劳模。平时利用课余时间到街上市场帮食堂买烧饭的劈柴，每次买上四五担，再领着农民送到学校。由于在各方面积极要求进步，我加入了青年团，并被选为校团总支委员。

入党前受的教育

红安中学党组织的教育，老师们的亲切教导，良好环境的影响，每周六下午半小时的读报、学政治、唱革命歌曲、集体活动等，促使我不断成长。与此同时，以下三件事，让我刻骨铭心、永志不忘。

第一件，学校的老师除教我们课程外，还推荐我们学习了吴运铎同志写的《把一切献给党》。我仔细阅读了不止一遍， 这本书对我树立正确的人生观影响深远。吴运铎同志在多次严重受伤的情况下，明知很危险，还要坚持干，这种大无畏的革命精神，把一切献给党的钢铁般的意志，使我深受感动。他就是我学习的榜样，我也要争取加入党组织，把自己的一切献给党。

第二件，1952年暑假在家时，有一天我们在外乘凉，一位村干部说：县北周家村有个老红军名叫周昭立，1949年冬天从华北复员回到老家，看到家里的房屋被敌人烧毁，家人被杀光，他心如刀割，只好暂住到亲戚家。后来他用政府发给的安家费盖了间茅棚住下，发给他的救济物资，开始时万不得已收下了。次年春天他便开荒种田，收获的粮食，除掉自己吃以外，剩下的作为余粮卖给国家。不仅如此，政府发给他的衣服、被褥、蚊帐、鞋子，接连几年他都没要，让政府送给老区缺衣穿的农民兄弟。他的事迹传遍十里八乡，获得广大农民的夸奖、传颂。听后，我深深被这位老红军战士的高尚品德所激励，心情久久不能平静。他从艰苦的革命斗争中走过来，还这样艰苦朴素又勤勤恳恳地建设自己的家乡，我一定要向他学习，当老实人，说老实话，做老实事，争取入党，做一名他这样的共产党员。

第三件，初三寒假，我作为两名学生代表之一，赴湖北省团校学习，并参加全省教师思想改造工作，有幸在开大会时，聆听时任省主席的无产阶级革命家李先念的报告。我记得报告内容主要是鼓励广大教师要加强自我思想改造，放下包袱，努力工作，并强调党和国家重视教育，非常尊重知识分子，没有文化和科学技术是不行的。他是红安李家大屋人，1927年11月年仅18岁就参加了黄麻起义，并于当年12月加入了中国共产党，为中国人民的解放事业，为社会主义革命和建设事业，做出了不可磨灭的贡献。这次他满怀激情用浓厚的乡音做报告，使我感到特别的亲切和无比的骄傲，一股暖流自然而然地流遍全身。我能来到省城学习，受益匪浅，今后不仅要加倍努力学好文化科学知识，在政治上更要严格要求自己，做到全心全意为人民服务。也就是从这时起，我决心要争取早日加入中国共产党。

加入中国共产党

1953年秋，我考入黄冈高中，是班上团支书、校团委宣委、三好学生。1954年8月份，湖北省长江发洪水，8月18日武汉关水位达到29.73米，是有水文记录以来的最高值。我校就在长江边，在校师生都奔赴堤上抗洪抢险。我因劳累过度，晕倒在泥土地上，被抢救后送回学校。后来我不顾长时间的疲劳，为在堤上抢险的男生洗衣服，各项活动走在前。每当我有点微小的进步，党组织总是及时给予鼓励，并让我争取入党。

1955年4月，我成为黄冈高中首批吸收的2名中国共产党党员之一。在宣誓会上，我向党庄严宣誓：对党忠诚，积极工作，为共产主义奋斗终身。从此以后，我要坚决履行誓言，做名副其实的共产党员。

入党以后

入党后，凡是党和人民需要的，我都积极服从，严以律己，宽以待人。我的大半生是在入党后度过的，可以说有四个阶段：高三、上大学、留校任教和退休。

（1）我在高三任党小组长时，介绍了8位1956届同学入党，为党输送了新鲜血液。此外，我和学生会主席桂金明同学，作为学生代表在高考前夕赴武汉参观苏联展览馆一个星期，这是对我们进行的一次远景建设的教育。

（2）1956年，即将高中毕业，国防院校有2位老师提前来招生，动员我报考北京工业学院，并说该院前身是延安自然科学院，有着光荣的革命传统，现在又是一所国防院校。献身国防义不容辞，经过高考，我便进入了这所学校（现北京理工大学）学习。一进校除了努力搞好学生的主要任务——学习，还担任大一学生广播社社长。当年寒假，大一党总支让我带领同学下乡一周，吃住在农村，宣传党在农村的方针政策，受到村干部和农民的积极支持。到了二年级，我担任二系1956级4专业党小组长、年级党支部委员。1958年“大跃进”时担任4专业仪表厂副厂长，勤工俭学，生产电子开关。由于学习负担和社会工作过重，为了复习和完成作业，不得不每天学习到深夜，结果身体顶不住了，我得了神经衰弱症。在海淀医院看病时，见到曾辅导制图课的谭涤老师，她说：“你最好看中医，到时来我家煎汤药。”谭老师的亲切关照，我至今不能忘怀，后来才知道她早就是一名共产党员。

（3）1959年10月我提前调出，安排到金相教研室任教。因专业变动，送往北京钢铁学院进修，就在进修期间，又换了两次专业。只要是领导安排、工作需要，我都无条件服从。1962年回到教研室。从1966年6月开始，教研室先后有两次无记名投票，老师们都选了我主管教研室工作。尤其是那时有段时间晚上经常开会，家中还有两个小孩，为不辜负大家的信任，我任劳任怨全身心地投入。

1970年春，教研室有部分老师安排到院工厂劳动。我拜工人为师，虚心请教，积极从事军工产品“防滑帽”高频热处理的生产，并在炎热的夏天汗流浃背地完成了一台45千瓦箱式炉的焊接任务。

1971年秋，领导让我负责复课和开门办学的准备工作。经过反复酝酿讨论，我们的教学改革迈出了关键的一大步，由我任专业筹备组长，带领教研室老师于1973年冬成功创建了金属材料与热处理专业。1974年至1983年，我担任教研室副主任，负责专业的建设、教学和科研管理工作。我曾讲授过金属材料与热处理课程，讲授钢的热处理工艺课程并编写该课程教材，指导学生毕业论文，多次带学生下厂实习和翻译外文资料等，还参加了“渗硼”和“深冲弹钢魏氏体组织”两项科研工作。那时，不少老师都分秒必争，认真钻研业务。但我从未因忙于一些教学科研行政管理事务性工作而抱怨影响了自己业务进修有碍晋升，也从未计较个人得失，想方设法去帮助有的老师克服生活中所遇到的困难。我作为一名共产党员，为学校的建设和发展、为我国的国防教育事业做出了应有的贡献。

1988年3月，我在担任系海丰科技有限公司经理时，负责科技开发，主要是“渗硼技术”转让和“电液锤”的推广与应用。组织办班方面，先后办过机械制造、计量、理化检验三个专业证书班和两个大专班，并与洛阳兵器职工大学合办机械制造工艺与设备大专班等。随着形势的发展，1991年公司撤销。我本应回教研室，系里让我留下管理人事、财务和公司结尾工作。虽然我多次提出不同意见，最后还是服从了。为站好退休前的这班岗，我干一行爱一行，尽心尽力完成了各项任务，特别是财务工作，一笔一笔的账目来龙去脉清清楚楚，没有出现任何差错。

我参加工作以后，在党内先后担任联合党支部、金相教研室党支部委员。自1988年3月至1995年7月退休，一直担任锻压研究室党支部书记。各个时期，我都是认真贯彻党的方针政策，做好教书育人的工作。

（4）我1995年退休，人虽退党员的职责不能退。为了献爱心，给灾区捐款捐物。我被选为党小组长和校第十次党代会党代表，2020年被本支部评为优秀共产党员。我积极报名上老年大学，初步学会了用电脑和智能手机，写了10万多字的回忆录，并用电子版投稿。我还使用智能手机传递正能量，在家自学离退休党委布置的“学习强国”的内容并回答问题、参加线上会议等。

退休后，于2011年，我回了一趟红安，去了我家曾先后居住过的垱子塆等五个村庄，还看望了母校红安中学。旧地重游，变化最大的是乡亲们个个脸上洋溢着幸福的微笑，大都住上了新房，有的家庭承包了鱼塘，有的家庭还有两辆电动车。红安中学完全变了样，一排排崭新的教学楼，美丽的操场，绿树成荫。学校被评为湖北省教育工作先进单位，确定为湖北省示范中学。连周边的民居也成了学区房。看到这一切，我心里特别高兴。这是祖国人民在党的领导下，从贫困到小康又迈向富裕的缩影。

受旅游热潮的鼓舞，为增长知识、享受生活，我走出家门到国内旅游，又出境去看世界。我去过马克思的故乡，也参观过美国四位总统的故居。我去过梵蒂冈大教堂、巴黎卢浮宫、瑞士日内瓦湖，也去过奥地利的农村、加拿大的葡萄园。我乘坐过两人小船在菲律宾的一条小河上冲浪，也在"海洋量子"号邮轮高15层的甲板上俯视日本的福冈。每到一处，我作为一个中国人总感到无比的骄傲与自豪。这些不曾想过的事情已成了现实。这是中国人民在共产党的领导下奋斗得来的，也是改革开放的好政策帮我圆了从未做过的梦——到国外开阔眼界。感恩之情，油然而生。

回顾与展望

回顾我的一生，加入中国共产党是我最正确的选择。我在极其平凡的工作岗位上，一直默默无闻、尽职尽责为党工作。在我工作期间，先是痛失亲人李士钊，后是心爱的长子李红平英年早逝。我虽陷于悲痛深渊，但仍始终如一为党的事业而奋斗，贡献了我的一切。我没有虚度年华，每当想起我做过的事，无怨无悔，认为自己度过了有价值的一生。

习近平总书记在2021年的新年贺词中说："征途漫漫，唯有奋斗。我们通过奋斗，披荆斩棘，走过了万水千山。我们还要继续奋斗，勇往直前，创造更加灿烂的辉煌！"顶层设计，高瞻远瞩，掷地有声，我衷心拥护。我坚信在以习近平同志为核心的党中央的领导下，祖国越来越富强，人民生活越来越幸福。

在喜迎建党100周年华诞之际，我要从革命老前辈动人的事迹中感悟初心和使命，吸取力量，永远忠于党、忠于人民。

为党喝彩

离退休处　陈俊南

中国共产党以其无私无畏的博大胸怀，100年来率领中国人民推翻三座大山、建设中国特色社会主义，建立了不朽功勋。在千万次斗争过程中有成功和挫折，有艰难的历程，可歌可泣。我有幸经历一段过程，写点体会，祝贺党的生日。

我是1953年在上海市东中学高三时加入中国共产党的。父亲年轻时从宁波到上海打工，1931年“九一八”事变，1932年“一·二八”日本侵犯上海，我们的居所毁于日军炮火。1937年“七七”事变后，8月13日日军攻陷上海。现在我还清晰记得，一天半夜日军持枪闯入住所，砸毁橱柜，寻找抗日志士，母亲在床上紧张地抱着我的情景。1945年夏初，美国飞机不断轰炸驻于虹口的日本航路部，炸弹落偏在平民区，死了不少中国人，尸体就堆在有三盏电灯的路灯下，我的一位发小就死于轰炸。抗战胜利，美军驻上海，我的另一位发小被美军汽车轧死。国民党统治下的上海民不聊生、物价飞涨，如果以1948年8月19日做基准，到1949年4月下半月，生活指数增长37万倍。1949年5月27日上海解放，国民党飞机不断骚扰。一天晚上，看到一架飞机被探照灯罩住，彩色的炮弹将其击落，从此才安静下来，这事是驻上海的苏联部队干的，那时候的人多么盼望中国有自己的空军。

1950年抗美援朝，我和全国人民一样义愤填膺，时值军事干校招生，我就报了名，大概因为年龄小没有被批准，我的3个同学被录取，有的后来去了朝鲜。那时我已是共青团员，学校党组织安排我在团委锻炼，1952年我申请入党，1953年年初支部通过，3月5日区委批准。1953年秋，上海党组织决定高中毕业党员参加高考，学校推荐了几所大学，我报名军工性质的北京工业学院，成了7531班的学生。

上大学让我亲身体会到共产党给人民带来的好处，这也是一般平民子弟的感受。但是，让我进一步了解共产党的是班上的同学。我班上有5位来自部队的女同学，年纪都较大，有的已有了孩子，她们苦大仇深。其中一位姓凌的同学，幼年父母双亡，由叔父勉强养大，抗战期间三次逃进荒山，有时躲在山溪里才逃过日军的扫荡，正在生活走投无路的时候遇到了新四军。

大学里我比较系统地接受了马克思主义、社会发展史、中国革命史教育。在抗美援朝胜利的气氛里，我学习了很多英雄的事迹，决心不虚度人生，当回首往事时不因虚度年华而悔恨，不因碌碌无为而羞愧。

经过“大跃进”、三年困难时期、帝国主义封锁，我已经认识到生活不像刚进大学时那样，整天行走在铺满鲜花的道路上，但是深入认识中国和理解共产党是组织上让我参加山东临沂郯城的“四清运动”。八个月的农村生活我看到了农民的辛劳和中国的贫穷，他们缺电少水，缺衣少食，生活艰难。小麦亩产也就是一二百斤，30多岁的少妇看似50多岁的老人。我居住的老乡家一家九口人，孩子的祖父年迈，父亲残疾，就靠母亲与长姐田头劳作维持生计，多数日子以地瓜叶掺黄豆面为食。一位单身青年，他的脸盆又是饭碗。“文革”期间，我们步行串联从北京到延安，途经山西山区、陕西农村地区，大多十分贫困。

1978年，深圳再次发生偷渡到香港的浪潮，中国八九亿人口处于绝对贫困状态；1980年1 490万知青返回城市，大约占职工人数的30%，一系列相关问题需要解决；20世纪90年代末，2 000多万下岗工人需要安置……

改革开放以后，党领导全国各族人民进行了艰苦卓绝的奋斗，并取得了举世瞩目的成绩。中国现在已经是世界第二大经济体、第一大工业国、第一贸易国、第二大研发国，拥有联合国产业分类所有行业39个大类、191个中类、525个小类的现代制造体系，在高铁、5G、移动支付、量子通信等领域领先全球，中国科技对经济的贡献率在2019年为58.5%。

中国之所以成功是由于中国共产党以马克思主义基本原理来解决中国实际问题，是共产主义理念与人的精神的结合，是解放全人类、唯物辩证逻辑思维与中国文明的大同世界、儒家入世哲学与道家辩证思维的结合，是共产党人认识理念、实践理念、发展理念、学习与创新的过程，是历史的必然性与人的主动性、自由性结合的结果，这个结合过程之艰难催人泪下，结合成果的伟大让人肃然起敬，结合成果的内涵之深刻、影响之深远，在历史展开的过程中也许要几代人才能理解。

中国的成功还在于发挥了精神的作用，在建设现代化物质文明的同时，不仅建立了日益完善的制度，还将中国人民培养成了一支具有共产主义精神、坚持“四个自信”、在政治上与中央保持一致的爱国主义者队伍，他们为执行与运用现代制度建立了必要的心理、思想、态度与行为方式。

回想1840年第一次鸦片战争时期，英军舰队突破虎门炮台北上，数以万计的中国人在江边平静地看着他们，并不感到与自己有什么关系。

2020年1月新冠病毒突袭武汉，中央一声令下，来自19个省、市、自治区的380支分队、42 000多名白衣战士分赴前线，400多万社区工作者密织了65万个防控网，3 900多万党员干部奋战在一线，7 955.9万党员捐款83.6亿元，396名党员干部殉职。三个月保卫战取得决定性胜利。疫情期间，中国向32个国家派出34支医疗队，向150个国家提供援助物资，防疫斗争体现了中国精神、中国力量、中国担当。

研究过26个民族史的英国著名历史学家汤因比，在1975年去世前不久说过，21世纪是中国的，2011年基辛格、2012年李光耀在有关中国的著作里进一步做了论述。现在，中国的实践证明了这一点。

2021年7月1日，中国人民将会热烈庆祝中国共产党百岁诞辰，作为一名老党员，我为党所取得的伟大成就深深喝彩。

走在服务国家重大项目的道路上

计算机学院　黄天羽

不知道大家是否还记得2019年10月的天安门广场，那里洋溢着数以万计的中国红，而我恰好是其中一抹。在那个“我和我的祖国”回荡的金秋里，作为全校参与国庆70周年保障任务的4 000余名师生中的一员，我所到之处、所见所感，都能够感受到学校红色基因和报国之志实实在在地体现在每一名参与师生的行动中。作为数字表演与仿真实验室的一员，我很愿意为大家分享一个普通的科研团队与国庆盛典277天的点点滴滴。

作为一名普通的教师，我所在的“数字表演与仿真技术北京市重点实验室”，是学校全面实施“双一流”建设，瞄准世界科技前沿，整合计算机学科、设计学科和光学工程学科力量组成的具有高度学科交叉的创新团队，多年来不仅为历次国家盛典提供技术保障，推动了相关技术的迭代发展，保持领先优势，也形成了数字表演的新兴学科方向。

在国庆70周年活动中，我们团队再次领受国家任务，承担了群众游行、联欢活动、电视转播、观礼人员坐席安排和集结疏散等5项仿真任务，完成了27个版本的仿真系统开发，最终实现了以秒级和厘米级精度对各项活动进行全要素、全方位、全流程仿真模拟，为庆祝活动20万人“排兵布阵”，不仅为国庆盛典装上“科技大脑”，也为北京市和中央审评决策提供直观参考。

回首参与国庆保障的277天，过程虽然艰辛，但收获更巨大。2018年12月28日，我们团队将60周年国庆仿真工作向游行指挥部进行汇报，10年过去了，新时代的国庆盛典有了新的高度、新的要求，要在短短几个月内，完成国庆领导小组办公室和3个指挥部下达的多项大规模仿真任务，“时间紧、任务重、人员少、保密要求高”，我们面临的挑战着实不小。

面对挑战，我们心中始终踏实，因为我们每一个人的背后都有我们的学校，在这里，报国从来都不是孤军奋战。接到任务后，学校党委发挥国防科研优良传统，以最高标准在第一时间组织了专班，在管理、保密、教育等各方面都给予了最直接的支持和保障。学院党委在专项任务组中成立了临时党支部，构筑了最坚强有力的战斗堡垒，结合“不忘初心、牢记使命”主题教育，在团队中加强使命、担当教育，凝心聚力，攻坚克难，在实践中践行习近平总书记“把论文写在祖国大地上”的教诲，结合群众游行和联欢要求，开展中华文化研习。配合任务组招募技术能力强、创新水平高的优秀学生投入任务中，短时间内，团队18名教师、65名硕博研究生、46名优秀本科技术志愿者全部到位，其中党员教师13名，按照任务分成5个战斗小组，由党员技术骨干担任组长，学生党员充分发挥先锋模范作用，开始了为期8~10个月的国庆专项工作。“建设数字表演专业，就是为了这一刻报效党和国家，我们必须得拿出真本事，打赢这场硬仗！”学院党委书记、团队带头人丁刚毅教授在临时党支部的集体学习中的这句话，成为我们时刻牢记的战斗号令。

对我而言，在参与国庆任务的277天里，“责任重于泰山，个人轻如鸿毛”让我感受至深。我带领6名研究生，主要负责为国庆联欢主题表演“流光溢彩”的演员规划运动路线、实现光屏内容呈现。“精益求精、万无一失”是国庆保障工作的总要求。对我来说，“精益求精”就是用数学模型规划好每一个表演画面中3 290名演员的站位，通过计算机编程求解3 290名演员在表演中的运动路线，把张艺谋导演的创意意图不打折扣地呈现出来。令世界惊艳的创意，也带来了前所未有的难度，每名演员手持光影屏，间距只有5厘米，需要我们求解高密度人群的表演行为规划和调度，这在国际上史无前例。最终，我们为每名演员计算出一本“密码手册”，在这本排练手册上记录了每名演员在32分钟内3 129个节拍下的所有运行轨迹和表演动作，并且3 290名演员的手册内容都是独一无二的。不仅如此，任何一个人的数据变化和修改都会影响到周围演员的手册，也会影响到下一时刻的数据。

与此同时，主题表演排练日程又很紧张，4个篇章、每篇章8分钟表演，留给演员学习和排练的时间只有15天，这也就意味着我们必须按时准确提交排练数据，并且没有返工机会。我们承受的压力空前巨大，每一批手册提交到印刷厂，我都会有无数的担心：万一路径规划得不漂亮怎么办？万一路径有交叉撞坏了光屏怎么办？万一数据出错了3 290本就白印了！还有，我们不能让3 290名演员在烈日酷暑下白学白练了！当我们意识到每一个错误都会乘以3 290倍的时候，真是连熬多少通宵都不会觉得困，我们必须保证万无一失！

“建模编程、仿真计算、可视化验证、效果评估、出数据导手册，核查检验”，团队每位成员都秉承最严谨的科学态度，一刻不耽搁，一丝不马虎。10月1日，在任务集结出发前的6小时，我见到了演员们交回的排练手册，一本手册有十几厘米厚，3 290本手册如同小山一样，有3.7吨重，我的心沉甸甸的。

国庆日的晚上，当“飘动的五星红旗”“巍峨的长城”“展翅的和平鸽”“中国梦”“新时代”精彩呈现时，张艺谋导演用“世界奇迹、精准不差、天文数字、不可能完成、全世界第一次”来评价。置身天安门广场几十万人之中，我深感震撼，更体会到了个人的渺小，和众多为国庆盛典付出的其他同志相比，我只是齿轮上的小螺丝，在努力做好自己的本职工作而已。亲自参与国庆任务，我深深地为我们的祖国在党的领导下的繁荣强大而感动，也为能够拥有今天的幸福生活而深感幸运。

作为一名高校教师，有幸参与国庆任务，不仅是一次身心砥砺，更让我对作为一名北理工人如何传承红色基因、立德树人有了更深刻的认识。10月8日，国庆假期后第一天，我站在讲台上面对数字表演专业2019级研究生新生时，思绪万千。自1940年延安创校，一代代北理工人，始终把立德树人作为根本任务，成为新中国站起来、富起来、强起来的参与者与亲历者，始终将培养社会主义建设者和接班人作为使命。我自豪于今天的我们仍然传承红色基因，将红色的接力棒一棒棒传递下去。

作为一名党员，我为工作中的满满爱国情怀感到自豪。我们团队从服务2008年北京奥运到2018年平昌冬奥北京8分钟，从服务2009年国庆60周年到2019年国庆70周年，从服务10年央视春晚到国庆活动央视直播，几代师生始终将国家利益和人民幸福放在首位，牢记在心，这也成为我们这支团队的精神核心。我非常荣幸和我所在团队，发挥科研优势，为伟大祖国的生日，再次书写下北理工人矢志报国的新篇章。

未来，我们将继续秉承“立德为先、树人为本”的理念，以过硬的技术本领武装自己，为学校迈向中国特色世界一流大学贡献力量，为实现中华民族伟大复兴的中国梦而努力奋斗。

跟党走，脚踏实地地成长

宇航学院　张　凯

大学时，我就加入了中国共产党，转眼也有18年了。我一直记得大学时加入中国共产党时的自豪。作为一名基层党员，我一直努力工作，自觉学习党的政策方针，努力提高自己在立德树人、学术研究、服务国家等方面的认识，做到严格要求自己，希望在自己的工作岗位上发挥出一名党员该有的作用。

学术工作：探索扎根中国大地的科研转型之路

我之前的学术研究更多强调自由探索。比如我读博期间研究的是揭示天然蜂窝的多级结构以及形成机理，对于服务国家的意识并不明确，总觉得科研自驱动力量不强，但也无法找到问题。后来通过学习中央文件和习近平总书记讲话，觉得科研不仅要自由探索，还需要围绕国家需求，将科研转化为生产力，最终服务国家、提升国家的实力。在我参与胡海岩院士主持的国家自然科学基金委重大项目“大型可展开空间结构的非线性动力学建模、分析与控制”时，我看到了名师是如何将理论创新与工程应用相结合，做出既原创又能解决国家需求的科研成果，深受鼓舞。同时，在这个项目的牵引下，我多次与504、511、805等多家工程单位接触，向工程单位学习。虽然过程有些曲折，毕竟隔行如隔山，但是服务国家这一信念，始终激励着我前进。基于超材料的理论背景，我发展了基于波动理论的柔性索网结构动力学分析及控制理论，为我的科研价值从自由探索转型到服务国家有了很好的指导。

后来，我发现我的研究成果，也可以服务另一个重要的领域国家海洋工程。海洋已经日渐演变为争夺资源和军事力量博弈的战场，成为各军事强国争夺的重要战略空间。美国海军提出21世纪水下移动装备必须重点发展的六项关键技术中，隐身技术被列为其中之一。可见，水下核心装备的隐身性是其战斗力得以发挥、自身安全性得以保证的重要决定性指标。但是针对水下目标的水声隐身需求，以橡胶、金属为代表的传统水下声学材料面临深海耐压、装配困难等问题。结合超材料的设计理论，我想发展一种以水凝胶作为基体的水凝胶复合材料。虽然在水凝胶基体材料的制备和结构设计等方面取得了许多进展，应用的领域在不断扩大，但是用于水下声学材料的研究在国际上仍处于空白，难度很大，挑战很多。但是我也越发感觉，做服务国家的科研，内心有使命感、有方向性、有动力，也更能够发挥党员带头模范作用。2019年，我提出了名为“超凝胶”（MetaGel）的新材料体系，推动了水凝胶声学这一新兴交叉领域的发展，成果发表在*Advanced Functional Materials*（2019，1903699）上并被选为当期论文。在研究中，通过在韧性水凝胶基体中设计微结构通道，并填充多种可控流体，实现了在宽频范围内可接近空气—水—固体的声学性质，并实现了声透射系数可在0～1之间任意调节。基于该研究逐渐提出了可用于水下装备的水凝胶声学交叉研究领域，引起了我国工程部门的高度关注。围绕国家需求，我希望能够深入海洋工程领域，牢记党员的使命，坚守党员的信念，力争突破水凝胶复合材料应用中存在的技术难题，为水下小目标的水声隐身需求培育颠覆性新技术，推进我国新型水下装备的跨越式发展。

立德树人：摸索厚植家国情怀的特色培养之路

立德树人是一个学校的第一要务，也是一个老师的第一原则。只有重视对青年学生的思想道德教育，坚持立德树人，坚守社会主义的政治道德、社会公德、思想品德，一个民族才有希望。这些年，随着在大学当老师的年头越来越久，我也越发体会到立德树人对一个老师的重要意义。一个学生就跟一棵小苗一样，需要阳光般正能量的引导。我充分利用课程思政，同时利用多次担任力学专业本科班主任、德育导师等机会，以“延安根、军工魂”为文化内核，以“空间展开结构”“高端装备减震降噪”等国家需求为背景，结合力学在航空航天国防等国家重大工程中的关键作用，在教学和科研过程中阐明科研扎根大地、服务国家需求的重大意义，培养学生献身科研、服务国家的爱国主义情怀。在研究生培养中，我重点加强对学生的学术精神、学术道德、学术规范等方面的引导，从学习、工作、生活全过程，以及思想、专业、实践各环节，加强学生的理想信念、爱国情怀和品德修养。作为主讲教师承担本科生课程力学中的数理方法、结构力学和研究生课程复合材料力学、波动力学的过程中，充分发挥课堂教学的主阵地作用，通过在科研和实践中贯通力学的发展历史、现状和未来趋势，阐明力学作为工程科学的定位和贡献，帮助学生树立探索科学真理、科研报国的爱国热情和责任担当。同时，我鼓励用科研实践的思想探索新的知识，注重将前沿科学知识、科技创新成果融入教育教学活动，进而激发学生的自我学习动力。过去7年内，我指导了包括"基于3D打印技术的智能可展结构研究""大型空间网状结构的振动控制""水凝胶复合材料水声调节"等近8项科研创新项目，受到学生一致好评，提升了力学专业学生的学习兴趣。在课程的大作业或实践项目中，我注重开设与国家在航天、海洋领域迫切需要解决的问题相关的科研训练，激发学生科研报国的热情；同时注重学科交叉融合，充分融入新材料、增材制造、人工智能等相关学科领域的知识和科研成果，拓宽学生知识面，提升学生工程问题的解决能力，有大量本科生进入课题组学习，与研究生合作完成高水平论文。

我多次组织科研团队的研究生一起学习国家时事政策、交流女排精神内涵、讲述北理工成立于延安时就担负起为国家谋复兴的大任。我每次都跟学生讲，将"科研扎根中国大地"是研究方向选题的第一原则，以为国家航天和深海领域培育减震降噪颠覆性技术为团队的使命，以团队所承担的三个国家级重大项目为牵引，强调用勤奋的态度、创新的思维、前沿的科技做开创性的工作，解决国家需要的重要基础性问题。我也特别希望学生们能求真学问，练真本领，培养追求真理、严谨治学的求实精神和勇攀高峰、敢为人先的创新精神，我愿意做他们的良师益友。

较为有特色的是，我将科研项目作为依托，培育出很多创新创业项目，指导学生开展各类实践。将科研、教学与"双创"教育深度融合，建立学生积极参与科研项目、科研活动，促进创新的良性循环培养模式，注重在过程中培养学生的能力和品德修养，在实践过程中引导学生自我发现、自我反思、自我总结、自我挑战。通过这样的训练，做出有用的东西，做出有影响力的成果，进而培养学生的奋斗精神、创新思维，提升学生综合素质和关键能力，增强学生服务国家、服务人民的社会责任感。作为指导教师，指导的多项创新项目先后获得6项荣誉。如获得北京市优秀创业团队二等奖、教育部“互联网+”大赛分赛区银奖（北京赛区）、纳米之星北京总决赛三等奖、入围创客中国全国总决赛等。我指导的研究生有3人获国家奖学金，1人获北京理工大学徐特立奖学金，2人被评为北京市优秀毕业生，1人的论文获北京理工大学优秀硕士学位论文。我连续2年被评为北京理工大学优秀班主任，并获得北理工优秀硕士论文指导教师以及宇航学院优秀共产党员称号等。

奋斗正当时，莫负好时光

机械与车辆学院　朱　杰

奋斗是成功的必由之路，奋斗是创造价值的源泉。一代代北理工人，脚踏实地、兢兢业业、默默奉献、无怨无悔，在书写人生精彩篇章的同时，不断地推动学校各项工作稳步发展。作为北京理工大学机械与车辆学院地面机动装备实验教学中心的老师，我始终坚持锐意进取、奋发图强，用实干精神生动诠释新时代北理人的责任与担当。

初到北京理工大学，看到底蕴深厚的校园、朝气蓬勃的学生、学识渊博的老师，激动和压力并存。在这样一所治学严谨、实事求是的高等学府中，有幸获得一份阳光下最有意义的工作，喜悦之情无以言表，每天以满满的正能量投入工作和学习中。在此过程中，我保持一颗赤子之心，抓住一切可以学习的机会去学习。我告诉自己，只有思想不断进步、知识水平不断更新才能胜任这项光荣的任务，下定决心在以后工作中要多向优秀的前辈学习，对自己高标准严要求，做一个尽职尽责的好老师，不能辜负学校对自己的信任。

入职伊始，恰逢北京理工大学建校80周年的“同升国旗、共唱国歌、共迎校庆”主题党日活动，活动中，我深切体会到了北京理工大学悠久的历史和时代的意义。北京理工大学1940年诞生于延安，作为中国共产党创办的第一所理工科大学，她为新中国的建设做出了不可磨灭的贡献，谱写出了独属于自己的华丽篇章。伴随着雄壮的国歌，鲜艳的五星红旗冉冉升起，全体师生庄严肃立，深怀对党和祖国无限的热爱和崇高的敬意，高唱国歌。我心中无比激动、感慨万千。我深刻意识到北理工“延安根、军工魂”的红色基因，已经播下种子，撒落在一代代师生心里。

进入示范中心，吕唯唯老师带领我参观各个实验室，详细介绍中心的情况，分享工作经验，帮助我找准自己的定位，尽快进入工作状态，督促我提升自己的知识水平和业务水平。同时，吕老师热心为我提供各种锻炼的计划，在遇到问题时及时为我答疑解惑，指出我的不足之处。吕老师对我无私的帮助，对学生深深的爱，让我深深体会到教师这个职业的无私和伟大。

最令我感动的是李忠新老师以精美的PPT给我讲述示范中心的发展历程，鼓励和支持我在地面机动装备国家级实验教学示范中心这个广阔平台，施展自己的才华，做出自己的成绩。李老师专业严谨的治学态度、对示范中心的深厚感情和无怨无悔的付出深深打动着我。他凭借深厚的专业素养，积极开发新的实验教学仪器设备，依托多年的实验教学经验，不断思考和探索提高学生的实验兴趣和参与度的方式方法，并付之于实践。为了不断提升实验实践效果，李老师要求中心每位老师亲自完成汽车智造梦工场的实验，详细记录实验过程，总结实验成果，反省实验的优缺点。通过多次实践，中心老师们的理论知识得到验证，动手能力大大增强，协调管理能力进一步提升，示范中心的整体学术和教学气氛日益浓郁。

提到地面机动装备实验教学中心的副主任李忠新老师，大家用词最多的就是勤勉求是的态度、精益求精的作风和无私奉献的精神。寒来暑往，岁月更迭，李忠新老师每天早上第一个来到办公室，晚上工作到深夜，周末和节假日都是与平时一样上班，这种敬业精神深深影响并激励着中心的每位老师。榜样在前，我们会为一个项目多次开会研讨，每个环节都要认真分析研究，力求完美；我们会在项目实施过程中紧密配合、通力合作，最终达到预期的效果。

作为机电基础实验教学中心党支部书记，李忠新始终高度重视支部思想政治建设工作，推动党建与实验实践教学深度融合。工作中，李忠新牢固树立“胸怀壮志、明德精工、创新包容、时代担当”的理念，紧紧围绕实验实践教学创新党建工作载体，坚持一手抓支部党建工作，一手抓中心运行管理，有效促进了各项工作的落地实施。带领支部党员扎扎实实读原著、领悟原理，组织开展讨论交流，引导先进党员分享学习心得，结合自身学习成果帮助党员答疑解惑，并且结合示范中心和每个老师的实际情况为大家指明前进的方向，保证了党员们在思想上与党保持高度统一，行动上与党组织步调一致，工作上时刻保持党员先进性，生活上积极发挥党员模范带头作用。

作为一名入职不久的实验老师，我在日常工作中，始终以李老师为榜样，完美完成每一项任务。在自己负责的创新组织工作、公众号运行建设方面，刻苦钻研，锐意进取，积极参加学术交流会，汲取新的知识和技术；在对学生的实践教学工作中，我以身作则，与学生共同参与创新实践活动，及时解决实践活动中遇到的各种问题，最终按要求完成各项创新实践任务，共享成功的喜悦。在实践教学的同时，我始终坚持对学生进行爱国教育，将家国情怀融入学生的学习生活中，使爱国主义精神深深埋在每个学生心里，培养出有爱国之心、有报国之志、有建国之力的优秀学生，使我们学校的爱国血液得到延续。

在学校学院各级领导关怀和支持下，在李忠新老师的带领下，示范中心全体教师以高昂的斗志，坚守在工作岗位上。我为有这样一支吃苦耐劳、无怨无悔的队伍感到骄傲，为能和这样一群可爱的人为伍而自豪。

诗歌礼赞篇

新时代北理工人在深情回顾党的奋斗历程、真情讴歌党的辉煌成就的同时，击鼓催征，奋楫扬帆。正如习近平总书记所说：“我们有责任写出中华民族新史诗。”

这一代北理工人比历史上任何时期都更有自信、更有能力建设世界一流大学。新时代北理工人作为这一重要历史进程的见证者、创造者、奉献者，将始终以时不我待的奋进姿态，以实干笃定的前行脚步，走出一条扎根中国大地建设世界一流大学的“北理工之路”。

党啊，亲爱的妈妈

图书馆　刘红霞

党啊，亲爱的妈妈，
您从嘉兴的小船上走来，
蹚过泥泞的草地，
翻过冰冻的雪山，
穿过枪林弹雨，
冲破敌人封锁，
燎原的正是那井冈山的星星之火。

党啊，亲爱的妈妈，
您传播崇高的思想，
反抗一切侵略、剥削和压迫。
您挽救民族于危亡，
您拯救儿女于水火，
英雄的母亲啊，
那鲜艳的五星红旗是您洒下的血泊。

党啊，亲爱的妈妈，
您忧国忧民，胸怀广阔。
打土豪分田地，破“四旧”兴科技，
推行联产承包，搞活开放改革……
人民生活充满希望，
祖国到处生机勃勃，
没有共产党就没有新中国。

党啊，亲爱的妈妈，
您有一个梦，美丽的中国梦。
教育普及，军事强国，
“嫦娥”升空，载人探月，
丰收高产，奥运夺冠，
反腐倡廉、脱贫攻坚……
中华儿女在您的带领下奋斗拼搏，创新开拓。

党啊，亲爱的妈妈，
洪水、地震摧不垮您坚如磐石的意志，
病毒、霸权打不倒您昂首屹立的身躯。
我爱您青松气质，
我爱您红梅品格，
我骄傲我是您的儿女，
我自豪我有一个日益强大的祖国。

党啊，亲爱的妈妈，
您为中华儿女谋幸福，
您为中华民族谋复兴。
殚精竭虑画愿景，
呕心沥血谱新篇，
不忘初心来时路，
百年华诞书芳华。
我爱您，亲爱的妈妈！

心底涌出的赞歌

物理学院　衡成林

革命先辈聚南湖，建党伟业擘宏图。
万水千山长征路，抗战艰巨不畏苦。
立国之战军威盛，东方崛起中国龙。
拨乱反正神州兴，社会主义合国情。
苏东剧变显柱梁，中国特色路更畅。
发展经济是根本，改革开放明方向。
全心全意为人民，民族复兴凝希望。
百年华诞新征程，不忘初心铸辉煌。

谢谢你，中国共产党

马克思主义学院　季　雨

在百年交接的节点上，
一个世纪前，在动荡的华夏，她为中国带来新的希望。
面对困境，她总是勇敢且坚强。
峥嵘岁月里的执着与坚守，
建设时代中的拼搏与昂扬。
回望过去的百年，
她始终不忘远行之初的理想。
对使命的担当，使她缔造了中华新的辉煌。
在她即将迎来百岁生日之际，
我们对她说：谢谢你，中国共产党！

使命传承　红色基因

管理与经济学院　刘建昌

从小到大，从弱到强
伟大光荣的中国共产党
走过了一百年的艰难成长
从贫穷到富强，从胜利走向辉煌
伟大的中国共产党
带领中华民族重新屹立在世界的东方
从落后挨打到国富民强
伟大光荣的中国共产党
创造出了中华民族伟大复兴的奇迹光芒
伟大的中国共产党
披荆斩棘，冲出彷徨
不怕牺牲，英勇坚强，历经百年雪雨风霜
伟大的中国共产党
树立旗帜，指明方向
铸就中国精神，挺起中国脊梁
伟大的中国共产党
从成立的第一天起，
就把为了人民的幸福生活，为了中华民族的繁荣富强
作为奋斗的方向
一百年的艰苦奋斗
一百年的矢志不渝
一百年的前赴后继
不忘初心、牢记使命

带领全国各族人民
从万里长征、抗日战争、解放战争
到社会主义建设、改革开放
新时代，新思想，新起点，新气象
创造了世界第二大经济体的奇迹
举世仰望
一年接着一年
一代接着一代
伟大的中国共产党
必将带领中华民族
在新时代中国特色社会主义道路上
创造出更加伟大的奇迹
铸就人类历史上的辉煌

漫 溯

计算机学院 陈 相

我在时光的主轴上漫溯，
看着鲜血染就华夏版图，
听着一次次的振臂高呼，
感受百年足迹走过的道路。

我有时觉得自己是水，
融入了嘉兴南湖的碧波之中，
一艘红船从这里驶出，
我摇曳着身姿为他护送。

我有时觉得自己是火，
栖息在井冈山的星光之中，
革命武装在这里会师，
我酝酿着热情为他赞颂。

我有时觉得自己是雪，
装点着夹金山的银装素裹，
戎马铁骑踏过我的身体，
我温暖了骨血为他停卧。

我有时觉得自己是风，
诞生于黄土高原的窑洞草垛，
一种精神在我的耳边孕育，

我吹散了黄沙为他传说。

但我更想成为红旗的一滴染料，
成为镰刀的一寸刀锋，
成为胡杨的一段根脉，
成为漫漫长夜的一盏孤灯。

我要用我的血染就一片赤诚，
用我的刃击溃万千恨憎，
用我的手扬起绿色的风，
用我的光照亮孤独的梦。

我知道，那不是我，
我只是在构建一个个普罗大众，
我的力量很轻，
但我知道，
我的心和他们一样跳动。

我在时光的主轴上漫溯，
那里缀满了烈士的梦，
我不愿打扰一丝安宁，
只静静地走着，
希望把一切都镌刻在我的心中。

我的入党故事（诗两首）

离退休处　丁志欣

在喜迎党100华诞之际，忆起我68年前入党情景，历历在目。

1951年，我在河北辛集中学初中毕业，被保送到保定女中念高中，高三时投入党的怀抱。那是保定女中第一次发展党员，入党宣誓会特别隆重，开了全校大会，高中生都参加。这次发展的新党员，仅一班的我和二班的张赞两人。我的心情十分激动，在台上面对党旗向大家汇报入党动机、思想发展变化，表为党献身的决心。最后，校长做了讲话。

光阴荏苒，岁月如梭，如今我已是耄耋老人了！写两首词，以作纪念：

临江仙·忆我的入党宣誓会

高挂党旗镰斧誓，礼堂坐满师生。心潮澎湃带真情。动机直叙述，奋斗目标明。

七秩匆匆如一梦，忆昔业绩星星。素心一片永忠诚。初心绝不忘，天地鉴余生。

蝶恋花·入党六十八载感怀

七秩韶光如梦里。犹记初心，镰斧旗前誓。惆怅英华惊过隙。心余年老空知志。

岁月峥嵘思往事。留影微微，却尽拙拙力。一片诚心搁向日。星星点点添霞赤。

祝我们党——中国共产党万古长青！

党照征程

资产经营公司　蔡爱兵

华夏建党百年中，
千锤百炼责任重。
攻难克险为先锋，
翻天覆地境不同。
党建党人随党动，
由点到面遍地红。
红色传承北理工，
育人科研弦紧绷。
党委支部密切融，
后勤服务紧随同。
生活保障不放松，
确保腾飞击长空。
强大复兴齐共荣，
福泽九州立新功。

追梦途中

化学与化工学院　刘长灏

回看旧时岁月
苍茫大地
一片危亡楚歌
人民只有悲戚
家又何在

是中国共产党
救民族于风雨飘摇处
力挽狂澜
热血铸就中华魂
敢教日月换新天

如今烽烟远去
四海安宁
皓月如歌
广厦万千
安居乐业之地
只闻鸟语花香

中国梦
新长征
革命的火种
薪火相传
新里程
新奉献
为中华腾飞
奋斗永远

向前！向前！向强！

资产经营公司　黄中帅

七十年历程 铸就瞩目的光辉
改革谱新篇 人民幸福奔小康
新时代 绘制新蓝图
新征程 吹响新号角
路虽远 行则将至
事虽难 做则必成

回首过去 我们更期待前程
意得志满 我们已踏上征程
展望未来 我们更期待璀璨
携手同行 我们将神采飞扬
一路芳华 共耀星辉 勿忘初心
一路追梦 至臻前行 鲲鹏展翅
携手奋进 我们必将再续华章

底蕴传承照四方

继续教育学院　谭雁白

百年来
可爱的中国共产党
化作一盏指路灯
照亮着中国前进的道路
战争与和平的交替
恍惚成长就在昨日
科学与技术的发展
犹如朝阳就在当下
不论城市与乡村
欢声和笑语环绕
百年的历程
见证了党艰苦奋斗的足迹
百年的沧桑
培养了党坚韧不拔的意志
百年来
党带领中国人民走向世界之巅
作为一名合格党员
更应该始终与中国共产党一道不忘初心携手共进

七绝·歌颂基层党员干部

马克思主义学院　李佳金

不为争立紫阁楼，
抱志南湖泛画舟。
沧海无度且看雪，
指点碧海在延州。

不忘来路，不改初心

资产经营公司　王　艳

在担当中历练，在尽责中成长
一代有一代的征程
一代有一代的担当
路与路的距离，总可以跋涉
迟与早的距离，总可以追赶
梦与梦的距离，总可以企望
先与后的距离，总可以弥补
成与败的距离，总可以攀越
坚定不移的过程是定力
不忘初心的努力是信念
只有苦练本领，增长才干
才能创造美好未来

不忘初心　砥砺前行

资产经营公司　颜金枝

走在时光的漫漫长途
看这
一百年的天翻地覆

1921年的夏天
蒙蒙细雨的南湖
有一群有志青年在一艘红船上慷慨陈词
他们掷地有声
中国共产党成立了

1935年的春天
茫茫白雪的遵义
有一群有志青年在据理力争
以毛泽东为中心的新党中央走来了
清风驱散阴霾太阳光芒万丈

走过硝烟弥漫的战场
看到人们眼中不屈的光芒
八年的抗日战争
挺起民族的脊梁

人民沐浴着新中国的阳光
全面建设社会主义

与时俱进历久弥坚
嘹亮的歌声响彻大地

改革的春风吹遍神州
吹过经济特区
吹过“一带一路”
吹过绿水青山
吹来了人民对美好生活的向往
吹响了全面建成小康社会的号角

百年风雨不忘初心耀征程
继往开来牢记使命勇担当
实现中国梦奋斗永远在路上

百字令贺中国共产党百岁诞辰

资产经营公司　陈　亮

光
希望
南湖上
镰锤铿锵
秋收南昌枪
井冈火延安光
赤心抗战驱虎狼
保家卫国雄赳气昂
人民共和国辉映朝阳
这百年寐狮从此换模样
改革开放全民皆小康
南沙北疆东海西藏
举杯盛世话辉煌
难辨尘世天上
九天揽月壤
初心不忘
国兴邦
齐享
强

信　仰

物理学院　刘　伟

敌人的屠刀，
吓不倒他们的意志；
侵略者的枪炮，
挡不住他们的冲锋；
千斤的重担，
压不垮他们的身躯；
裹了糖衣的炮弹，
攻不破他们的防线。

唯有人民的疾苦，
能让他们为之心痛落泪；
唯有国家的需要，
能让他们为之甘愿牺牲。

他们是钢铁铸就的战士，
共产主义信仰就是他们的脊梁，
所以打不垮压不烂。
他们是人民的好儿女，
人民的幸福就装在他们的心里，
所以情系民苦为国。

这一切，
是因为他们坚信，
英特纳雄耐尔一定会实现！

贺建党百年

宇航学院　龙　腾

黄浦江畔，南湖红船，
我党自此起征程。
心载人民，工农合一，
星星之火可燎原。
开天辟地，破浪前行，
风雨艰辛东方晓。
香山松静，竹林风清，
千年古都换新颜。
社会主义建设始，
冉冉新中国。

解放思想，实事求是，
改革开放新气象。
“三个代表”，科学发展，
小康之路亦康庄。
复兴之路，国家富强，
华夏神州如龙飞。

全面小康，伟大胜利，
特色社会主义新时代。
承前启后，精准扶贫，
扶民富民，全面脱贫，
千年中国新篇章，熠熠耀千载。

绿水青山，造就金山银山，
国家强大，铸成东方巨龙，
可上九天揽月，可下五洋捉鳖，
天地任驰骋。

百年党史，百载风华，
不忘初心、牢记使命，
全心全意为人民。
新时代，新征程，
风雷动，旌旗奋，
筚路蓝缕续华章。

我不会忘记

机电学院　戴开达

我不会忘记
您从炮火之中走来
以血肉之躯搭建通向新中国之桥梁
我不会忘记
一穷二白中您怎样地艰难探索
步履蹒跚勇敢迈步
即便不知道未来通向哪里
医者难以自医
而您用那手术刀挥向自己助力新中国经济腾飞
我不会忘记
您像一只睡醒的巨龙
缓缓睁开双眼
赶走刺向中华儿女的唇枪舌剑
“北斗”是您的双眼
“墨子”闪耀着您的智慧
下五洋捉鳖，上九天揽月，谈笑凯歌还
当“火神山”一夜之间蓝图绘就
没有人再会害怕“新冠”肆虐
当“嫦娥”揽月而归
背负人类命运又向前迈出一步
“十四五”翻开了您的新篇章
我心向往
为您无悔献韶华

倾听党的心声

机电学院　万　冬

筚路蓝缕，
风雨路百年沧桑初心未改
同心聚力，
延安魂世纪传承星耀九天
披荆斩棘，
复兴梦岁月洗礼历久弥坚
继往开来，
新征程扬帆起航再续华章

党啊，我的母亲

机械与车辆学院　刘芳熙

雪后晨凉点缀着云裳，
金翅鸟独立枝头眺望远方。
夕阳洒下我内心的橘红，
让晚风送来如水般的清凉。
圣洁的月光温热了他乡的夜晚，
也温热了我深深浅浅的朴拙。
我曾见到那盛开的海洋，
或许是花朵，染红东方。
我被雨水浸湿头发和双脚。
而今夜，我会带着您对我的期冀，
乘着风中的马儿，
踏过草原，直奔家乡。
母亲啊母亲，您也希望，
让我回到曾经眼角滚烫着辗转的地方，
把一颗感恩的红豆悉心播藏于沃壤，
用广博的知识助力祖国的富强。
感谢党啊，我的母亲，
祝您一百岁生日快乐，永远安康！

奋　强

机械与车辆学院　王志福

北国有男儿，攻坚不畏难。

慷慨赴死去，功成报国还。

大义我自知，血洒遍疆土。

电机两相宜，动静皆自如。

车行九州路，再图复兴计。

会当担大任，煌煌身后事。

我要为党添光彩

机械与车辆学院　李鹤鸣

我党历经百年的洗礼和积淀，
为人民谋幸福的决心历久而弥坚。
百年来数不清的磨难和艰险，
依然不能阻拦党领导新中国稳步向前。
是一辈又一辈共产党人的拼搏和奉献，
才有了我们如此美好的今天。

深感幸运生逢灿烂的年代，
能让我们勇敢地奔向梦想的星辰大海。
北理工同我党风雨同路八十一载，
来时的每一步都坚实铿锵，步履豪迈。
作为北理工的青年一代，
我们要站在巨人的肩膀上，
继往开来，
为学校、为祖国添上一笔浓墨重彩。

七律·风云百年

机械与车辆学院　马　越

微光发轫南湖中，
星火重燃赤县红。
五岭风寒驱将士，
延河水暖聚农工。
昆仑霹雳扬神火，
瀚海无声隐巨龙。
百载风云今又是，
初心永记为民宗。

满江红·庆祝建党百年

机械与车辆学院　吉鹏飞

使命在肩，砥砺行，初心难忘。
溯往昔，百年征程，铸今辉煌。
吾辈处科教一线，临百年未有变局。
当潜心，攻卡脖难题，志四方。

为树人，首立德。
夺分秒，争当下。
勇攀学术峰，躬身入局。
初心导向源力聚，复兴中华万家和。
绘宏图，托起中国梦，齐心干！

鹧鸪天·建党100年

机械与车辆学院　周俊杰

人生几个有百年?
幸甚经逢盛世天。
世纪沧桑怎可表?
伟哉我党好河山。

此一路，多艰难，
中华重登世界巅。
回望初心永不改，
英雄代代莫等闲。

自注：庚子冬，我党风雨几近百年，沧海桑田，盛世再现，有感而作。